"十二五"职业教育国家规划教材修订版

高等职业教育新形态一体化教材

大学生
职业规划与发展
——职业规划与职业素养

（第四版）

主编 汤锐华 刘聘 阮春高

中国教育出版传媒集团

高等教育出版社·北京

内容提要

　　本书为"十二五"职业教育国家规划教材修订版也是大学生职业规划与发展系列教材之一。全书根据党的二十大关于"实施就业优先战略"的重要论述，落实立德树人根本任务，基于国内外近年来对职业发展教育理论和实践的研究、多年的教学经验积累及广泛的用人单位调查资料编写而成。本书采用"理论引导与实践体验相结合"的教学模式，针对大学生关注的职业规划和职业素养两个主题，以理论引导为基础，设计丰富的实践体验活动，有针对性地指导大学生深入了解职业生涯，积极探索自我，掌握职业规划的原则和方法，培育职业素养，提高就业竞争力，成长为有理想、敢担当、能吃苦、肯奋斗的新时代青年。本书紧扣政策与形势，构建了"岗课训赛证"融通的课程新体系，采用了与时俱进的案例，具有鲜明的时代性、创新性、实用性。

　　本书配套开发教学课件等教学资源，授课教师可登录"高等教育出版社产品信息检索系统"（http://xuanshu.hep.com.cn/）免费下载。

　　本书既可作为高校职业生涯规划课程的配套教材，也可供相关工作者、社会人员自学参考。

图书在版编目（CIP）数据

　　大学生职业规划与发展：职业规划与职业素养 / 汤锐华，刘聃，阮春高主编. --4版. --北京：高等教育出版社，2024.9

　　ISBN 978-7-04-060520-4

　　Ⅰ.①大⋯　Ⅱ.①汤⋯②刘⋯③阮⋯　Ⅲ.①大学生－职业选择－高等职业教育－教材　Ⅳ.①G717.38

　　中国国家版本馆CIP数据核字（2023）第087849号

DAXUESHENG ZHIYE GUIHUA YU FAZHAN: ZHIYE GUIHUA YU ZHIYE SUYANG

| 策划编辑 | 田伊琳 | 责任编辑 | 王蓓爽 | 封面设计 | 李树龙 | 版式设计 | 杨　树 |
| 责任绘图 | 马天驰 | 责任校对 | 窦丽娜 | 责任印制 | 刁　毅 | | |

出版发行	高等教育出版社	网　　址	http://www.hep.edu.cn
社　　址	北京市西城区德外大街4号		http://www.hep.com.cn
邮政编码	100120	网上订购	http://www.hepmall.com.cn
印　　刷	三河市华润印刷有限公司		http://www.hepmall.com
开　　本	787mm×1092mm　1/16		http://www.hepmall.cn
印　　张	18.25	版　　次	2011年2月第1版
字　　数	400千字		2024年9月第4版
购书热线	010-58581118	印　　次	2024年9月第1次印刷
咨询电话	400-810-0598	定　　价	42.00元

本书如有缺页、倒页、脱页等质量问题，请到所购图书销售部门联系调换
版权所有　侵权必究
物　料　号　60520-00

序

党的二十大强调：培养什么人、怎样培养人、为谁培养人是教育的根本问题。育人的根本在于立德。高校要全面贯彻党的教育方针，落实立德树人根本任务，培养德智体美劳全面发展的社会主义建设者和接班人。近年来，随着高等教育事业的不断发展，高校毕业生数量持续增长，2024年高校毕业生将达1 179万人，数量和规模创历史新高，随着经济运行整体好转，就业形势将持续回暖，保持总体稳定，但就业压力仍存在。进一步开展职业规划教育，加强就业创业指导，对引导大学生树立正确的职业理想和择业观念，合理规划自己的职业生涯，提高就业能力和职业素养，为择业、就业和自主创业做好充分的准备具有重要作用。实践证明，加强大学生职业规划教育和就业创业指导是提升大学生就业竞争力的有效措施，也是促进高质量充分就业的有效途径。

本套教材为校企双元开发，编写团队成员来自政、产、学、研各界，涉及经济学、社会学、管理学、教育学等多个领域，包括高校教师、企业高管、职业规划导师和创业导师等。编写团队长期专注于职业发展与就业创业的研究与实践，具有专业的理论研究水平和丰富的实践经验。

本套教材是编写团队基于广泛的调研和长期的教学实践编写而成，自2011年出版以来，已经过多次改版修订。2015年，本套教材被评为"十二五"职业教育国家规划教材。

本套教材具有以下六个方面的特色。

课程思政的引领性　本套教材以习近平新时代中国特色社会主义思想为指导，通过多样化的形式，充分发挥教材的育人功能，使课程内容与思想政治教育相互融通，使学生在学习知识的同时提高思想政治素养，做到德技并修。

需求视角的多维性　本套教材秉承"学校、行企、人才"三者融合的理念，从多学科视角出发，对大学生、学校、专家、用人单位开展广泛调研，全面了解学生的学习需求、教师的教学需求、企业对人才的素质需求，从需求出发构建课程体系。

教学内容的特色性　本套教材从多维视角提升教材质量，凸显系统性、实用性、教育性、实践性等特色。在系统性方面，本套教材倡导"基于工作过程"的课程设计理念，建立以"三个系统"为特色的课程体系：衔接贯通高职教育的系统职业发展指导，环环相扣的系统教学流程，理论教学与实训指导相结合的系统教学模式。在实用性方面，本套教材注重理论联系实际，研究高素质技术技能人才成长规律，为人才培养提供切实的解决方案。教材融合行业、企业调研数据和近十年的典型案例，让职业规划与发展教育贴近现实，为大学生成长成才提供有力有效帮助。在教育性方面，本套教材一方面可以促进人才培养的可持续发展，避免职业指导教育在大学不同阶段的缺失、间断或错位，实现职业规划与发展的连续性与学生成长成才的可持续性；另一方面能够凸显现代教育成果，促进大学生树立以职业为导向的科学发展意识，帮助大学生顺利适应大学学习、加强自我规划、顺利走向职场、开启幸福人生。在实践性方面，本套教材根据学生成长过程中的心智特点和技能水平，设置了丰富的实践活动，引导学生参与多样化的实践活动，提高职业综合素质和就业创业能力，实现"学中做"和"做中学"的融合。

服务模式的创新性 教材编写组广开渠道，收集多方反馈意见，在教学模式方面进行了三项创新，以提高教师的指导水平，更好地服务学生、服务教学、服务发展。第一，本套教材改变以往的教学模式，以学生为本，让学生成为实践主体，实现从"教师中心"向"学生中心"的转变。第二，采取"行动导向、任务驱动"相融合、"课堂辅导、课后实训"相结合的教学模式，编写"理论指导"与"实践活动"相结合的教学设计，以提高大学生的自我管理能力、学习实践能力、职业生涯规划能力。第三，本套教材从职业发展指导的角度出发，凸显就业指导工作的过程性和职业素质的养成性，促进人才培养的可持续发展。

课程资源的开放性 本套教材充分开发和利用多种形式的数字资源，包括电子教案、教学课件、教学设计、视频、调查、测评、拓展阅读等，形成动静结合、线上线下联动的优质信息化教学资源体系，满足教师的科研教学需求和学生的碎片化学习需求。

学习实践的融合性 本套教材编写注重理论和实践的紧密结合，让学生在学中做、做中学。通过设计探索活动，引导学生快速掌握知识点，提高认知水平；通过设置各类生涯实践活动，培养学生的创新精神和实践能力；将职业规划教育、职业素养培育和思想政治教育相融合，引导学生树立正确的世界观、人生观和价值观，进而形成正确的就业观和择业观。

相信本套教材不仅是一套引导大学生职业规划与发展的教材，还是引导大学生学习生活和成长成才的指导手册，也是高等院校开展思想政治工作、入学教育、就业与创业指导的有益读本。编写团队会根据政策和形势深入挖掘，在教学实践与研究过程中不断完善，使本套教材更加丰富多彩，使其在指导大学生职业规划与发展方面发挥更大的作用，为大学生顺利实现学业、就业、创业和成长成才提供有力的帮助与支持。

中国职业技术教育学会高等职业技术教育分会　副主任

第四版前言

教育、科技、人才是全面建设社会主义现代化国家的基础性、战略性支撑。人才是第一资源,全面提高人才自主培养质量,培养造就大批德才兼备的高素质人才,是国家和民族长远发展大计。当代中国青年生逢其时,施展才干的舞台无比广阔,实现梦想的前景无比光明。大学生作为即将踏入社会的青年人才,承载着祖国的未来和民族的希望,是国家宝贵的人才资源,急需提升自身综合素质,掌握过硬本领,成为有理想、敢担当、能吃苦、肯奋斗的新时代好青年,让青春在全面建设社会主义现代化国家的火热实践中绽放绚丽之花。

目前,就业市场竞争激烈,就业形势严峻复杂,大学生必须提前做好职业生涯规划和就业准备,提升职业素养,避免浪费青春光阴,沦为职场的平庸者。凡事预则立,不预则废。"职业生涯规划"是当代社会科学赋予我们的有力思想武器。大学生应未雨绸缪,科学合理地规划自己的职业生涯并积极行动,以实现最终理想,这也是一种对自己、对家庭、对用人单位、对社会负责任的态度。

本教材基于国内外近年来职业发展教育理论和实践的研究、多年的教学经验积累和广泛的用人单位调查编写而成。全书内容包含职业规划和职业素养两大主题,共分七个模块。模块一到模块四帮助大学生了解职业生涯规划的意义和作用,学会如何从职业规划的角度全面认识自我,认知职业世界的面貌,制定出能作为个人行动指南的职业生涯规划书;模块五到模块七结合上千家用人单位的调研结果,提炼出 12 种职业素养,并根据各种职业素养的作用和受重视程度,将其分为基础层职业素养、提升层职业素养和精英层职业素养三部分。此次修订对全书内容进行了全面更新,主要突出以下特点。

1. 设计思路新颖,编写视角多维

本教材全面贯彻党的教育方针,落实立德树人根本任务,凸显职业教育类型特色,注重德技并修,通过理论与实践相结合、线上与线下相结合、过程动态跟踪与结果性考评相结合,将知识能力培养和价值观培养有机统一。本书坚持产教融合协同育人,强化"学校、行企、人才"三者相互融合,从"大学生、用人单位、人才机构、高等院校"四个视角出发,基于当代大学生的实际需求,以行业、企业职业标准和岗位要求为指导,参考行业、企业数据资料,结合教学实践和调研结果,构建科学系统的理论体系。

2. 内容与时俱进,"岗课训赛证"融合

本教材基于长期教学积淀和充分调研编写而成,结合新时代、新经济、新产业、新职业对人才的新要求,不断修订改版,形成了科学合理的内容体系。同时,以培养人才综合素质为目标,构建"岗课训赛证"融合模式,推进人才培养模式创新。"课岗融合",以提升人才岗位能力需求为主线,实现专创融合;"课赛融合",以各级各类大赛为驱动力,将赛事内容以项目形式嵌入课程中,达成以赛促学、锻炼学生能力的目标;"课训融合",通过丰富的实训活动打通课程内容和实训内容,提高学生的实践能力;"课证融合",在课程中引入升学指导专项职业能力证书,将职业技能培训贯穿课程教学始终。

3. 版式设计新颖,资源丰富多样

本教材分为理论知识和实践与体验(含课堂活动、课堂自测和课后拓展三个方面)两部分,教师授课时可以根据实际情况交叉授课。本书通过创新教学模式和教学方法,满足项目学习、案例学习、模块化学习的要求,通过丰富的案例和互动教学激发学生的学习兴趣和潜能。每个模块设置了思想领航、学习目标、学习内容和学习指南,让学生全面了解该模块的学习任务和学习方法;在阐述理论知识时,根据需要插入清晰简明的图片、表格;实践与体验部分采取任务模式,任务形式包括情景模拟、角色扮演、量表测试、竞赛、问卷、访谈、案例分析等,让学生在多样化的探索活动中提高综合素质。教材配套资源丰富,不仅有电子教案、教学课件、微课等数字资源,还配套了相应的职业技能培训课程,实现育训并举。

4. 课程思政融入,价值观引领

本教材针对大学生的实际需求,以职业规划和职业素养为着眼点设计内容,同时秉持立德树人的育人理念,将德育和思想政治工作贯穿其中,引导大学生树立正确的价值观和择业观。本教材不仅可以使大学生获得职业规划和职业素养的知识,还可以激励大学生涵养家国情怀,奋力建功立业,成为新时代的有为青年。

本书由汤锐华、刘聃、阮春高担任主编,负责全书的框架结构设计、写作指导和统稿。具体分工如下:汤锐华(模块一);林清香、罗奕楠(模块二);鄢木秀(模块三);张建青(模块四);张建青、鄢木秀(模块五);阮春高、刘小芳(模块六);刘聃(模块七)。

在编写过程中,本教材参考和引用了许多同类教材和相关文献资料,汲取精粹,在此谨向这些教材和资料的作者致以诚挚的谢意!由于编者水平有限,本教材难免存在不足之处,敬请专家和读者批评指正,以便我们及时修正。

编　者

2024 年 5 月

第一版前言

"人才是第一资源,是国家发展的战略资源。"这一论述深刻表明,我们党在制定应对时代挑战的战略对策时,牢牢抓住了"人才"这个关键因素。青年是祖国的未来、民族的希望,大学生作为即将踏入社会的青年人才,承载着祖国的未来和民族的希望。

面对当前严峻的就业形势,许多大学生内心焦急,也想提前规划、提早准备,但他们不知该怎么做,不知职业方向在哪里,也没有清晰的目标和计划,经常随波逐流。在大学校园里,有些同学盲目参与各种社团活动,却并不清楚这些活动对自己究竟有何益处;有些同学忙着考取证书,却对自己的特长和爱好并不了解;有些同学在寂寞无聊中浪费大好青春,高喊60分万岁;有些同学认真读书却只为拿奖学金;有些同学表面自信内心却十分自卑……毫无疑问,大学生是中国未来发展的栋梁,是人才强国的保障,同样毋庸置疑的是,市场经济社会也会无情地淘汰那些无法为社会创造价值的人。

当全国上百万名大学毕业生拿着制作精良的简历四处求职却四处碰壁的时候,我们不得不感叹,天之骄子成了天之"焦"子。"凡事预则立,不预则废",这是古人留给我们的智慧。"职业生涯规划"是当代社会科学赋予我们的有力的思想武器。大学生应未雨绸缪,合理规划职业生涯并积极行动,以最终实现理想。这是一种对自己、对家庭、对用人单位、对社会负责任的态度。

本教材基于对国内外近年来职业发展教育和实践的研究、多年的教学经验积累、长期的研究和广泛的企业调研编写而成。全书内容包含职业规划和职业素养两大主题,共分为七个模块。第一模块到第四模块主要帮助大学生了解职业生涯规划的意义、作用,学会如何从职业规划的角度全面认识自我,认知职业世界的面貌,制定出能作为个人行动指南的职业生涯规划书;第五模块到第七模块结合上千家用人单位的调研,提炼出12种职业素养,并根据各种职业素养的作用和受重视程度,将其分为基础层职业素养、提升层职业素养和精英层职业素养三部分。全书旨在为大学生掌握职业生涯规划能力,提升适应社会需求的职业素养提供指导与帮助。

本教材具有以下特点。

1. 介绍完备,内容深入浅出

本书几乎涵盖了职业生涯规划各个环节的关键点,为学生提供了系统、完备的知识支持,对职业素养进行了分类与分层,有利于大学生进行自我评估与培养。大量的精选案例能让大学生如临其境,从中得到良好启发并拥有应对现实世界的智慧。每个模块前都有目标和主题,有利于学生把握本模块的知识结构和学习方向。

2. 情境导入，重在启发探索

每个模块采用各种互动方式，插入大量的名人名言、案例引导、问题假设、故事分享等，使学生更好地理解理论知识，同时深刻领会职业生涯规划能力与夯实职业素养在现实中的重要性。

3. 轻松有趣，注重实际操作

每个模块引入学习指南、思考题和课后拓展题，还设置了内容丰富、形式多样的测试。这既避免了学习的枯燥，又提醒了学生不仅要心动、脑动，更要手动、行动，促进学生自我管理、自我教育、自我成长。

职业生涯规划与发展是一门新的学问，是一门融合管理学、心理学、社会学、人际关系学等不同学科知识的学问。同时，随着新事物的不断涌现、新的理念的不断产生、职业生涯规划与发展的研究和推广工作的不断深入，我们还将不断推陈出新。

在编写过程中，本教材参阅了许多同类教材和文献资料，吸取了其中许多精髓，同时借鉴了一些专家的理论和观点，也得到了广大师生的支持和帮助，谨此表示衷心感谢！由于编者水平有限，本书难免有疏漏和不妥之处，敬请专家和读者批评指正，以便我们及时修正。

编　者

2010 年 5 月

目录

模块一　职业生涯规划概述　　3

主题一　大学生职业生涯规划的意识　　4
主题二　职业生涯规划发展的历程　　8
主题三　职业生涯规划的原则和方法　　15
实践与体验　　20

模块二　如何正确认识自我　　31

主题一　我是什么样的人——生理和心理探索　　32
主题二　我最看重什么——职业价值观探索　　36
主题三　我能够做什么——职业能力探索　　43
主题四　我喜欢做什么——职业兴趣探索　　46
主题五　我适合做什么——职业性格探索　　52
实践与体验　　62

模块三　职业知识　　81

主题一　职业的基本知识　　82
主题二　我国职业发展变化的特点　　89
主题三　就业准入与职业资格证书　　97
主题四　专业、职业和行业　　103
实践与体验　　108

模块四　大学生如何进行职业生涯规划　　121

主题一　选择职业和确立职业生涯路线　　122
主题二　职业生涯目标的分解与组合　　129
主题三　分析差距　制订计划　　136

　　　　主题四　检查和修订　　　　　　　　　139
　　　　主题五　撰写职业生涯规划书　　　　　143
　　　　实践与体验　　　　　　　　　　　　　150

173　模块五　培养你的基础层职业素养

　　　　主题一　专业能力　　　　　　　　　　174
　　　　主题二　积极主动的态度　　　　　　　177
　　　　主题三　职业道德修养　　　　　　　　181
　　　　主题四　责任心　　　　　　　　　　　187
　　　　实践与体验　　　　　　　　　　　　　191

207　模块六　修炼你的提升层职业素养

　　　　主题一　学习能力　　　　　　　　　　208
　　　　主题二　沟通能力　　　　　　　　　　214
　　　　主题三　吃苦耐劳精神　　　　　　　　221
　　　　主题四　社会适应能力　　　　　　　　224
　　　　实践与体验　　　　　　　　　　　　　229

247　模块七　开发你的精英层职业素养

　　　　主题一　创新能力　　　　　　　　　　248
　　　　主题二　团队协作精神　　　　　　　　255
　　　　主题三　人际交往能力　　　　　　　　258
　　　　主题四　组织管理能力　　　　　　　　264
　　　　实践与体验　　　　　　　　　　　　　267

279　参考文献

人生最重要的事
不是你现在站在何处
而是你今后要去哪个方向
只要方向对
找到路
就不怕路远

模块一
职业生涯规划概述

思想领航

先谋后事者昌,先事后谋者亡。

——《太公金匮》

凡事预则立,不预则废。

——《礼记·中庸》

学习目标

1. 理解职业生涯规划的含义和意义。
2. 了解职业生涯规划的发展历程。
3. 了解影响职业生涯发展的因素,掌握职业生涯规划的原则和步骤。

学习内容

主题一　大学生职业生涯规划的意识
主题二　职业生涯规划发展的历程
主题三　职业生涯规划的原则和方法

学习指南

1. 通过参与课堂的案例分析、现场调查、资料分析、小组讨论、情景模拟、团体游戏、意象分析、文献阅读、头脑风暴、绘画分析等活动,了解国内外职业生涯规划的发展情况,学习职业生涯规划的理论知识,树立职业生涯规划意识,学习职业生涯规划的原则与步骤。

2. 设计调查问卷。以宿舍为单位分成若干小组,在校园或周边校区随机发放调查问卷,了解大学生的职业生涯规划现状。分析问卷结果,撰写调查报告,并总结活动感受。

3. 利用课余时间阅读有关书籍,了解名人或成功人士的成长历程,从而增强自己职业生涯规划的意识。

4. 做一份人物访谈录。先设定访谈目标和访谈提纲,听听他人对职业生涯规划的看法和建议。

主题一 大学生职业生涯规划的意识

一、职业生涯规划的含义

职业生涯是指一个人终生经历的所有职业发展的整个历程。职业生涯规划其实就是人生战略设计,是事业成功的起点,是理性地将个人发展与组织发展相结合的过程。这个过程包括确定个人的事业奋斗目标,选择实现这一目标的职业,编制相应的工作、教育和培训的行动计划,落实对每一步骤的时间、顺序和方向的合理安排,最终到达理想的彼岸。

什么是职业生涯规划

大学生职业生涯规划是指学生在大学期间进行系统的职业生涯规划的过程,包括大学期间的学习规划、职业规划和生活规划。大学阶段处于职业生涯的明晰期,职业生涯规划的有无及好坏直接影响大学期间的学习和生活质量,更直接影响择业、就业甚至未来职业生涯的成败。

二、关于职业生涯规划的几个疑虑

(一) 职业生涯规划有没有必要

有的人认为职业生涯规划没有必要,这世界变化太快,规划只是一时的行为,很多事情无法预测,即使规划也是枉然。这是错误的观点。

进行职业生涯规划是非常必要的。时代飞速变化,我们更要以积极的态度面对人生,只有随时知时、知势、知己,才不会被淘汰。职业生涯规划的目的不是让你快速确定人生目标,很快做决定,而是让你学会不断探索自我和环境,为自己的职业道路做更充分的准备,有意识地发挥出自己的潜能。心中有梦想、脑中有规划、脚下有路径的人,会时刻发现机会、创造机会,把握每个有价值的机会。没有规划的人在机会面前会犹豫不决,从而错过机会、失去机会。虽然规划不可能是完美的,但它一定是有帮助的。

职业生涯中虽然充满了不可控因素,但毕竟还有许多可控因素,我们只有认真把握这些可控因素,才不至于偏离人生轨道。

(二) 职业生涯规划是不是一劳永逸的

有一种错误想法:我现在要趁大学里的空余时间多,好好做职业生涯规划,省得以后还要做。现在规划好了,以后就高枕无忧了!

我们必须随着时代的变化而变化。职业生涯规划除了探索、抉择和行动,还有一个重要环节,那就是反馈与调整。职业生涯规划可分为短期规划、中期规划和长期规划,每个部分都有相应的小目标,每个小目标都为最终目标的实现打下基础,小目标的串接就是最终目标的达成。这个过程不仅体现在你实现了多么完美的人生目标,还记载着你在人生旅途中展现了多少精彩、积累了多少资源。在这个过程中,你可能会暂时"迂回绕弯",也可能会"三级连跳",因此职业生涯规划不是一劳永逸的,也不可能一劳永逸。

不同阶段的成长环境需要不同的规划来配合,以适应我们的发展,所以我们必须要有"职业生涯发展"的观念。一次就完成终身职业生涯规划几乎是一件不可能的事情,我们要做的是在成长的转折点上把握自己的人生,通过这种有意识的规划来纠正人生道路的偏差。

(三) 平凡的人要不要做职业生涯规划

有的人有这样的错误观念:对于我而言,职业生涯规划没有必要。职业生涯规划只属于想成功的人,我只想做个平凡人,所以用不着做职业生涯规划。

职业生涯规划重在突破障碍、激发潜能、实现自我。在此基础上,你可以实现当作家的梦,也可以实现当导游的梦。职业生涯规划不分高低,它属于每一个踏实工作和生活的人。如果不探索自己和环境的现状与未来,不积极采取准备措施,就有可能落后于时代。

国家高度重视大学生就业工作,将高校毕业生的就业摆在就业工作的首位,出台了一系列促进和保障大学生就业的政策和措施。即使这样,也有很多大学毕业生不知该如何找工作,很多已就业的大学生在激烈的职场竞争压力下,日益感到原有的知识积累和自身能力的不足,因此不少人选择进一步参加职业培训和专业学习。同时,应届大学毕业生报考公务员人数屡创新高,导致"公务员热"的原因包括其稳定的收入、较好的福利待遇和较高的社会地位等,但一个不容忽视的原因是很多学生就业能力不足,盲目跟风参加考试。许多大学生表示报考公务员是由于很难找到工作,不知道自己能干什么。

有的人把大学生就业难的问题归咎于大学的扩招,但这只是其中的小部分原因,根本原因是大学生就业能力不足,这直接反映出大学生缺少明确的职业和人生规划,其中包括缺少对社会的理解,缺少对自己清晰的定位,缺少适应社会的能力,也缺少接受失败和挫折的良好心理素质等。教育部公布的数据显示,2022年,全国高校毕业生人数首次破千万。2024届高校毕业生规模预计1 179万人,毕业生人数再创新高。随着毕业生人数的增加,就业形势日益严峻。在这样的背景下,一份科学的职业生涯规划能够帮助毕业生更好地了解自己的优势和劣势,明确职业目标和发展方向,提高就业竞争力和职业发展潜力。

(四) 做好职业生涯规划是不是就能顺利解决所有问题

职业生涯规划虽然能为我们指明一条路径,但不能保证我们能够拥有一份实现自我价值的工作,所有目标的实现都要以强有力的执行力做保障。如果抱着做好职业生涯规划就大功告成的心态,那么你会大失所望。有些大学生临近毕业才想到要做职业生涯规划,企图找到好工作。这未免太高估职业生涯规划的作用了,因为这些人已经错过了十分重要的奋斗时光。

做好职业生涯规划,对提升个人价值和实现自我具有重要的意义。个人职业生涯规划是在了解自我和环境的基础上确定适合自己的职业方向、目标并制定相应的计划,因此能够有效避免就业的盲目性,降低从业失败的可能性,进而帮助个人找到走向职业成功最有效率的路径。但是,职业生涯规划只是手段,不是目的。

三、大学生为什么要进行职业生涯规划

(一)职业生涯规划,让大学生目标更明确

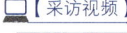

大学生为什么要进行职业生涯规划

不少人很羡慕20世纪80年代甚至90年代毕业的大学生。那时候的大学生在毕业时,根本不用担心自己未来的工作。在他们看来,那个年代的大学生都是"天之骄子"。但现在的大学生不知道当时计划经济背景下的工作安排并不能保证所有的学生和用人单位各取所需。当国家出台了以"双向选择,自主择业"为宗旨,大学生就业市场化的就业政策时,很多学生为此欢呼,认为这让大学生拥有了自主选择的权利,也让大学生能够在市场上一展身手。

然而从"市场政策"出台到今天,就业环境越来越具有挑战性,就业竞争也越来越激烈。但是还有相当一部分大学生并没有树立起市场意识,还不知道怎样自主择业,他们还等着自己的父母帮他们找工作,还在埋怨国家没有提供足够的就业机会,责怪学校没有为他们吸引更多的用人单位……他们没有从自己身上找原因,不懂得把握自己人生中最美好的大学时光,不懂得及时积累足够的知识、能力和经验,不知道自己将何去何从。这些正反映出很多大学生没有对人生进行规划的意识。事实上,一个人要发展,要成就一番事业,必须树立起经营自己的意识。经营自己就是让自己面对市场的竞争,积极规划自己的行为。

在严峻的就业形势下,如果大学生没有规划职业生涯,就会为将来埋下痛苦的伏笔。如果大学生在就业市场中急功近利,没有长远打算和确切目标,心浮气躁,迫于压力,能找到什么工作就干什么工作,什么挣钱就做什么,工作多年还没有职业定位,那么必然会陷入一种尴尬的境地。

认识职业生涯规划,不但能帮助你有效地确定职业目标,而且能引导你对目标进行分解整合,让你的奋斗有方向、做事有条理、行动有根据,进而实现自我价值。

(二)职业生涯规划,有助于大学生抓住重点

制定职业生涯规划的好处之一是有助于我们合理安排日常工作。没有职业生涯规划,我们很容易陷入与人生目标无关的日常事务当中。一个忘记最重要事情的人会成为琐事的奴隶,很容易把精力放在小事上。

有人曾经说过:"智慧就是懂得该忽视什么东西的艺术。"的确如此,规划能使我们紧紧抓住工作的重点,增加我们成功的可能性。规划能帮助你集中精力,专注于自己有优势并且有高回报的领域,只有这样才有助于发挥自己的潜力。最终,在达到目标时,你会发现在自我培养成才的过程中,不仅收获了很多东西,重要的是还学会了如何生活。

(三) 职业生涯规划,有助于增强自我管理和自我培养的能力

职业生涯规划的重要功能之一是自我评估,增强自我管理和自我培养的能力。如果你的自我探究是深刻、合理的,你就可以用此来肯定、激励自己,进而完善自己的人格;如果你的规划是具体的,规划的实施结果是看得见、摸得着的,你就可以根据规划的进展情况评估你目前取得的成绩。失败者面临的共同问题之一就是他们缺乏自我管理和自我培养的能力,无法度量取得的进步。强化自我管理和自我培养的能力,将使你的职业人生更精彩。

(四) 职业生涯规划,有助于增强大学生竞争力

一份行之有效的职业生涯规划将发挥这样的功能:引导你正确认识自身的个性特质、现有与潜在的资源优势,帮助你重新对自己的价值进行定位并使其持续增值;引导你将自己的综合优势与劣势进行对比分析,使你树立职业理想、明确职业发展目标;引导你评估个人目标与现实之间的差距,发现新的或有潜力的就业机会;使你学会运用科学的方法,采取可行的步骤与措施,不断增强职业竞争力,实现自己的职业目标与理想。

【阅读拓展】

做好生涯规划必须要知道的六件事

大学生按照制定的职业生涯规划来行动,就能够在认知自我、明确求职目标、提高职业素质和职业能力等方面得到相应的积累和提升。如果这样的话,我们就可以节省时间,不用漫天撒网,只在遇到合适的工作机会时投上简历,这样我们的求职成本就会降低很多,求职效率将大大提高。

当今社会处在变革的时代,到处充满着竞争,要想在激烈的竞争中脱颖而出并立于不败之地,必须做好职业生涯规划。做好职业生涯规划,未雨绸缪,有了清晰的认识与明确的目标之后再把求职活动付诸实践,这样会更经济、更科学。

科学的职业生涯规划可以使一个人实现目标,使一个人的事业有声有色,使一个平凡之人成长为一个出色人才。职业生涯规划是承载成功的基石,它能让你的人生有方向、事业有目标,进而脚踏实地、满怀信心地迎接未来的挑战。

主题二　职业生涯规划发展的历程

一、国外职业生涯规划的起源和发展

20世纪以后,机器生产代替手工劳动的现象越来越普遍,社会分工越来越细化,职业种类越来越多,职业技术教育也越来越普及。许多人无法适应这种变化,于是有关职业发展的咨询或辅导开始出现,职业规划的观念也开始为人们所关注和接受。在100多年的历史中,从职业指导、职业规划一步步发展到如今的职业生涯规划,我们越来越清晰地意识到职业生涯规划对个人职业发展的重要性。

(一) 人职匹配理论

1. "职业规划之父"弗兰克·帕森斯的特质因素理论

1908年,美国波士顿大学教授的弗兰克·帕森斯发现,造成青年人离校后失业的原因并不是他们没有能力,而是没有机遇,于是帕森斯创办了波士顿职业指导局,跨出了使职业规划活动系统化的重要一步。帕森斯不仅亲自参与大量针对青年人的职业指导实践活动,还设计了许多帮助青年人了解自己、了解工作环境和性质的方法,问卷调查就是其中之一。

1909年,帕森斯撰写的《选择职业》一书出版,该书对如何选择职业提出了三条原则:第一,清楚地了解自己的态度、能力、兴趣、局限和其他特性;第二,明确成功的条件及所需要的知识,以及不同岗位所具有的优势、劣势、机会和前途;第三,上述两个条件的平衡。

除此之外,帕森斯还强调家庭出身,家庭成员的教育程度、阅历、经验等因素对求职的影响。该书第一次系统地阐述了科学的职业选择理论,即特质因素理论。该理论主要关注人职匹配,认为每个人都有自己独特的人格模式,每种人格模式的个体都有其相适应的职业类型。求职者只有对自己的特性进行详细了解、比较和分析,才能更快地发现适合自己的职业,而且更容易接近成功。这个理论对今天的就业指导和职业规划仍具有现实的指导意义。

2. 明尼苏达的工作适应理论

1964年,罗奎斯特与戴维斯在明尼苏达大学开展残障人士如何适应工作的研究,10多年后发展成强调人境符合的工作适应理论。该理论的重点在于就业后的适应问题,个人与环境可以相互影响,每个人都应该努力寻找个人与环境的一致性。

3. 霍兰德的职业倾向理论

20世纪70年代,约翰·霍兰德提出职业倾向理论。该理论认为大多数人的职业兴趣可以分为六种类型,即现实型、研究型、艺术型、社会型、企业型和常规型;人的兴趣往往有多个方面,兴趣与职业环境之间的匹配将增加个人的工作满意度和职业成就感,占主导地位的兴趣特质类型可以为职业选择提供依据。

(二) 舒伯的生涯发展阶段理论

美国心理学家马斯洛的需求层次理论所述:人的需要是从生存、安全、尊重、归属到自我实现的一个逐层满足的过程。20世纪初,社会发展比较稳定,个体一生中的职业变化不大,所以职业发展心理学家更多采用"occupation"和"vocation"两个词,中文含义为"职业"。当时,社会把人看作生产产品的主体,"职业"是工作角色的总和,人们通过生产产品来实现自己,"职业"更多的是处于满足人的较低层次需求的层面上。但是,随着社会物质总量的进一步积累,人们开始关注更广泛的需求满足,开始考虑更高层次的需要。"职业"开始向"生涯"过渡,它不仅是个人谋生的手段,还是个人实现人生价值的途径。

1953年,舒伯根据自我心理学的观点,赋予职业理论以新的含义:人的生涯发展分为成长、探索、建立、维持、衰退五个阶段,具体如表1-1所示。

表1-1 舒伯生涯发展阶段理论

生涯发展阶段	年龄阶段	特点	任务
成长阶段	出生~14岁	自我意识发展,开始尝试探索世界	发展自我形象,了解工作的意义
探索阶段	15~24岁	分为试探期(15~17岁)、过渡期(18~21岁)、承诺期(22~24岁)	技能逐渐具体化、特定化,并出现职业偏好
建立阶段	25~44岁	分为试验-承诺稳定期(25~31岁)、建立期(32~44岁)	统整、稳固、求上进
维持阶段	45~65岁	既要维持现有的工作状况,又要面对新人员的挑战	维持既有的成就与地位,更新知识,提高能力
衰退阶段	65岁以上	生理、心理机能日渐衰退,个人需要面对隐退	计划退休生活,逐渐减少工作投入

从表1-1中可以看出,舒伯的理论强调职业对人一生的意义。他认为,人的一生需要扮演多种角色,包括子女、学生、休闲者、公民、工作者、配偶、持家者、父母和退休者;人生不仅要追求职业角色的完美,还要完成许多非职业角色的任务,只有这样才是一个完美的人生。20世纪70年代,美国教育总署、美国职业教育学会开始推广生涯教育,并从幼儿园开始辅导。

(三) 克朗伯兹的社会学习理论

20世纪70年代,克朗伯兹提出社会学习理论,并提出观点:个人的职业导向在很大程度上依赖于对他人行为的学习和模仿。如下四种因素会影响个人的职业决策。

(1) 遗传因素和特殊能力,如外貌、智力、动作协调性等。
(2) 环境因素和事件,如家庭经济活动、社区的环境、地区差异、自然灾害等。
(3) 学习经验,如多次试验使你获得好评,会激励你更加努力等。
(4) 任务取向的技能,如解决问题的能力、情绪认知、工作习惯等。

(四) 当代的认知信息加工理论

20世纪90年代初,彼得森、桑普森和里尔登提出认知信息加工理论。该理论认为:要从信息加工取向看待生涯问题的解决,生涯选择是认知和情感相互作用的一种复杂的解决问题的活动。认知信息加工模式如图1-1所示。

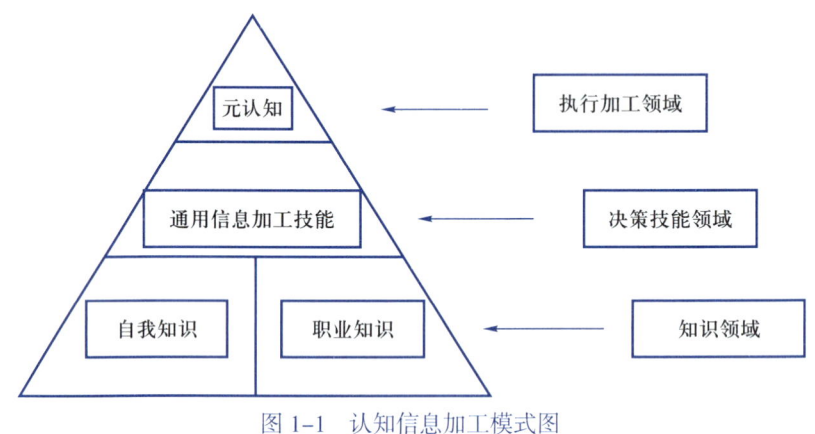

图1-1 认知信息加工模式图

根据图1-1可知,人们可以通过塔底的知识领域积累,进入中间层的信息加工和决策,最后上升到最高层的执行加工领域,这一过程也称元认知。元认知就是自察能力,即用第三只眼监督、控制自己的思维活动和行为活动。

曾几何时,生涯规划演进成现代人的人生必修课。我们一生中最精彩的时间和岁月大部分投入在工作上,工作品质的好坏直接影响我们的幸福感。因此,关注生涯的发展,其实就是关注生活的满足和幸福。

二、我国职业生涯规划的发展情况

(一) 职业规划的兴起

就我国的实际发展而言,"职业规划"的兴起是近几年的事。20世纪90年代,我国开始对高校毕业生就业制度进行改革,由原来的国家"统包统分"改革为"国家指导、自主就业",越来越多接受过高等教育的青年学生开始走向人才市场,寻找适合自己的职业和工作岗位。与此同时,随着国际经济形势的变化,全球就业紧张问题普遍存在,近年来我国大学毕业生就业情况不容乐观。这些都是我国"职业规划"课程发展的动力来源。

在计划经济时代,职业生涯问题不是一个令人们感兴趣的话题,因为国家的就业政策是"统包统分"。一个人一旦被安置就业,就等于与用人单位签订了终生合同,"从一而终"是当时中国人典型的职业生存状态。人们在某个单位一工作就是一辈子,强调自己是一块砖,哪里需要往哪里搬。在当时人们的话语中,基本没有择业、跳槽、失业等词语。曾几何时,这一切发生了翻天覆地的变化,好像突然之间中国人需要面对自主择业、竞聘上岗、下岗裁员等一系列情况。大学生从"天之骄子"一下子变成过剩的群体,每年有不计其数的大学生跳槽,少数大学生甚至面临失业的情况,新闻里也出现了研究生回家杀猪卖肉的报道,"海龟(归)"变"海带(待)"……时代变化太快,每个人都必须对自己负责。于是一种告诉你如何对自己负责的学问——职业生涯规划也就应运而生了。

20世纪80年代中期以来,由于市场竞争日益激烈,企业为了自身的生存和发展而不得不裁员,这一严酷的事实彻底打破了长期以来形成的企业和员工之间稳定的雇佣关系。企业不再是计划经济条件下的那个"家"了。既然企业无法承诺员工终身就业,员工也就不必"从一而终",所以跳槽现象日益频繁。后浪研究所发布的《2022年轻人跳槽报告》显示,"90后"人均跳槽2.4次,约两成已工作的"00后"已跳槽过2次。教育培训是跳槽率最高的行业,互联网、零售行业并列第二。超八成的年轻人愿意降薪跳槽,其中近半数的年轻人愿意为了不加班而降薪跳槽。此次调查共有1 049名对象参与,受访者男女比例基本持平,年龄段主要集中在"90后""95后"及"00后",分别占比38.4%、34.9%和10.9%。从跳槽次数来看,因工作年限更长,"80后"职场人平均跳槽次数最多,达到4.2次;"85后"职场人平均跳槽3.1次,"90后"职场人平均跳槽2.4次。员工和企业的关系更多的是利益交换关系,职业稳定的承诺让位于自己对自己负责,组织保障变成自我保障。这些无可回避的事实唤起了人们对职业目标的意识和责任感,所以个人需要进行职业生涯的规划。

可以说,职场上的变化及由此而来的人们职业心理、职业行为模式的变化是改革开放以来中国社会的重大变革之一。这种变化表明,当代中国人在个人的职业生涯发展过程中拥有越来越多的选择机会和自主权利,同时意味着个人对自己在事业上的成败负有越来越多的责任。加强自我职业生涯管理是这个时代对个人提出的要求。

(二)职业生涯规划内涵的发展

伴随着高校毕业生"自主就业"制度的全面推进,"职业"层面的满足成为当前社会的一个巨大使命,于是"职业规划"开始兴起。它的初衷是以"职"为容器,去寻求或塑造可以容纳于此容器中的人。也就是说,在当前,我们的"生涯规划"还只是面对社会的一种应急状态。例如,有许多打着"生涯规划"幌子的讲演都是请社会上所谓的"成功人士"现身说法,分享他们在工作上的经验。

那么,在此时提出一个在我国似乎尚属超前的观念是否有意义呢?回答当然是肯定的。

原因之一,现在广泛存在于学校的就业指导都是以就业率为导向,努力把毕业生推进一个个职位的"容器"中。但是,这种初期的"就业"之效,往往会因为这个"容器"并不能带给毕业生以"生涯"的满足,从而产生"先就业,再择业"的观念,使得企业单位人员流动频繁。更甚之,这种流动往往起因于"生涯"的不满足,而且以"生涯"不满足为结束而告一段落。所以,在这个意义上,如果能够让社会大众认识到"生涯"的内涵,并且从更宏观的"生涯"角度去衡量职业,则会使就业更具目标性。例如,毕业生如果认识到工作并不是全部,生活里还要有情感的满足、婚姻的满足和家庭的建构,同时要考虑到个人成长与身心发展,那么他们就可能会更慎重地选择自己的职业,以一种更加平衡和谐的心态去"经营"自己的职业。如果学校的老师认识到"生涯"的广泛内涵,他们可能会从发现学生的追求、发掘学生的潜力等诸多角度,鼓励和帮助学生较早地开始探索自己的生涯追求,而不至于到了毕业时纷纷不知所措地"先就业,再择业"。

原因之二,全面的"生涯"观念的引入,可以很好地引导社会大众科学地看待自己的职业选择。例如,"成功人士"的现身说法其实只是个人成功的特殊性案例,而且这种所谓的成功也可能只局限于工作领域。这都与全面的"生涯"成功内涵有差距。由此,从生涯层面看成功人士,需要听众去鉴别,有选择地学习和模仿。另外,社会上还有一些生涯规划人士,并没有从广泛的"生涯"层面给人以指导,更多只是落脚在"规划"层面,使得规划成为一种外在决定的"专家建议"。虽然这些建议中包含了丰富的经验,可以给生涯困惑者带来立竿见影的效果,但是如果生涯被局限在职业指导之内,那么经历一些选择方面的"冒险"之后,消极的后果可能引发更大的生涯困惑。一旦"投资"失败,那么惨痛的教训只能自己承担。如果一个人明白了生涯的内涵,那么他就会全面地考虑自己的选择,最终做出自己可以负得起责任的积极选择。也就是说,我们要从生涯的角度去思考,来决定自己职业的定位与选择。

(三) 职业生涯发展理论

职业生涯发展理论提出了职业发展的阶段性特征,用发展的观点来探究职业选择的过程,将职业发展看成是可变的、持续的过程,把人的职业意识、职业选择和职业适应看成是一个持续不断的发展历程。该理论从发展、测评、职业适应及自我概念等领域进行系统研究,从而建立起严密的理论和方法论体系,对职业指导的理论和实践具有重大影响,是职业指导理论发展史上的里程碑。

1. 职业生涯发展理论的要点

(1) 个体的能力、兴趣和人格等各不相同,而每种职业要求的能力、兴趣和人格特质也不尽相同。但两者均有很大弹性:一方面,每个人都适合从事多种职业;另一方面,不同的人也可以从事同一种职业。

(2) 个体的职业兴趣、能力、生活和工作环境、自我概念等,会随时间和经验的改变而改变。因此,职业的选择和适应是一个持续发展的过程。个人生活阶段的发展可借个人能力和兴趣的成熟及自我概念的发展达成,所以职业生涯的发展过程即自我概念的发展过程。

(3) 职业生涯发展的过程是个体与环境、自我概念与现实之间的一种折中调和的过程,个人的职业形态或发展模式的性质由社会环境、机遇、个人能力和人格特征等决定。

(4) 工作满意度与其自我概念实现的程度成正比。工作满意度取决于个体的工作与其能力、兴趣和人格特征的配合度,以及个体基于成长经验对自己的评估。

(5) 个体心理发展是一个不断变化的历程,同时,社会生活的变迁影响着个体心理的发展。因此,人的职业心理总处于一种动态的过程之中,个性与职业的匹配并不是一次就能完成的。

(6) 职业生涯发展理论仍是一种匹配理论,匹配方法是该理论的出发点和基础。个人需要同时考虑自己的特点和职业要求,寻找与其个人特质相匹配的职业,并通过必要的教育培训和适当的工作机会实现自己的职业选择。但由于个人和环境都在变化,人职匹配并不是一次完成的,单纯以匹配的方式进行职业选择并不全面。

(7) 职业生涯发展理论关注的焦点是选择职业、配合个人。职业生涯发展理论将影响抉择的因素分为两类:一类是个体决定因素,包括兴趣、能力、价值观等个体化因素;另一类是环境决定因素,如社会发展状况和经济条件等。

职业生涯发展理论认为职业发展是个体的职业自我概念不断分化与综合的过程。所谓职业自我概念,是指个人对职业与其自身关系的认识及其定型。职业自我概念是个体在社会生活中对自我发展进行反省的结果。职业自我概念的定型标志着工作定向的形成;而工作定向的形成影响个人对职业的态度,进而影响个人的职业选择。

因此,职业选择的过程贯穿于人的一生并反复进行。职业生涯发展理论假设个人会积极地投入社会,寻求某一生涯领域中成员的接受,建立个体对他人的意义。如果个人的独特性与工作世界的独特性相一致,个人就会产生满足感和成就感。如果遇到问题,就会激发个体进行重新抉择。抉择过程分为两个阶段,即预期阶段和实践阶段。

职业生涯发展理论强调个体对"自我形象"与"角色形象"的全面发展和接受,认为这种职业观是长期发展的结果。因此必须针对不同阶段的发展任务设计职业指导计划,以增进个体的自我观察和自我接纳,培养正确的职业价值观,提高个体的职业成熟度,进而选择适当的职业发展目标和生活方式。

2. 职业生涯发展的四个阶段

根据职业生涯发展理论,职业生涯发展是一个连续不断、循序渐进,经过统整的动态过程。一个人的自我概念在青春期以前就开始形成,至青春期较为明朗,并于成人期转化为生涯概念。

(1) 探索发展阶段。探索发展阶段发生在 15~24 岁,相当于高中到大学阶段。处在青春期后期的青少年开始对各种可选择的职业进行现实性的思考。个人将认真地探索各种可能的职业选择,并试图将自己的职业选择与他们对职业的了解,以及通过学校教育、休闲活动和工作等途径获得的个人能力匹配起来。在这一阶段的开始时期,他们往往做出一些带有试验性质的、较为宽泛的职业选择。然而,随着个人对所选择的职业及自我的进一步了解,最初的选择往往会被重新界定。这一阶段结束的时候,一个比较恰当的职业就已经被选定,他们也初步做好了工作的准备。在此阶段,个人开始通过学校学习、业余活动和短期工作进行自我考察、角色鉴定和职业探索。

探索发展阶段的主要任务:探索各种可能的职业选择,研究清楚工作的发展前景;自己的职业在未来的社会,对人才的需求是增加还是减少;自己在未来社会中的竞争优势,随着年龄的增加是不断加强还是逐渐削弱;在自己适合从事的职业中,哪些是社会发展迫切需要的。全面认识自己并学会对自己的能力和兴趣、价值观、社会环境、家庭条件等进行现实性评价,并根据未来的职业选择做出相应的教育决策,有目的地发展各种能力,才能帮助我们最终完成择业及最初就业。

① 高中阶段:探索决策阶段。具体任务:通过与家长、老师、同学、朋友等进行讨

论,以参加社会实践、社团活动、听讲座、做志愿者或兼职等方式增加职业认识和职业体验;通过比较专业的测试,对个人的性格、兴趣、需要、能力、价值观等进行全面的了解,明确自己的职业偏好;考虑社会、家庭等外在的因素对就业的影响,初步判断可能适合自己的职业领域,选择适合自己的教育,进行择业的尝试性选择。

② 大学阶段:发展准备阶段。具体任务:更多地考虑现实因素并将其纳入对自我的认知中;明确自己的职业选择,积极地进行实习实践,深入了解即将从事的职业的现状;探索发展适合某种职业的各种能力,取得相应的从业资格证书,也可以思考创业所需要的条件。

(2) 确立优化阶段。确立优化阶段发生在 25~44 岁,这一阶段是大多数人工作周期中的核心部分。这一阶段包括三个子阶段:尝试子阶段(25~30 岁)、稳定子阶段(31~40 岁)及职业中期危机子阶段(41~44 岁)。

在确立优化阶段,个人会寻找一个合适的职业领域,并在自己的专业领域深入发展,巩固已有的地位并力争提升。他们非常清楚自己性格中的弱点和某些能力的不足,接受自己的缺点,敏锐地发现各种机遇,不断地尝试与自己最初的职业选择所不同的各种岗位。在此阶段,可以多做些尝试、探索,在工作中摸索出自己的职业取向、职业锚、职业兴趣等,逐步找到最适合自己的职业。

(3) 维持阶段。维持阶段一般发生在 45~65 岁。45 岁以上的人一般不会再做过多的尝试,而是认真分析本人的职业锚、职业取向,选择本人有优势的职业做更精细的打算。

(4) 下降阶段。下降阶段一般发生在 65 岁以上,该阶段的个体必须完成角色的转换,从有选择的参与者转化为逐渐退出工作领域的旁观者。该阶段的重点是发展非职业性角色,做自己期望做的事,找到获得满足感的其他来源。

主题三　职业生涯规划的原则和方法

一、职业生涯发展的影响因素

人们一生的职业生涯历程与成就有着不同的可能,每个人在不同的职业发展阶段和历程中,所考虑的因素也不尽相同。从职业生涯发展的规律来看,影响职业生涯发展的因素中既有个人、心理等主观因素,也有社会环境、机遇等客观因素。

(一) 自我认识方面

自我认识方面的影响因素主要有:① 个人的兴趣、爱好与特长;② 个人的性格与价值观;③ 个人所选定的目标与理想;④ 个人的情商;⑤ 个人的优缺点;⑥ 个人的教育背景与能力;⑦ 个人的生理情况,包括性别、健康、体能等因素。

(二) 外部环境方面

外部环境方面的影响因素主要有:① 组织的需求;② 家庭的需求;③ 社会的需求;④ 科技的需求;⑤ 经济的兴衰;⑥ 政策、法律的制定。

(三) 职业行业方面

职业行业方面的影响因素主要有:① 职业的工作内容;② 职业所需的能力和知识;③ 职业的发展前景;④ 职业可能的发展路径;⑤ 所在行业的发展趋势。

(四) 个人目标选择方面

个人目标选择方面的影响因素主要有:① 设定该目标的原因;② 达到该目标的途径;③ 达到该目标所需要的能力、训练及教育;④ 达到该目标可能得到的助力;⑤ 达到该目标可能遇到的阻力。

(五) 落实生涯目标措施方面

落实生涯目标措施方面的影响因素主要有:① 教育、训练的安排;② 获得发展的安排;③ 排除各种阻力的计划与措施;④ 争取各种助力的计划与措施。

二、职业生涯规划的原则

职业生涯规划说到底是一份人生的设计,它对人生旅途而言具有战略意义,是至关重要的。如果决策正确,则一帆风顺、事业有成;反之,则弯路多多、损失多多、苦恼多多、教训多多。大学生还没有进入正式的职业状态,要制定科学的职业生涯规划方案,可以参考以下几条原则。

(一) 可行性原则

实现生涯目标的途径有很多,在设计职业生涯规划时必须考虑自己的特质、社会环境、组织环境及其他相关因素,选择切实可行的途径。设计要有事实依据,而不是构建美好的幻想,否则将会贻误生涯良机。职业生涯规划要考虑实际情况,具有可执行性。有些职场人士很有雄心壮志,工作在短时间内虽具有一定飞跃性,但更多时候还是一个积累的过程——资历的积累、经验的积累、知识的积累。所以职业生涯规划不能好高骛远,而要根据自己的实际情况,一步一个脚印,层层晋升,最终方能实现梦想。

(二)激励挑战原则

目标是否符合自己的性格、兴趣和特长?是否能对自己产生内在激励作用?目标或措施是否具有挑战性?职业生涯规划要求每个人根据自身的兴趣、特点,找准最能发挥自己长处的位置,从而最大限度地实现自我价值。职业生涯规划实质上是追求最佳职业生涯的过程。一个人的事业究竟向哪个方向发展,一生要稳定从事哪种职业类型,扮演何种角色,都可以在此之前做出设想和规划。

(三)可持续发展原则

拟定职业生涯规划时必须考虑到生涯发展的整个历程,做全程的考虑。人生的每个发展阶段应能持续连贯地衔接。职业生涯规划的目标必须具有可持续发展性。职业生涯规划不是一个阶段性的目标,而是一种可以贯穿整个职业发展生涯的远景展望,所以职业生涯规划必须具有可持续发展性。职业发展目标太过短浅,不但会抑制个人的奋斗热情,而且不利于长远发展。

(四)适应性原则

职业生涯规划的适应性原则主要考虑:目标或措施是否有弹性或者缓冲性?是否能够随着环境的变化而调整?

(五)一致协调性原则

职业生涯规划的一致协调性原则主要考虑:主要目标与分目标是否一致?目标与措施是否一致?个人目标与组织目标的发展是否一致?个人的目标与他人的目标是否具有合作性与协调性?

(六)清晰具体原则

职业生涯规划的清晰具体原则主要考虑:目标、措施是否清晰、明确?生涯设计各个阶段的路线划分与安排是否具体可行?

(七)可评量原则

职业生涯规划的可评量原则是指设计应有明确的时间限制或标准,以便评量、检查,使自己随时掌握执行状况,并为设计的修正提供参考依据。

三、职业生涯规划的要点

"知己知彼,百战百胜。""知己"就是自我认识与自我了解;"知彼"就是熟悉周围的环境,特别是与生涯发展有关的职业世界。二者互相关联,在此基础上确定的个人生涯目标要符合现实,而不是一厢情愿;对从事的职业要感兴趣,而不是被动地去做;所从事的工作能发挥专长、优势;能够适应工作的环境,工作起来游刃有余。这就说明你的职业生涯规划不仅做到了"知己""知彼",还做出了正确的"抉择"。所以,

"知己""知彼""抉择"就是职业生涯规划中要把握好的三大要点,它们的关系如图 1-2 所示。

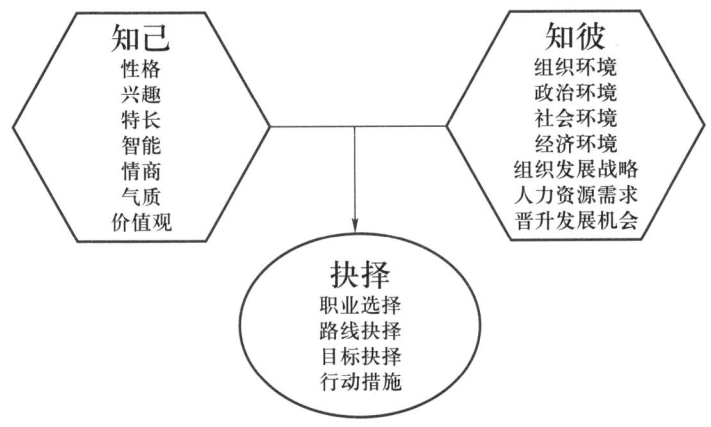

图 1-2 职业生涯规划三大要点关系图

四、职业生涯规划的步骤与方法

职业生涯规划是一个周而复始的连续过程,包括确立志向、准确评估、选择职业、确定职业生涯路线、设定目标、制定行动计划与措施、执行、检查与修订八个步骤,如图 1-3 所示。大学生的职业生涯规划相较于社会人士而言有其独特性,即有更多的虚拟性与前瞻性,它意味着对未来的关注和思考。它既是一份学业,也是一种投资。

最年轻的"两弹一星"元勋

(一) 确立志向

如果你不确定要到哪里去,那么通常的结果是你哪里也去不了。志向是事业成功的基本前提,没有志向,事业的成功也就无从谈起。俗话说:"志不立,天下无可成之事。"纵观古今各个行业的佼佼者,他们都有一个共同的特点,那就是具有远大的志向。立志是人生的起跑点,反映着一个人的抱负、胸怀、志趣和价值观,影响着一个人的奋斗目标及成就。所以,在制定职业生涯规划时,首先要确立志向,这是制定职业生涯规划的关键。

(二) 准确评估

准确评估包括自我评估和外部环境评估。这是职业生涯规划的基础。

自我评估就是"知己",即全面分析自己,扬长避短,评估内容通常包括自己的兴趣、特长、性格、学识、技能、智商、情商、思维方式、道德水准,以及组织管理、协调、活动的能力等。

外部环境评估也称生涯机会的评估,也就是通常所说的"知彼",主要是指认清时势,分析可能对自己职业生涯发展产生影响的内外环境因素,如家庭环境、组织环境、经济环境等。从这些评估中可以知道自己从事某种职业的机会和威胁。

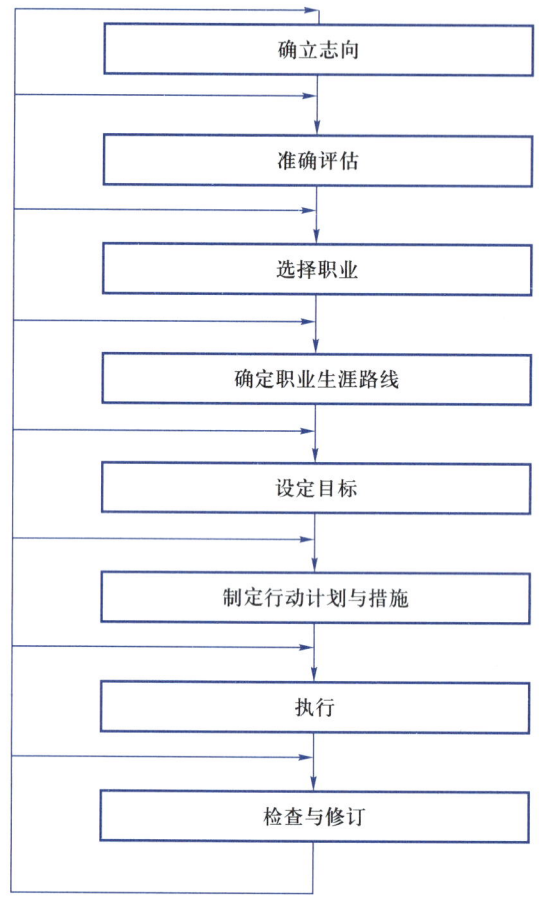

图 1-3　职业生涯规划的步骤

（三）选择职业

通过自我评估、外部环境评估，认识自己，认识环境，在此基础上对自己的职业或目标职业做出选择。通常选择职业时，需要全面考虑：我想怎么发展？往哪个方向发展？我可以这样选择吗？我的职业选择能帮助我实现理想吗？是否有一种途径可以让现有的职业与我的人生追求相一致？

（四）确定职业生涯路线

在选定目标职业后，要考虑向哪一条路线发展：是走行政管理路线，向行政方面发展？还是走专业技术路线，向业务方面发展？是在企业中发展，还是在事业单位发展等。同一个职业可以分布在各个不同的行业中。例如，医院里需要医生，学校医务室需要医生，大型企业也需要医生。当然，发展路线不同，对人的要求也不同。

（五）设定目标

职业生涯目标的设定，是继职业选择、生涯路线选择后对人生目标的抉择。该抉择是以自己的最佳才能、最优性格、最大兴趣、最有利环境等条件为依据的。职业生涯目标通常分为短期目标、中期目标、长期目标和人生目标。短期目标一般为一至三年的目标；中期目标一般为三至五年的目标；长期目标一般为五至十年的目标；人生目标是贯穿于人的一生的目标。

（六）制订行动计划与措施

在确定了职业生涯目标之后,就要开始制订行动计划与措施,主要包括教育、训练、工作等。

（七）执行

在制订了行动计划与措施之后,就要马上执行。执行是最关键的环节,是在具体的实践中贯彻落实目标的具体措施。

（八）检查与修订

俗话说"计划赶不上变化",影响职业生涯规划实现的因素有很多,有的是可以预测的,有的是难以预测的。在此情况下,要使职业生涯规划行之有效,就必须不断地对其进行检查与修订。检查与修订的内容包括职业的重新选择、生涯路线的选择、人生目标的修正、实施措施与计划的变更等。

现有的目标只是为你的前进指示一个方向,而你可以根据不同的时间、环境做出调整,让它更符合你的理想。

实践与体验

主题一　大学生职业生涯规划的意识

活 动 概 览

活动目标	了解职业生涯规划的含义和意义,树立职业生涯规划意识
课堂活动	活动一:石匠的故事 活动二:不同"族群"对职业生涯规划的理解 活动三:我们的现状 活动四:生命线
课堂自测	自测:大学生的职业生涯规划意识
课外拓展	拓展一:小何的后悔 拓展二:5年后的名片

课 堂 活 动

活动一:石匠的故事

活动目的:

认识目标对人生的意义,树立制定人生目标的意识。

活动流程:

流程1　阅读案例。

有个人经过一个建筑工地,问那里的石匠们在干什么,三个石匠有三个不同的回答。

第一个石匠回答:"我在做养家糊口的事,混口饭吃。"

第二个石匠回答:"我在做整个国家最出色的石匠工作。"

第三个石匠回答:"我正在建造一座大教堂。"

三个石匠的回答代表了三种不同的职业价值和目标。

第一个石匠说自己做石匠是为了养家糊口,这是短期目标导向的人,只考虑自己的现实需求,没有远大的抱负。

第二个石匠说自己做石匠是为了成为全国最出色的匠人,这是专业思维导向的人,更多地考虑本职工作和自己要成为什么样的人。

第三个石匠的回答说出了职业目标的真谛,一个人或者一个组织首先要有一个明确的目标,然后围绕目标去做事情,方能成就一番事业。

流程2　快速思考。

(1) 目标对人生发展有什么意义?

(2) 大学生是否需要进行职业生涯规划？为什么？

活动二：不同"族群"对职业生涯规划的理解

活动目的：

了解不同的人对职业生涯规划的理解，明晰职业生涯规划的含义，消除对职业生涯规划的疑虑。

活动流程：

流程1　扫二维码阅读资料。

流程2　快速思考。

(1) 你认为职业生涯规划就是找工作吗？
(2) 什么是职业生涯规划？
(3) 你认为做好职业生涯规划有什么意义？

不同"族群"对职业生涯规划的理解

活动三：我们的现状

活动目的：

了解缺乏目标或目标不明确带来的消极影响，主动学习职业生涯规划知识，并做好职业生涯规划，让目标更明确。

活动流程：

流程1　请选择入学以来，最能表达你的感受的五个形容词。

A. 兴奋　　B. 无聊　　C. 茫然　　D. 郁闷　　E. 失望　　F. 激情
G. 孤独　　H. 新鲜　　I. 难过　　J. 想家　　K. 自由　　L. 其他

流程2　将学生分组，快速讨论。

(1) 高频词汇有哪些？
(2) 上大学前我们是这样的吗？为什么会出现这种状态？
(3) 你认为职业生涯规划对大学生明确目标有什么意义？

活动四：生命线

活动目的：

体验生命的短暂性，学会珍惜时间，尽早树立职业生涯规划意识。

活动流程：

流程1　进行以下活动。

(1) 请在白纸上画一条射线，这条射线代表你生命的长度。将射线的起点视为你生命的开始，带箭头的一端写上你希望自己可以活到多少岁？
(2) 在这条生命线上标记出你现在的年龄点和大学毕业的时间点。
(3) 在这条生命线上依次将你已经用掉的时间划去。
(4) 在剩下的线段上依次将你要用来睡觉、吃饭、聊天、玩手机、谈恋爱，甚至发呆的时间划去，再仔细看看这条生命线，你还剩下多长时间？

流程2　将学生分组，快速讨论。

(1) 你在大学里还剩下多少学习时间？
(2) 生命如此有限，我们还能等待吗？

21

(3) 你认为应该在什么时候进行个人的职业生涯规划？

课 堂 自 测

自测：大学生的职业生涯规划意识

大学生的职业生涯规划意识

课 外 拓 展

拓展一：小何的后悔

拓展目的：

了解缺乏规划对职业生涯发展的影响，理解职业生涯规划的意义，主动进行职业生涯规划。

拓展流程：

流程1 阅读案例。

毕业于某大学的小何向浙江一家汽车公司申请一个机械工程师的岗位。他学的是机械专业，在大学期间各门功课都很优秀，毕业后的五六年时间里，从事过医药、空调、摩托车的产品销售，当过品质主管，换了六七个工作，但是没有机械方面的工作经验。招聘者看了他的简历之后认为，如果他毕业后从事机械方面的工作，则正是公司需要的人选，月薪8 000元也不在话下，但是因为没有这方面的工作经验，所以公司无法录用他。

流程2 快速思考。

(1) 你认为小何求职失败的原因是什么？
(2) 工作经历是否等于工作经验？
(3) 你认为大学生进行职业生涯规划有什么意义？

拓展二：5年后的名片

拓展目的：

初步明确自己的职业目标，设定努力方向，尽快找到大学生活的重点，增强自我管理意识。

拓展流程：

流程1 为5年后的自己设计一张名片，包括姓名、工作单位、职务、电话、电子信箱、地址、业务范围等内容。

流程2　快速思考。

(1) 你的梦想属于以下哪种类型?

A. 从政　　　B. 从商　　　C. 从文(学习深造)　　　D. 不知道

(2) 为了实现梦想,你在大学期间重点要做哪些准备?

(3) 你认为这个梦想能否促进自我管理和培养?

主题二　职业生涯规划发展的历程

活动概览

活动目标	了解国内外职业生涯规划的发展状况
课堂活动	活动一:职业生涯理论比一比 活动二:绘制个人的生涯彩虹图
课堂自测	自测:对职业生涯发展概况的认知
课外拓展	拓展一:了解我国职业生涯规划的总体发展情况 拓展二:名人和用人单位眼中的大学生职业生涯规划

课堂活动

活动一:职业生涯理论比一比

活动目的:

了解国内外职业生涯规划的发展历程,比较国内外职业生涯理论的异同。

活动流程:

流程1　阅读本书中关于职业生涯理论的相关内容。

流程2　将学生分组,进行如下归纳。

理论	代表人物	主要观点
人职匹配理论		
生涯发展阶段理论		
社会学习理论		
认知信息加工理论		

活动二:绘制个人的生涯彩虹图

活动目的:

理解舒伯的生涯发展阶段理论,学会用生涯彩虹图做个人规划。

活动流程:

流程1　学习舒伯的生涯发展阶段理论。

流程2　教师讲解生涯彩虹图的实例。

【微课】

生涯彩虹图

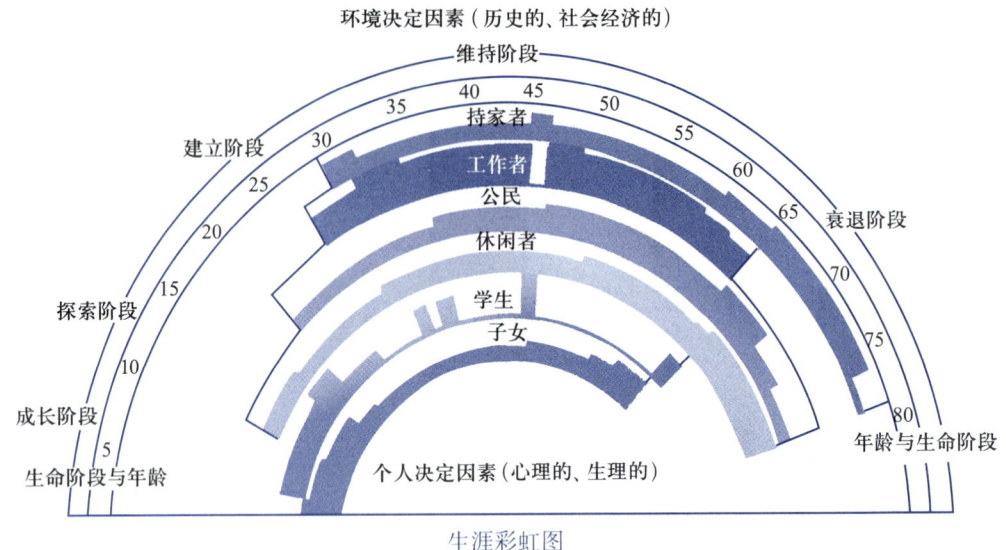

生涯彩虹图

在生涯彩虹图中,半圆形最中间一层的子女角色,在 5 岁以前都是涂满的,5 岁以后开始逐渐减少,而学生的角色开始凸显;15 岁以后开始大幅度减少,对应的是青春期的自我意识成熟。作为子女,在 45 岁以前,主要是以个人形式存在,而在此以后,随着父母年纪的增长,则要开始照顾父母,这时子女角色再次占据比较重要的位置。

流程 3　用彩笔将自身对未来各阶段各种角色的计划和安排在下图中绘制出来,做自己的生涯设计师。用不同颜色表示在每一个阶段对每一个角色的投入程度,颜色面积越大表示对该角色的投入越多,空白面积越大表示对该角色的投入越少。

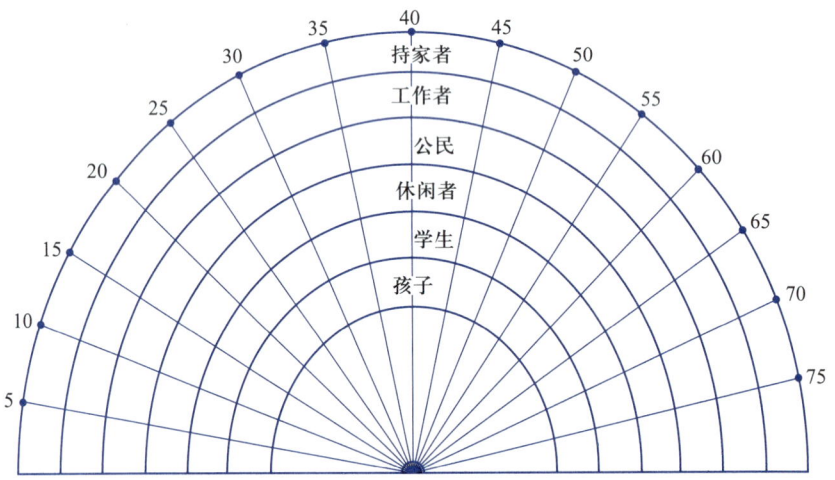

流程4　将学生分组,快速讨论。
（1）你的生涯彩虹图的设计主要考虑哪些因素？
（2）你的生涯彩虹图是否合理？
流程5　选出典型的个人生涯彩虹图,派代表上台汇报分享。

课 堂 自 测

自测：对职业生涯发展概况的认知

【自测】

对职业生涯发展概况的认知

课 外 拓 展

拓展一：了解我国职业生涯规划的总体发展情况

拓展目的：
了解我国的职业生涯规划的发展历程和相关理论。

拓展流程：

流程1　到图书馆翻阅书籍或通过网络收集我国职业生涯规划的发展历程和相关理论。

流程2　梳理相关知识,制作成 PPT,在课堂上汇报。

拓展二：名人和用人单位眼中的大学生职业生涯规划

拓展目的：
了解名人和用人单位对大学生职业生涯规划的看法,激发大学生自觉进行职业生涯规划的积极性。

拓展流程：

流程1　到图书馆翻阅书籍或通过网络收集名人和用人单位对大学生职业生涯规划的看法。

流程2　整理收集的材料,并写下感想。

序号	名人或用人单位	观点
1		
2		
3		
4		
5		
你的感想		

主题三 职业生涯规划的原则和方法

活 动 概 览

活动目标	了解职业生涯发展的影响因素、理解职业生涯规划的原则和要点,掌握职业生涯规划的步骤与方法
课堂活动	活动一:陈景润的兴趣指引 活动二:暑期旅行计划
课堂自测	自测:对职业生涯规划的原则和方法的认识
课外拓展	拓展:我的理想图

课 堂 活 动

活动一:陈景润的兴趣指引

活动目的:

认识个人兴趣对职业生涯发展的影响,学会分析影响职业生涯发展的内外因素。

活动流程:

流程1　阅读故事。

陈景润是一位家喻户晓的数学家,在攻克哥德巴赫猜想方面作出了重大贡献,创立了著名的"陈氏定理",所以有许多人亲切地称他为"数学王子"。他的成就源于一个故事。

1937年,勤奋的陈景润考上了福州英华书院(以下简称英华),此时正值抗日战争时期,清华大学航空工程系主任、留英博士沈元教授回福建奔丧,不想因战事而被滞留家乡。几所大学得知消息,都想邀请沈元前去讲学,他谢绝了邀请。因为他是英华的校友,为了报答母校,他来到这所中学为学生讲授数学课。

一天,沈元老师在课堂上给学生讲了一个故事:"200年前有个法国人发现了一个有趣的现象——6=3+3,8=5+3,10=5+5,12=5+7,28=5+23,100=11+89。每个大于4的偶数都可以表示为两个奇数之和。大数学家欧拉说过'虽然我不能证明它,但是我确信这个结论是正确的'。它像一个美丽的光环,在我们不远的前方闪耀着炫目的光辉……"陈景润听得入神。从此,陈景润对这个奇妙的问题产生了浓厚的兴趣。课余时间他最爱去图书馆,不但阅读了中学辅导书,而且对大学的数理化课程教材也如饥似渴。兴趣是最好的老师。正是这样的数学故事激发了陈景润的兴趣,使他勤奋学习,从而成为一位伟大的数学家。

流程2　将学生分组,快速讨论以下问题。

(1)为什么陈景润能成为伟大的数学家?

(2)你认为兴趣对职业生涯发展有什么影响?

(3)你认为影响个人职业生涯发展的因素有哪些?

活动二：暑期旅行计划

活动目的：

了解制订计划的步骤和方法，掌握职业生涯规划的步骤。

活动流程：

流程1 将学生分组，讨论制订一份暑假旅游计划。

流程2 快速讨论。

(1) 小组的旅游计划是什么？

(2) 制订这个计划需要考虑哪些因素？经过哪几个步骤？

(3) 这个过程与职业生涯规划有哪些相似之处？

(4) 规划职业生涯时涉及哪些步骤？

课 堂 自 测

自测：对职业生涯规划的原则和方法的认识

课 外 拓 展

拓展：我的理想图

拓展目的：

激发学生了解职业生涯规划的兴趣，为自己的生涯描绘一幅清晰的蓝图。

拓展流程：

流程1 用一张白纸、几支彩笔，勾画一幅关于理想生活的图景：住在哪里，与谁在一起，做什么，房子是什么样子，工作是什么，理想的假期是什么样子，等等。

流程2 与其他学生讨论、分享。

【自测】

对职业生涯规划的原则和方法的认识

我真正想做什么
我为什么要去做
我现在正在做些什么
我为什么这样做
厘清生涯选择的迷思
翻开职业生涯的第一页

模块二
如何正确认识自我

思想领航

知之者不如好之者,好之者不如乐之者。

——孔子

知人者智,自知者明;胜人者有力,自胜者强。

——老子

学习目标

使用正确的方法对自己进行全面、理性的认知和评价。

学习内容

主题一　我是什么样的人——生理和心理探索
主题二　我最看重什么——职业价值观探索
主题三　我能够做什么——职业能力探索
主题四　我喜欢做什么——职业兴趣探索
主题五　我适合做什么——职业性格探索

学习指南

1. 全班学生分成若干个小组,通过讨论、演讲、分享、头脑风暴等方式提升自我认知。
2. 向身边的人请教,请他们帮助自己找出自身的优势和劣势。
3. 运用正式测评和非正式的评估方法探索自我、全面地分析自我。

主题一 我是什么样的人——生理和心理探索

一、什么是自我

"认识你自己"是镌刻在古希腊德尔菲神庙里唯一的碑铭，它就像一盏千年不熄的长明灯，3000年来一直引领着无数人对人生这一重大命题进行深刻思考。古希腊哲学家苏格拉底认为，我们怯生生地来到这个世界上，无知是我们唯一的所有。他说："我只知道一件事，那就是我什么也不知道。"我们应当从无知开始认识这个世界，认识我们自己。

什么是自我？自我也叫自我意识或自我概念，在心理学中主要是指个体对自己存在状态的认知，是个体对其社会角色进行自我评价的结果。认识自我就是个体对自己的心理活动、行为或社会活动所持有的知觉、态度和评价，是个体对自己进行自我调节的心理系统。例如，我是什么类型的人、我的言行举止是否得体、我的进取心是否很强等，都是认识自我的内涵。

二、大学生的自我特征

自我是一个多维度、多层次的心理系统。从内容上看，自我可以分为生理自我、心理自我和社会自我。到了大学阶段，人们的自我认识日趋深刻，那么大学生的自我特征有哪些呢？

（一）大学生的生理特征

生理自我是指个体对自己的身体、性别、年龄、容貌、仪表、健康状况及所有生理方面的认识。大学生一般处于18~25岁，属于青年期（也称成年早期），是人生的黄金时期。这个时期的生理发展基本稳定，成长速度已经减慢，骨骼、肌肉及身体各项器官和机能都接近成熟，体型体态也趋于成人化，是身体强健的顶峰时期。男生处于性成熟的后期，女生则处于性成熟阶段。

（二）大学生的心理特征

心理自我是指个体对自己的能力、性格、气质、兴趣、信念、世界观等个性特征的认识。大学生正处在渴求进步、获得新知识的阶段，社会活动较为积极，对人际交往和感情的需求明显增强；人生观、价值观达到形成期的高峰，正逐步接近成熟期；情感丰富，而且已经能掩饰自己的情感，并学会不轻易流露自己心中的想法；抽象思维不断发展，对辩证逻辑思维的运用能力也处于提升阶段。但同时，很多大学生情绪起伏较大，自控力较弱，容易一时激情万丈，也容易瞬间灰心丧气；处理问题常常偏激冲动，事后又后悔不已。

(三) 大学生的社会特征

社会自我是指个体对自己在一定的社会关系和人际关系中的角色、地位、名望等方面的认识。大学生的交往带有明显的人格平等、角色相同等特征。由于大学生的个性存在差异，每个人的交往都可能不同于他人，从而使大学生的交往活动呈现出多样的特点。大学生的人际交往呈现出开放性的特点，交往意识很浓，交往范围较宽，交往需求多样。大学生在人际交往中还体现出纯洁性的特点，大学生的主要任务是学习，一般不涉及经济关系所带来的利益冲突，更注重纯粹的友谊，很少出现互相利用的现象。

三、认识自我与职业选择

正确认识自我是良好职业生涯规划的起点，它有利于大学生进行角色转换，有利于形成正确的职业期望。职业的选择是大学生事业的起点，选择的正确与否，直接关系到事业的成功与否。人们在选择职业的时候会出现"入错行"的情况，可能是这三个方面的原因：其一是对自己不了解；其二是对职业世界不了解；其三是迫于一时的生存压力而做出错误的选择。

职业没有最好的，只有最合适的。从本质上来说，工作不仅是我们为了谋生而做的事，同时也是为了给自己的生活赋予意义、给自己的生命赋予光彩。工作是人们生活的一种途径，通过它，人们可以找到一种在自己看来最有意义的生活方式。"三百六十行，行行出状元"，只要能找到合适的职业，每个人都可以干出一番事业。可为什么会有那么多失败的人呢？据调查，这些失败的人在选择职业时不是立足于自己的性格、兴趣、特长等基本条件，而是迫于生活的需要、家人的压力、别人的眼光，或是为了满足虚荣心而盲目走上职业道路的。

现代管理学之父彼得·德鲁克说，关于职业，每个人都要问自己几个问题：我的长处是什么？我做事的方式是什么？我的价值观是什么？我该去哪里工作？我该贡献什么？

请问，你对于这些问题是怎么考虑的？你能坚持根据自己的性格、兴趣、特长、价值观走自己的职业道路吗？自主选择自己的职业是一种勇气，更是一种人生的智慧，真正适合你的职业应当能够表现你最优异的才华与天赋。如果你找到了适合自己的位置，工作本身就会充分而全面地调动你的才能。

四、认识自我的基本方法

常言道，"人贵有自知之明"，这个"贵"字不仅代表"宝贵"，而且代表"稀少"。"睫在眼前长不见"，人短于自知。我们怎样才能做到有"自知之明"呢？

(一) 360°评价法

360°评价法是通过多渠道收集与自己有密切关系的、来自不同层面的人员对自己的评价信息，并结合自己的观察、内省、综合分析和比较，来全方位评价自己的方法。例如，通过收集父母、亲戚、朋友、同学、领导、老师、合作者等人对自己的评价信息，获得不

【案例分享】

夜郎自大

同的人对自己性格、素质、能力、气质、外形等方面的反馈,客观、全面地了解自己的特质、优点、缺点等,为正确认识自己、管理培养自己和制定科学的职业生涯规划提供参考。360°评价法示意图如图2-1所示。

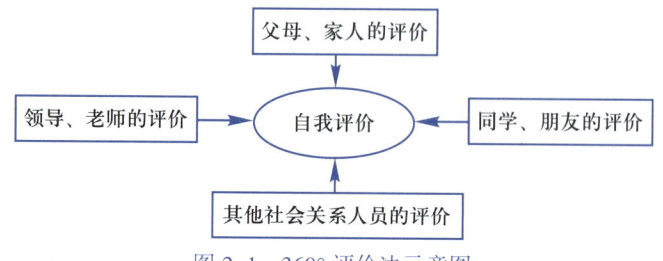

图2-1　360°评价法示意图

橱窗分析法

（二）橱窗分析法

橱窗分析法是一种认识自我的常用方法,该方法把对个体的了解比喻成一个橱窗,借用直角坐标的不同象限来探究人的不同部分,以别人知道或不知道为横坐标,以自己知道或不知道为纵坐标,把自我分成四个部分,即四个橱窗。橱窗分析法示意图如图2-2所示。

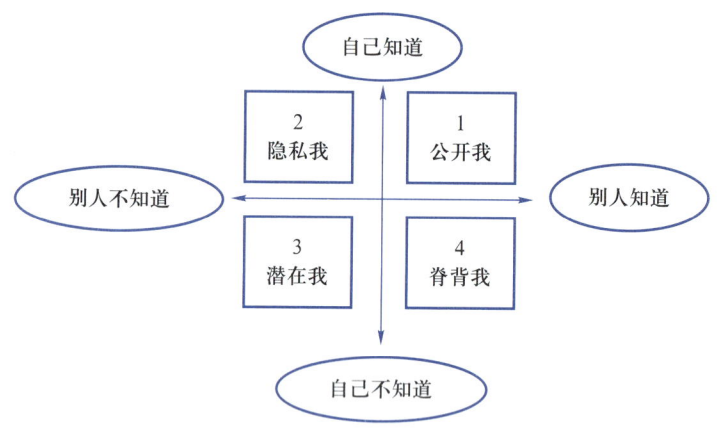

图2-2　橱窗分析法示意图

橱窗1为"公开我",是指自己知道、别人知道的部分,属于个人展现在外、无所隐藏的部分,如外貌、身高、年龄、学业情况、婚姻状况等。

橱窗2为"隐私我",是指自己知道、别人不知道的部分,属于个人不外显的隐私和秘密的部分,如嫉妒、厌恶、自私等平常不愿袒露的缺点、心愿或情感。"隐私我"是不愿意让别人知道的部分。

橱窗3为"潜在我",是指自己不知道、别人也不知道的部分,属于有待开发的部分。但通常这部分是自己和别人都不容易察觉或轻易就被忽视的部分。人们可以通过一些测评工具来挖掘自己平时不注意的潜力,也可以在学习或实践中通过各种尝试来发现自己的潜力。

橱窗4为"脊背我",是指自己不知道、别人知道的部分,属于自己看不到,别人却看得清清楚楚的部分,就好比我们的脊背。人们可以采取与他人开诚布公的语言交流、信件交流等方式来向别人了解"脊背我"。

在自我认知的过程中,要着重对"潜在我"和"脊背我"进行挖掘。"潜在我"是影响个人发展的重要因素。潜力是我们原本就具备而未开发和使用的能力,它就像一部还未被完全使用的万能机器,而你就是这部机器的主人。所以,一旦你真正开发了自我,你的世界将无比精彩。

"脊背我"是准确认识自我的重要因素。收集这方面信息时,你要具有开阔的胸襟,诚恳、虚心的态度和有则改之、无则加勉的精神。否则,你将难以听到别人对你的真实评价。

(三)心理测试法

心理测试是一种比较先进的测试方法,它是通过一系列手段,将人的某些心理特征数量化,来衡量个体心理水平和个体心理差异的一种科学测量方法。目前社会上常见的测试方法有:计算机测试法,特点是科学性、准确性较高,测试结果反馈速度快;书面答题测评法,特点是经济、简便,能较清楚地了解测试的结果。可供选择和使用的测试题有很多,内容各式各样,涉及面广,如性格测试、气质测试、智力测试、人际关系测试、管理能力测试、情绪测试、创造力测试等。

因此,在进行心理测试时,首先要选择由专家精心研究出来的、信效度高的测试题,如霍兰德职业兴趣测试、卡特尔人格测试、韦氏智力量表、明尼苏达办事员测验、爱丁堡职业倾向问卷等。其次,在答题时,一定要如实回答,切忌查阅参考答案或对照量表,这样才能大致了解自己的真实情况,才能得到有效的、有意义的测试结果。

特别要注意的是,测试题的信效度、测试时的环境、测试者的心情、测试的时间等都对测试的结果有一定的影响。许多测试题是从国外引进后改版的,无法确保其准确性。此外,个体的可塑性很强,所有的测试结果只是帮助你认识自我,而不是给自己贴上标签。

主题二 我最看重什么——职业价值观探索

一、价值观是人们行为和动机的主帅

在进行社会活动的过程中,假如我们的行为与内心的愿望无法吻合或与内心的信念相冲突时,我们就会感到矛盾、对立和痛苦,从而陷于混乱的状态,成功也就遥遥无期。因此,我们把影响或决定一个人判断客观事物的意义和重要性的信念体系叫作价值观。

价值观在韦伯字典里的解释是"内心认为值得或欲求的原则、标准或品质"。在拉丁语中,"价值观是力量的来源,因为它能赋予人力量去采取行动"。价值观不仅引导我们追求想要的东西,还在很大程度大主宰我们的生活方式,影响我们对周围一切事物的反应。价值观颇似计算机的执行系统,虽然你可以输入任何的资料,但计算机是否接受或运算,还得看执行系统是否设定了相关的程式。价值观就是我们头脑中判定是否执行的系统,你的言行举止都受价值观的统帅。它是我们为人处世的规范,是释放我们内心力量的关键,我们靠它了解和判定自己及别人的行为。

当代大学生要追求远大理想,坚定崇高的信念。大学期间,同学们都面临着一系列人生课题,如人生目标的确立、知识才能的丰富、发展方向的确定等。这些问题的解决都需要科学的理想信念来引导。因此,同学们要把个人的奋斗志向与国家和民族的前途和命运联系在一起,把个人今天的学习进步和祖国明天的繁荣昌盛紧紧联系在一起,使理想之花结出丰硕的成长成才之果。

二、职业价值观的分类

每个人对客观事物的看法和评价都不同,这就形成了不同的价值观体系。职业价值观是价值观体系中的重要组成部分,是个人对待某一职业的信念和态度,是个人希望从事某项职业的态度倾向。它直接影响和决定了个人的奋斗目标、追求方向、理想信念、言语行动。

职业价值观通过社会活动来培养,因人而异。每个人的出生环境和生活经历不同,对自身生活意义的反思和追求也不同。职业价值观一旦形成,就不容易改变。它既具有相对稳定性,又会随着社会生活的变化而变化。一方面,它随着个人的认知水平、自身状况的变化而改变,当某一阶段的需求得到满足后,更高层次的需求就会出现,新的职业价值观也会随之而来;另一方面,外界因素、客观条件和职业环境的变化,也会导致职业价值观出现阶段性的不同。

选择一份适合自己的职业将会使自己工作得更愉快,更容易获得成功。职业价

值观就是人们选择和发展职业时所围绕的中心,是影响职业活动的重要因素。绝大多数人希望拥有快乐自由、高薪安逸、独立丰富的生活状态,但是这些因素在现实中往往又是矛盾的。当这些因素发生矛盾时,我们一般只能选择其中一个或两个因素。

(一)职业锚分类

职业生涯规划领域重量级人物、美国麻省理工学院的 E.H. 施恩教授,于 20 世纪 60 年代,在职业价值观理论和实例跟踪研究的基础上,结合对团体和一些机构的调查,提出了职业锚理论,并研究出测试问卷。通过职业锚工具,可以把一个人的职业价值观分为以下八种。

【微课】

职业锚理论

1. 生活型

生活型的人希望将生活的各个主要方面整合为一个整体,喜欢平衡个人、家庭和职业的需要。因此,生活型的人需要一个能够提供"足够弹性"的工作环境来实现这一目标。生活型的人甚至可以牺牲职业的某些方面。例如,放弃职位的提升换取三者的平衡。他们将成功定义得比较广泛。相较于具体的工作环境、工作内容,生活型的人更关注自己如何生活、在哪里居住、如何处理家庭事务及怎样提升自我等。

2. 技术/职能型(T)

技术/职能型的人追求在工作领域的成长和技术的不断提高,以及应用这种技术、职能的机会。他们对自己的认可来自他们的专业水平,他们喜欢面对专业领域的挑战。他们通常不喜欢从事一般的管理工作,因为这意味着他们不得不放弃在技术/职能领域的成就。

3. 管理型

管理型的人追求并致力于工作晋升,倾心于全面管理,独立负责一个部分,或者可以跨部门整合其他人的工作成果。他们想承担整体的责任,并将公司的成功看成是自己的工作,而具体的技术/职能工作仅仅被看成是通向更高、更全面管理层的必经之路。

4. 挑战型

挑战型的人喜欢解决看上去无法解决的问题、战胜强硬的对手、克服无法克服的困难障碍等。对他们而言,参加工作的原因是工作可以让他们战胜各种不可能。他们需要新奇、变化和困难,如果事情非常容易,他们很容易觉得无聊。

5. 自主/独立型

自主/独立型的人希望能随心所欲地安排自己的工作方式、工作习惯和生活方式。他们追求能施展个人能力的工作环境,最大限度地摆脱组织的限制和制约。他们宁愿放弃提升或工作发展机会,也不愿意放弃自由与独立。

6. 服务/奉献型

服务/奉献型的人追求他们认可的核心价值,如帮助他人、改善人们的安全状况、通过新的产品消除疾病等。他们一直在追寻这种机会,这意味着即使改变工作环境,他们也不会改变对这种价值的追求。

7. 创造／创业型

创造／创业型的人希望用自己的能力创建属于自己的公司或完全属于自己的产品（或服务），而且愿意冒风险，并克服面临的障碍。他们可能正在别人的公司工作，但同时他们也在学习并寻找机会。一旦时机成熟，他们便会创立自己的事业。

8. 安全／稳定型

安全／稳定型的人追求工作中的安全与稳定感。他们会因能够预测到稳定的将来而感到放松。他们关心财务安全问题，如退休金和退休计划。稳定感包括诚实、忠诚，以及完成老板交代的工作。有时他们可以取得一个高的职位，但他们通常并不关心具体的职位和工作内容。

(二) 米尔顿·洛克奇的分类

米尔顿·洛克奇是美国社会心理学家、精神病学家，也是密歇根州立大学教授，他致力于对信仰、态度、价值观的研究。他认为价值观可以按照行为方式和终极目标的持久性信念来划分。

1. 成就感

提升社会地位，得到社会认同；希望工作能得到他人的认可，对工作的完成和挑战成功感到满足。

2. 美感

能有机会多方面地欣赏周围的人、事、物，或任何觉得重要且有意义的事物。

3. 挑战

能有机会运用聪明才智来解决困难；舍弃传统的方法，选择创新的方法处理事物。

4. 健康

这包括身体和心理健康，工作能够免于焦虑、紧张和恐惧，希望能够心平气和地处理事情。

5. 收入与财富

工作能够明显、有效地改变自己的财务状况；希望能够拥有金钱，并以此购买自己想要的东西。

6. 独立性

工作有弹性，可充分掌握自己的时间和行为，自由度高。

7. 爱、家庭、人际关系

关心他人，与别人分享，协助别人解决问题；体贴、关爱，对周围的人慷慨。

8. 道德感

能够与组织的目标、价值观和工作使命紧密结合。

9. 欢乐

享受生命，结交新朋友，与别人共处，一同享受美好时光。

10. 权力

能够影响或引导别人，使他人按照自己的意思去行动。

11. 安全感

能够满足基本的需求,有安全感,远离突如其来的变动。

12. 自我成长

能够追求知性上的刺激,在智慧、知识与人生的体会上有所提升。

13. 协助他人

认识到自己的付出对团体是有帮助的,别人因你的行为而收获颇多。

(三) 我国的分类

在借鉴国外职业价值观的分类的基础上,国内许多学者和专家对中国的职业价值观进行了研究。例如,广州番禺职业技术学院阚雅玲教授将职业价值观分为12类。

1. 收入与财富

薪酬是选择工作的重要依据,能够有效改善自己的财务状况。工作的目的和动力主要来自对收入和财富的追求,并以此提高生活质量,体现自己的身份与地位。

2. 兴趣特长

以自己的兴趣和特长作为选择职业的重要因素,能够扬长避短、趋利避害、择我所爱、爱我所选,可以从工作中得到乐趣、成就感。会拒绝做自己不喜欢、不擅长的工作。

3. 权力地位

有较高的权力欲望,希望能够影响或控制他人,使他人按照自己的意思去行动;认为有较高的权力地位会受到他人的尊重,从中可以得到较强的成就感和满足感。

4. 自由独立

希望工作的自由度高,不想受到太多的约束,可以充分掌握自己的时间和行动,不想与太多人发生工作关系,既不想治人也不想受制于人。

5. 自我成长

希望工作能给自己培训和锻炼的机会,使自己的经验和阅历能够在一定时间内得以丰富和提升。

6. 自我实现

希望工作能够提供平台和机会,使自己的专业和能力得以全面运用和施展,实现自身价值。

7. 人际关系

将工作单位的人际关系看得很重要,渴望能够在一个和谐、友好甚至被关爱的环境中工作。

8. 身心健康

希望工作能够免于危险、过度劳累、焦虑、紧张和恐惧,使自己的身心健康不受影响。

9. 环境舒适

特别注重工作的环境条件,希望舒适合意。

10. 工作稳定

希望工作相对稳定,不必担心裁员和被辞退,免于为找工作而奔波。

11. 社会需要

能够响应组织和社会的号召，为集体和社会作贡献。

12. 追求新意

希望工作的内容经常改变，使工作和生活丰富多彩，不单调枯燥。

(四) 其他分类

1. 舒伯的分类

舒伯是美国一位有代表性的职业学家，他把职业价值观分成15种类型：助人、美学、创造、智力刺激、独立、成就感、声望、管理、经济报酬、安全、环境优美、与上级的关系、社交、多样化、生活方式。

2. 日本NHK广播舆论调查的分类

日本NHK广播舆论调查将职业价值取向分为7种：能推动社会发展的职业；助人、为社会服务的职业；得到人们高度评价的职业；受人尊敬的职业；能赚钱的职业；虽平凡但有固定收入的职业；若不为人所用，就自谋职业。

三、澄清自己的核心价值观

价值观是个人拥有的首要特性，它对人的情绪具有超乎寻常的影响力，它能把众人凝聚在一起。历史上常有以寡击众的例子，即是价值观之功。

(一) 影响职业价值观的因素

1. 个人发展因素

个人发展因素包括兴趣爱好倾向、特长技能、机会、竞争或挑战性、发展空间等。

2. 社会待遇因素

社会待遇因素包括工资福利、保险、职业稳定性、工作环境、交通便捷程度、生活便利程度等。

3. 职业声望因素

职业声望因素包括单位知名度、单位规模、单位行政级别、单位权力、单位的社会地位等。

(二) 澄清自己核心价值观的方法

1. 自我竞价法——分清追求型价值观和逃避型价值观

心理学专家认为，一个人行为的动机归根结底在于追求或逃避。自我竞价法就是通过把心中想要的和不想要的进行排序和标价，从而澄清自己的价值观。

首先，把你想要追求的对象称为追求型价值观，如快乐、健康、美貌、信心、成功、爱情、激情、友情、权威、幽默、幸福、细腻、受人爱戴、创新等；然后，把你不愿意接触或拥有的东西称为逃避型价值观，如压力、嫉妒、忧郁、悲伤、恐惧、不被信任、懦弱、愤怒、被拒绝、被排斥、被欺骗等；最后，把这些要素按照自己的理解排出先后顺序或上下层级，并分别为它们标注价格，如最高价格为100万元，最低价格为0元，你认为爱情可以值多少钱？恐惧又值多少钱呢？

2. 自我解剖法——分清终极型价值观和工具型价值观

1973年,米尔顿·洛克奇在《人类价值观的本质》中将价值观分为终极型价值观和工具型价值观两类,每类有18项具体内容。终极型价值观是一种期望存在的终极状况,是指一个人希望通过一生的奋斗而实现的目标。工具型价值观是偏爱的行为方式或实现终极价值观的手段。这样的划分既体现了他对价值观具有层次性和顺序性的认识,也表达了价值观作为深层建构和信仰体系与行为选择之间相互依存的性质和关系。终极型价值观和工具型价值观的对照如表2-1所示。

表2-1 终极型价值观和工具型价值观对照表

终极型价值观	工具型价值观
舒适的生活(富足的生活)	雄心勃勃(辛勤工作、奋发向上)
振奋的生活(刺激的、积极的生活)	心胸开阔(开朗)
成就感(持续贡献)	能干(有能力、有效率)
和平的世界(没有冲突和战争)	欢乐(轻松愉快)
美丽的世界(艺术和自然的美)	清洁(卫生、整洁)
平等(兄弟情谊、机会均等)	勇敢(坚持自己的信仰)
家庭安全(照顾自己所爱的人)	宽容(谅解他人)
自由(独立、自主的选择)	助人为乐(为他人的福利工作)
幸福(满足)	正直(真挚、诚实)
内在和谐(没有内心冲突)	富有想象力(大胆、有创造性)
成熟的爱(生理和精神上的亲密)	独立(自力更生、自给自足)
国家的安全(免遭攻击)	智慧(有知识、善思考)
快乐(快乐的、休闲的生活)	符合逻辑(理性的)
救世(救世的、永恒的生活)	博爱(温情的、温柔的)
自尊(自重)	顺从(有责任感、尊重的)
社会承认(尊重、赞赏)	礼貌(有礼的、性情好)
真挚的友谊(亲密关系)	负责(可靠的)
睿智(对生活有成熟的理解)	自我控制(自律的、约束的)

终极型价值观和工具型价值观有着鲜明的对比:尊重、幸福感、爱、成就感……属于终极型价值观;汽车、房子、金钱、职业……属于工具型价值观。例如,我想买一栋山村别墅,里面必须配有游泳池、玫瑰花园等。其实,思考以后就会发现,我并不仅仅需要别墅、泳池等,我真正想要的是这些物品所代表的豪华生活,别墅、泳池等都只是帮助我追求这种生活的工具。每个人心中都有自己的渴望,但很多人一生都在为工具型价值观而忙碌,迷失了藏在心底的真正追求。

因此,根据自己追求的目标,思考各种途径产生的后果,把它表述出来并加以记录和对比,分清哪些是藏在工具型价值观背后的终极型价值观。注意要尽可能在相对广泛的范围内进行自由选择。

3. 自我培养法——树立多元化的职业成功价值观

每个人都追求成功。在当今社会,部分人带有思维惯性,认为学校看成绩,工作看业绩,社会看名利,即更多的是以个人的财富来判断成功与否。事实上,对成功的评价应该是多元化的,不能用一种标准来评判。职业成功没有唯一标准,不同的人对它的认识也不同。但无论如何,成功在不同领域或地域,都是指通过个人奋斗,实现对自己、社会都有利、有益的目标。曾任微软公司副总裁的李开复把成功的定义总结为"做最好的自己",只有做精彩的自己,理性地处理好自己的态度和欲望,保持积极向上的心态,注重奋斗的过程,你才会真正看到沿途的美景,享受到收获的喜悦。

　　成功不仅包括事业的成就、财富的拥有,还包括家庭的和谐、身心的健康等许多方面,是一种社会和个人的平衡状态。当然,在职业活动中,许多东西都没有可比性和统一性,每个人都有自己的核心价值观,关键是既不能过分追求单一的成功,也不能刻意强调面面俱到。

　　成功的价值既要让自己内心认可,也要让社会认可。有的人似乎在某些方面"成功"了,但实际上受到社会大众的唾弃;有的人朴实勤奋、默默无闻,没有享受优越的待遇,却始终踏实奋斗、默默奉献,这样的人终会得到社会的尊敬。

主题三　我能够做什么——职业能力探索

一、职业能力是职业成功的基础

能力是指顺利、有效地完成某种活动所必须具备的条件。职业能力是指在从事某种职业活动时必须具备的各种能力。一定的职业能力是从事某种职业活动必需的条件。每个人都有不同的能力倾向，充分挖掘自己的能力，在合适的岗位上发挥自己的天赋，将会使你事半功倍。例如，短跑运动员必须具备良好的运动能力，如果不具备这些条件，就很难成为一名专业短跑运动员。但对财务工作者而言，虽然当不成一名合格的短跑运动员，但具备从事财务工作的有利条件，如敏锐的数字判断力、良好的分析能力，这些能力能够使其顺利有效地完成财务工作。

清代诗人顾嗣协的佳句："骏马能历险，犁田不如牛；坚车能载重，渡河不如舟；舍长以就短，智者难为谋。"职业能力各有差异，这是客观存在的。每个人的职业能力各有特长，这种特长影响着人们的活动领域、完成的速度和成就的大小。因此，根据自身的职业能力来进行职业选择和职业活动，是职业成功的基础。

【微课】

能力

二、职业能力的分类标准

（一）以结构划分

根据结构的不同，职业能力划分为一般职业能力和特殊职业能力。

一般职业能力是指完成各种职业活动具备的最基本的共有能力，包括智力。有些职业对智力水平有较高的要求，如工程师、科研人员、程序设计员、数学家、侦探等。智力是一个人成功的重要条件，也是选择职业时要着重考虑的因素之一。

特殊职业能力也称特长，是指从事某种专业活动或特殊领域活动的能力，如表演能力、研究能力、侦查能力、写作能力、音乐能力等。

（二）以内容划分

根据内容的不同，职业能力划分为九大类：空间判断能力、社会交往能力、组织管理能力、察觉细节能力、运动协调能力、数理计算能力、语言表达能力、书写能力、动手能力。

每个人都有自己的能力系统，在这个系统中，各个能力的发展不均衡，水平也有一定的差异，常常是某一方面很突出，另一方面相对薄弱。因此，在进行职业选择时应该主要考虑与自己的能力相匹配的工作。

（三）以涉及的领域划分

根据能力涉及的领域，职业能力划分为职业认知能力、职业操作能力和职业社交能力三类。职业认知能力是指获取职业知识的能力;职业操作能力是指用肢体完成某种职业活动的能力,如手工操作、机械维修等;职业社交能力是指直接影响社会交往活动效率的能力,如言语的表达、人事的协调等。不同的职业因为工作的内容、环境、性质和目的的不同,对从业者的能力要求也有差异。

(四) 以创造的程度划分

根据创造的程度,职业能力划分为职业模仿能力、职业再造能力、职业创造能力。职业模仿能力是指仿效他人的职业活动方式做出相似行为的能力;职业再造能力是指在职业活动中按现成的模式顺利地掌握知识、技能的能力;职业创造能力是指在职业活动中独立掌握知识,发现新的规律,创造独特、新颖、有社会价值的产品的能力,具有独特性和变通性的特点。

【阅读拓展】

必备的职业能力

任何创造活动都不可能凭空产生,职业再造能力是创造能力的基础。因此,在实际职业活动中,要虚心地学习、模仿和再造,为发展创造能力做好准备。

三、提高自我职业能力的途径

(一) 了解个人职业能力

1. 你有什么天赋

天赋是指天资、资质,是生来就具有的特性。你对某一事物比较敏感,但别人并不都能像你一样敏感。例如,你能捕捉到色彩、别人的面部表情、身体语言等的细微变化,很清楚地知道这些细小的变化意味着什么;你的听觉很灵敏,能准确地分辨出各种鸟叫的声音;你的嗅觉很敏锐,能闻出空气中淡淡的异味;你的味觉很灵敏,能尝出不同的味道,味道中细微的差别也能被你察觉;你的大脑特别敏捷,能记住各种信息或者许多具体的细节;等等。

2. 你具备什么能力

你做过什么成功的事情? 例如,你在不利的情况下如期完成了老师交给你的重要任务;在你的建议或者带领下,班级或者社团的面貌得到改变;在你的劝说之下,有一些朋友心情好转或者改变了原来的想法;你曾经成功地找到兼职工作;你曾经在几百人面前成功地做过演讲;你将囤积在家里的物品销售一空……问问自己:"在我遇见、知道或在书中读到的人当中,谁的工作是我最喜欢的? 这种工作需要什么技能? 我拥有这些技能吗?"

当然,如果你能用写故事的方式来讲述自己做过的成功的事情,也能更好、更全面地发现自己的能力。例如,某次举办班级活动,资金有限,为了不超出预算,大家做了很多工作克服困难。回忆这样的故事并将其记录下来。一般情况下,你写的每个故事都应有下列要素:① 目的,即需要完成的事情;② 面临的障碍;③ 克服了什么困难,怎么做的;④ 对结果的描述;⑤ 对结果的量化评估。

通过写故事,你可能会发现一些你不曾想到的能力。

3. 你有什么样的职业能力倾向

如果你要从事某个职业,那么你知道该职业所应具备的能力吗? 你平时积累相应的能力了吗?

(1) 抽象推理:能够脱离具体实物的存在而理解思想的能力;不用词汇和数字而用符号或图像表达概念。

(2) 听觉辨别:区分不同音调、音色、音长的能力。

(3) 书写能力:记录、复制、存档、校对、识别细节、避免拼写和计算错误的能力。

(4) 颜色辨别:察觉颜色相似与不同的能力;观察颜色之间协调性的能力。

(5) 眼、手、足协调:在视野范围内手足协调运动的能力和反应能力。

(6) 手指灵活性:手指迅速、敏捷、精确地操纵微小物体的能力。

(7) 形状感知:进行视觉对比,观察物体、图画的形状及阴影的细微差别的能力。

(8) 语言使用:使用词汇、语法、标点的能力。

(9) 掌握机械原理:理解物理定律、机械工具、机器设备原理的能力。

(10) 记忆:回忆已发生的事件或记忆信息的能力。

(11) 运动协调:四肢和身体在保持一定速度、姿势的情况下,有节奏地进行精确运动的能力。

(12) 数字能力:迅速、准确地理解数字和进行数学推理的能力。

(13) 说服能力:提供可信服的理由或劝说他人采纳自己观点的能力。

(14) 身体力量:运用身体肌肉完成搬、运、抬、举重物的能力。

(15) 敏捷:思维敏捷,或身体以一定速度、灵敏度和准确性运动的能力。

(16) 社会交往:理解他人和与人相处的能力,感同身受地体会他人处境的能力。

(17) 空间能力:在头脑中描绘各种形状和大小的三维想象能力。

(18) 文字推理:理解文字表达的思想或概念的能力;使用文字进行推理的能力。

(二) 积极培养自己的职业能力

大学生在做职业生涯规划时,必须认识到自己能干什么,要对自己的职业能力进行探究。同时,要考虑自身能力与职业的吻合度,明确某种特定的职业需要什么样的能力,同时自己要通过学习和积累,在实践中形成相应的职业能力。以下是给你的一些建议。

惊人的"煤气灯效应"

(1) 努力学习专业知识,加强专业技能的练习,这是提高职业能力的必备条件。

(2) 分析自身具有的一般职业能力和特殊职业能力的状况,挖掘潜能、发挥优势,这是提高职业能力的重要手段。

(3) 积极利用社会实践、岗位实习、勤工俭学的机会增加阅历,这是提高职业能力的优选方法。

(4) 积极参加社团活动,勇于承担学生干部工作,这是提高职业能力的有效途径。

主题四　我喜欢做什么——职业兴趣探索

一、兴趣是最好的老师

兴趣是指建立在需要的基础上,带有积极情绪色彩的认知和活动倾向,是个人对其环境中的人、事、物所产生的喜爱情绪,是个人力求认识、掌握某事物,并经常参与该种活动的心理倾向。兴趣是人们活动的重要动力之一,是活动成功的重要条件。有兴趣才有激情,有激情才有渴求,有渴求才会积极主动。黑格尔说,一个深广的心灵总是把兴趣的领域推广到无数事物上去。

兴趣对职业发展有很大的作用。首先,兴趣可激发创造性。它可以使人集中精力去获得知识,并创造性地开展工作。当一个人对某件事情产生兴趣时,他就能激发整个身心的积极性。其次,兴趣可提高工作效率。据研究,如果一个人对某一工作有兴趣,往往能发挥他全部才能的80%~90%,并且长时间保持高效率地工作而不感到疲倦;而对工作没有兴趣的人,只能发挥其全部才能的20%~30%,并且容易筋疲力尽。再次,兴趣是行动的动力。找到自己感兴趣的工作,几乎等同于踏上了通往成功的道路。对一个人来说,对工作感兴趣就会有钻劲儿,有钻劲儿就容易出成就。

当你看到别人在做某件事时,你心里是否有一种隐隐的召唤感——"我也想做这件事";当你完成某件事时,你心里是否有一种成就感和上进心——"我还可以把这件事做得更好";你在做某类事情时,几乎是自发地、无师自通地将其完成;你在做某类事情时如行云流水般一气呵成……这些都是重要的信号,它暗示了你的兴趣所在。

在探索兴趣的道路上,大学生要学会区分"真兴趣"与"伪兴趣"。兴趣源于个体的内在动机,它不是对事物的浅层关心,而是因获得这方面的知识或参与这种活动使人体验到情绪上的满足而产生的。个体知识经验的丰富性、教养水平的高低等主观因素对兴趣的产生起着重要作用。由外在动机引发的兴趣是"伪兴趣",即自身以为自己感兴趣,其实往往只是被事物的光环吸引,并不是真正的了解和喜欢,而是一时兴起的喜好。

二、职业兴趣和职业分类

职业兴趣是指人们对某种职业活动具有的比较稳定且持久的心理倾向。它是一个人探究某种职业或从事某种职业活动所表现出来的特殊的个性倾向,它使个人对某种职业给予优先注意,并具有向往之情。拥有职业兴趣将增加个人的工作满意度、职业稳定性和职业成就感。

职业兴趣的差异是人们选择职业的重要依据。霍兰德曾说:"虽然我们做了几十年的研究,但预测个人职业选择最有效的方法却是询问这个人自己想做什么。"

(一) 职业兴趣的分类和相应职业

1.《加拿大职业分类词典》中的十种职业兴趣类型及与其吻合的职业

(1) 喜欢与事物打交道。相应的职业有制图、勘测、工程技术、建筑、机器制造、精算师、会计等。

(2) 喜欢与人接触。相应的职业有记者、推销员、服务员、教师、行政管理员、外交联络员等。

(3) 喜欢从事有规律的工作。相应的职业有邮件分类、图书管理、档案管理、办公室工作、文字录入、统计等。

(4) 喜欢从事与社会福利有关或助人的工作。相应的职业有律师、咨询人员、科技推广人员、医生、护士等。

(5) 喜欢研究人的行为。相应的职业大多是研究人、管理人的工作,如心理学、政治学、人类学、人事管理、思想政治教育等研究工作,以及教育、管理工作。

(6) 喜欢从事科学技术事业。相应的职业有生物、化学、工程学、物理学、地质学等相关工作。

(7) 喜欢抽象的、具有创造性的工作。相应的职业有社会调查、经济分析、各类科学研究工作、化验、新产品开发等。

(8) 喜欢操作机器的技术工作。相应的职业有飞行员、驾驶员、机械制造、建筑、石油或煤炭开采等。

(9) 喜欢具体的工作。相应的职业有室内装修、园林、美容、理发、手工制作、机械维修、厨师等。

(10) 喜欢做领导和组织工作。相应的职业有行政人员、企业管理干部、学校领导和辅导员等。

2. 霍兰德职业倾向(兴趣)理论的六大职业类型

(1) 现实型(也称技术型,R):愿意使用工具从事操作性工作,动手能力强,做事手脚灵活,动作协调;偏好于具体任务,不善言辞,做事保守,较为谦虚;缺乏社交能力,通常喜欢独立做事。

典型职业:使用工具、机器,需要基本操作技能的工作。对要求具备机械方面才能、体力或从事与物件、机器、工具、运动器材、植物、动物相关的职业有兴趣。例如,技术性职业(计算机硬件人员、摄影师、制图员、机械装配工)、技能性职业(木匠、厨师、技工、修理工、农民、一般劳动者)等。

(2) 研究型(I):思想家而非实干家,抽象思维能力强,求知欲强,肯动脑,善思考,不愿动手;喜欢独立且富有创造性的工作;知识渊博,有学识才能,不善于领导他人;考虑问题偏理性,做事精确,喜欢逻辑分析和推理,不断探讨未知的领域。

典型职业:具有智力的、抽象的、分析的、独立的定向任务,要求具备智力或分析才能,并将其用于观察、估测、衡量、形成理论,最终解决问题的工作。例如,科学研究

霍兰德职业
倾向理论

人员、教师、工程师、计算机编程人员、医生、系统分析员等。

(3) 艺术型(A)：有创造力,乐于创造与众不同的成果,渴望表现自己的个性,实现自身的价值；做事理想化,追求完美,不重实际；具有一定的艺术才能和个性；善于表达、怀旧,心态较为复杂。

典型职业：要求具备艺术修养、创造力、表达能力和直觉的工作,并将其用于语言、行为、声音、颜色和形式的审美、思索和感受。例如,艺术方面(演员、导演、艺术设计师、雕刻家、建筑师、摄影家、广告制作人)、音乐方面(歌唱家、作曲家、乐队指挥)和文学方面(小说家、诗人、剧作家)的从业者等。

(4) 社会型(S)：喜欢与人交往；不断结交新的朋友；善言谈,愿意教导别人；关心社会问题,渴望发挥自己的社会作用；寻求广泛的人际关系,比较看重社会义务和社会道德。

典型职业：提供信息、启迪、帮助、培训、开发或治疗等事务的工作。例如,教育工作者(教师、教育行政人员)、社会工作者(咨询人员、公关人员)等。

(5) 企业型(E)：追求权力、权威和物质财富,具有领导才能；喜欢竞争,敢冒风险、有野心、有抱负；为人务实,习惯以利益、权力、地位、金钱等来衡量做事的价值,做事有较强的目的性。

典型职业：要求具备经营、管理、劝服、监督和领导才能,以实现机构、政治、社会及经济目标的工作。例如,项目经理、销售人员、营销管理人员、政府官员、企业领导、法官、律师等。

(6) 常规型(也称传统型,C)：尊重权威和规章制度,喜欢按计划办事,细心、有条理,习惯接受他人的指挥和领导,自己不谋求领导职务；喜欢关注实际和细节,通常较为谨慎和保守,缺乏创造性,不喜欢冒险和竞争,富有自我牺牲精神。

典型职业：要求注意细节、精确度,有系统、有条理,根据特定要求或程序处理数据、文字信息的工作。例如,秘书、办公室人员、行政助理、会计、图书馆管理员、出纳员、打字员、投资分析员等。

【小贴士】

约翰·霍兰德职业倾向理论

约翰·霍兰德是美国约翰·霍普金斯大学心理学教授,也是美国著名的职业指导专家。他于1959年提出了具有广泛社会影响的职业倾向理论,认为人的人格类型、兴趣与职业密切相关,兴趣是人们活动的巨大动力,职业兴趣可以提高人们的积极性,促使人们积极、愉快地从事该职业,并且职业兴趣与人格之间存在很高的相关性。霍兰德以职业倾向理论为基础,先后编制了职业偏好量表(vocational preference inventory)和自我导向搜寻量表(self-directed search)两种职业兴趣量表,并将其作为职业兴趣的测查工具。霍兰德力求为每种职业兴趣找出两种相匹配的职业能力。兴趣测试和能力测试的结合在职业指导和职业咨询的实际操作中起到了促进作用。

此后,霍兰德职业倾向理论不断丰富和发展,并在教育、培训、企业管理等领域有了越来越多的应用。霍兰德职业倾向理论示意图如图2-3所示。1991年,加蒂针对霍兰德职业倾向理论的正六边形模型中有关相邻职业群距离相等这一假设的局限性,提出了三层次模型。两年后,普雷迪格尔在霍兰德职业倾向理论的正六边形模型的基础上加了人和物的维度、数据和观念的维度,使职业的类型和性质有机地结合起来。美国大学考试中心在普雷迪格尔兴趣的两维基础上,将职业群体的具体位置标定在坐标图上,由此得到工作世界图。

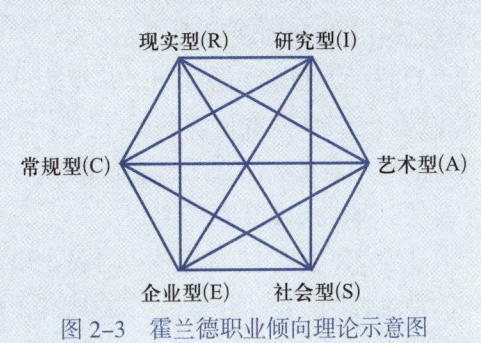

图2-3 霍兰德职业倾向理论示意图

(二) 运用职业兴趣探索职业分类时需注意的事项

不同的研究者对职业兴趣的分类有所不同,但这些分类都是立足社会、与社会需求和发展紧密联系的,都可以为认识自己和探索职业提供帮助。

每个人都不是思想单一、孤立呆板的个体,都拥有丰富的情感,绝大多数人不仅有一种职业兴趣,所以,我们根据职业兴趣来了解职业分类和进行选择时要注意以下几点。

(1) 一个人可能同时具有几种职业兴趣。例如,你既愿与人接触,又愿做领导和组织工作。这就需要我们根据职业实际、自身情况、兴趣强度等差别来确定自己的主要职业兴趣,由此来进行职业选择。

(2) 一种职业可能会与几种职业兴趣有联系,不能把它们单独分开。以库德职业兴趣量表的分类为例,一名大型石雕工艺师,他要具备艺术型的特点(创造精神),还要热爱户外活动(大型石雕工艺师大部分时间在室外工作),也要愿意与机械、工具打交道(能熟练、准确、灵巧地使用各种器械进行雕刻)。

(3) 了解职业兴趣只是认识自我的一个部分,不能以偏概全,还应该结合自身的其他特征进行综合分析。

当然,职业兴趣空间的不同、职业兴趣稳定的差距、职业兴趣效能的差别都对职业选择有一定的影响。正是这些兴趣倾向的差异导致人们选择不同的职业。

三、如何了解自己的职业兴趣

(一) 兴趣倾向表达法

兴趣倾向表达法通过盘点过去,回答问题,先将答案和所有闪过的想法列入清单,再整理、归类、分析清单中的项目,最后得出自己兴趣的倾向。

(二) 职业兴趣测试法

职业兴趣测试法是一种科学、简便又普及的认知自己职业兴趣的方法。该方法通过一系列的问题,如学习、娱乐、社交、劳动等探索你的兴趣,首先要求你回答喜欢或不

【阅读拓展】

库德的职业兴趣领域

喜欢的程度,然后根据你的答案进行评估和汇总,最后分析得出你的兴趣倾向或兴趣类型,常用的测试法有霍兰德职业兴趣测试等。

(三) 自我行为观察法

自我行为观察法是指回忆并观察自己平时的行为习惯和参加各项活动的情境,从中推测自己的兴趣倾向。例如,连续一段时间观察,你每天的日程怎么安排?什么活动安排的时间最多?什么活动是你最喜欢的?

(四) 职业知识测验法

职业知识测验法通过对不同职业知识的测试,测量出自己对从事某职业所必须掌握的信息、词汇等内容的得分来对比和评估自己的职业兴趣。

四、如何培养职业兴趣

据调查,很多大学生在升学时盲目选报志愿和专业,有的人是因为热门职业将来好就业,有的是听从父母的建议,有的是因为成绩,有的是因为"名声",相当多的大学生谈不上对专业或职业有兴趣。那么,该如何培养自己的职业兴趣呢?

(一) 积极探究,培养广泛的兴趣

具有广泛兴趣的人不但对自己职业领域内的事物有浓厚的兴趣,而且对其他方面也有一定的兴趣。这种人眼界开阔,解决问题时可以从多方面得到启发,在职业生涯规划的选择上有较大的余地。兴趣范围小、涉足面狭窄的人对新事物的适应性较差,在职业规划上所受的限制也多。

(二) 深入实践,发现、培养中心职业兴趣

人的兴趣应广泛,但不能浮泛,应在某一方面有持久稳定的兴趣,既广泛又有重点,才能学有所长,获得更多的知识。如果只具广泛性而无中心职业兴趣,往往会基础不牢,没有确定的职业规划方向,心猿意马,就难以有所成就。所以,大学生还应着意培养自己在某一方面的职业兴趣,促进自己发展和成才。

另外,大学生应积极参加职业实践。通过职业实践,认识和了解职业本身,激发自己的职业兴趣。职业实践活动的内容十分丰富,包括生产实习、社会调查、参观访问及组织兴趣小组等。每个人都可以通过参加各种职业实践活动培养兴趣,进而根据社会和自我需要有意识地发展兴趣。

(三) 立足根本,根据自身条件培养职业兴趣

对某项职业有浓厚的兴趣是成功的前提,但事业要取得成功也必须具备该职业所要求的能力。因此在培养职业兴趣的同时也要客观地评价自己的能力和自身条件,判断自己是否适合某种职业,只有在此基础上形成的职业兴趣才是长久的、可规划利用的。我们要规划性地培养兴趣,不能因追求过高而不考虑自己是否合适。

(四) 放眼社会,根据社会需求培养职业兴趣

据调查,绝大多数的事业成功者是在自己真正感兴趣的职业上获得成功的。但对某种职业的兴趣并不等于你一定适合这份职业,社会上也不一定有相应的职业岗位能够完全与你的兴趣相匹配。因为一个人的兴趣和爱好的广泛性、无限性与社会职业类

别、数量的有限性往往存在着较大的反差。所以,在个人意愿与社会需求的关系上,通常是社会需求决定个人意愿。没有社会需求的职业前途是狭隘的,你可以把它作为非职业领域的业余兴趣爱好,而不能够把它作为职业兴趣来发展。总之,只有把"我喜欢做什么"的职业兴趣植根在社会需求的土壤里,结合自身情况进行自我培养,才能让这朵职业兴趣之花开得更加绚丽、更有价值。

主题五　我适合做什么——职业性格探索

人格一词源于拉丁文"persona",原意是指希腊戏剧中演员戴的面具。不同的角色戴着不同面具,因为面具与角色的身份、地位、职业相匹配,所以后来其意义延伸为个体的心理倾向和心理特征。人格是一个复杂的结构系统,主要包括气质、性格和自我调控等方面。

一、气质与职业

(一)气质的定义与类型

气质是表现在心理活动的强度、速度、灵活性与指向性等方面的一种稳定的心理特征,也就是我们生活中所讲的脾气、秉性、性情。它是心理活动的稳定的动力特征,影响个体活动的方方面面。具有某种气质的人,在内容完全不同的活动中一般会显示出同样性质的动力特征,它会让一个人的心理活动呈现独特的个人色彩。

气质具有天赋性和稳定性,它主要受遗传因素影响,取决于人的高级神经活动类型,以及内分泌、自主神经系统等遗传因素。例如,婴儿一出生就表现出一定的气质差异:有些婴儿安静、平稳、怕生;有些婴儿好动、吵闹、不怕生。

现代心理学把人的气质分成四种类型:胆汁质、多血质、黏液质和抑郁质,它们的特点和表现如表2-2所示。

表2-2　气质类型的特点和表现

气质类型	特点	表现
胆汁质	兴奋而热烈	情绪兴奋性高,直爽热情、精力旺盛,情绪体验强烈而持久,但看问题线条较粗,自制力较差,神经系统不够平衡,事情开始时投入热情较高,一旦失败易转为极度沮丧
多血质	敏捷而活跃	性格开朗、善于交际,外部表现明显,神经系统平衡且灵活性强,兴趣广泛,但注意力不够集中,情绪易浮躁
黏液质	安静而沉稳	情绪兴奋性较低,外部表现少,自制力强,注意力集中,稳定性强,但应变能力差,有墨守成规的倾向
抑郁质	呆板而羞涩	情绪感受性高而耐受性低,反应速度慢,内倾明显,容易相处,工作认真,有自卑、优柔寡断的倾向

(二)气质与职业的关系

气质是人的天性,没有好坏之分,不决定一个人的智力水平或社会价值,也不具有社会道德评价意义。但是,气质是职业选择的一个重要依据。气质不仅影响人的智力活动的方式,还影响智力活动的效率。气质特征往往为一个人从事某种活动提供有利或不利的条件,对职业的适应性和满意度有一定的影响。不同的职业对人的心理活动及动力特征有着不同的要求,所以在选择职业时,有必要考虑个人的气质类型和特点,做到扬长避短。

胆汁质:适合从事与人打交道、工作内容和环境充满变化的工作,如导游、推销员、节目主持人、勘探工作者、演讲者、外事接待人员等;不太适合从事要求长期安坐、耐心且细致的工作。

多血质:适合与外界打交道,从事灵活多变、富有刺激性和挑战性的工作,如外交人员、公关人员、新闻记者、律师、运动员、冒险家、服务员、侦察员、干警、演员等;不太适合从事细致、单调的机械性工作。

黏液质:适合从事稳定的、按部就班的、静态的工作,如医务工作者、翻译、商务、教师、科研人员、会计、文员、法官、管理人员、调解员、播音员等;不太适合从事需要经常策划创造的工作。

抑郁质:适合从事安静、细致的工作,如作家、画家、诗人、打字员、音乐家、校对编辑、化验员、仓库管理员等;不太适合热闹的工作场合。

二、性格与职业

(一)性格与职业性格

性格是一种与社会关联最密切的人格特征,最早由著名的古希腊学者提奥夫拉斯塔提出,是指人的属性、特性或标志。当代心理学界认为,性格是人对客观事物的较稳定的态度和习惯化的行为方式。性格不是先天的,而是在后天社会环境和社会实践中形成的比较稳定的基本人格形态,它是个性心理特征中最核心的部分,几乎涉及一个人的心理过程及个性特征的各个方面。

从人的发展过程来看,性格的形成需要四个阶段,如表2-3所示。

表2-3 性格形成的阶段

形成的阶段	形成的时期	发展过程
第一阶段	儿童时代	未定型状态
第二阶段	少年时代	萌芽状态
第三阶段	青年时代	塑造状态
第四阶段	成年时代	定型状态

从表2-3中可以看出:大学生处在青年时代,性格还未完全定型,正处于塑造和逐步完善的过程,所以,职业性格的形成在这个阶段尤为重要,它将伴随和影响整个职业生涯。

因此在职业选择和发展中,我们应尽可能充分地考虑自己的个性特征与职业要求是否相适应,这样在工作中不仅能发挥你特有的能力,还能利用你的个人资本体验到更多的快乐和愉悦。成功者大多不是全才,他们只是一些有着个性化品质的人,但他们在适合的工作中充分挖掘了这些品质,从而达到一定高度。

(二) 性格的分类

每个人的成长环境都是独一无二的,先天素质也不尽相同,即使有许多共同点,也依然各有特色,所以,人的个性差异首先体现在性格上。每个人都拥有自己的特质,每个人的性格都不是单一的,都会呈现出一定的复杂性。人类的性格千姿百态,至今还没有统一的划分标准。

1. 按心理活动的指向性划分

心理活动的指向性是指对特有情境的态度和方式。

(1) 内倾型,也称内向型。这类人的心理活动倾向于内部,重视主观世界,比较关注自己,喜欢沉思、善于自省,喜欢幻想和自我欣赏;感情深沉,待人接物较谨慎小心;处理事务缺乏决断力,但一旦下定决心就能锲而不舍;常常对他人比较冷漠,对新环境的适应能力较弱。

(2) 外倾型,也称外向型。这类人的心理活动倾向于外部,重视客观世界,对人、客观事物都感兴趣;感情外露,喜爱社交,开朗、自信心强,容易适应新环境;待人接物果断,独立性强,但比较轻率。

2. 按心理过程的优势划分

心理过程的优势是指个人心理机能的倾向。

(1) 理智型。以理智来评判客观事物及支配行动。冷静沉着,逻辑性较强,善于分析,做事讲究实效,与人交往时重说理,对情感不够重视。

(2) 情绪型。以情绪体验来衡量事物,容易被情绪影响或感染,并以此影响行动。富有同情心,善于理解他人、体谅他人,不积压情绪,能够把情绪及时宣泄掉。做事缺乏条理性,分不清事情的轻重缓急。

(3) 意志型。意志坚定,不容易动摇,有较明确的目标和主动的行动。自信心强,有坚定性和持久性。

(4) 理智 - 意志型。兼具理智型和意志型的特点。

3. 按个体的独立性程度来划分

(1) 独立型。自我意识强,有主见,能独立思考,个人信念坚定,有较强的自尊心,不易受环境的影响。

(2) 顺从型。独立性差,缺乏主见,有依赖性,缺乏果断性,容易被环境左右。

多数人的独立性程度处于独立型和顺从型之间,即中间型。

性格的其他分类标准

三、探索自己的职业性格类型

(一) MBTI

MBTI(Myers-Briggs Type Indicator,迈尔斯 - 布里格斯类型指标)通过分析性格的外内向、信息收集的处理方式(感觉和直觉)、决策方式(思考和情感)、生活方式(判断和知觉)等,了解人们在获取信息、做出决策、对待生活时的心理活动规律和性格类型。MBTI 主要应用于职业发展、职业咨询、团队建议、婚姻教育等,是目前在国际上应用较广的性格测试工具。

1. MBTI 人格类型测试

MBTI 人格类型测试分为四个维度,每个维度有两个方面,共八个方面。每个人的性格落在维度的任意一点上,维度两端是个人的偏好。MBTI 人格类型维度如图 2-4 所示。

图 2-4　MBTI 人格类型维度

2. MBTI 人格类型的维度及其分析

(1) 我的能量活动倾向是什么?能量活动倾向分析如表 2-4 所示。

表 2-4　能量活动倾向分析

外向(E)	内向(I)
从人际交往中获得能量	从时间中获得能量
喜欢外出	喜静、多思、冥想(离群,易与外界相互误解)
表情丰富	谨慎,不露表情
喜欢交往,合群	社会行为的反射性
喜欢行动,兴趣多样(不能长期坚持),不怕打扰,喜欢自由沟通	独立、负责、细致、周到、不蛮干
喜欢先讲后想,易冲动,易后悔,易受他人影响	不怕长时间做事、勤奋、怕打扰、先想后讲

(2) 我是如何接受信息的?接受信息分析如表 2-5 所示。

表 2-5　接受信息分析

感觉(S)	直觉(N)
通过五官感受世界,注重真实的存在和实际	通过第六感洞察世界,比较模糊笼统
用已经有的技能解决问题	喜欢学新技能
喜欢具体明确	不注重准确性,喜欢抽象和理论
重细节(缺乏全面性)	注重可能性,讨厌细节
脚踏实地	好高骛远,喜欢新问题
重视有可能的结果,能忍耐	凭爱好做事,对事情的态度易变
可做重复性工作(不喜欢变化),不喜欢展望	喜欢提出新见解,容易仓促下结论

55

(3) 我是如何决定的？做决定分析如表 2-6 所示。

表 2-6　做决定分析

思考(T)	情感(F)
注重分析,用逻辑、客观的方式进行决策 坚信自己的观点正确,不考虑他人的意见 清晰、正义,不喜欢调和主义 注重批判和鉴别 依据规则 在工作中极少表现出情感,也不喜欢他人感情用事	注重主观和综合,用个性化的、价值导向的方式决策,考虑决策对他人的影响 和谐、宽容,喜欢调解 不按照逻辑思考 考虑环境 喜欢工作场景中的情感,从赞美中得到享受,也希望得到他人的赞美

(4) 我是怎样做事的？做事分析如表 2-7 所示。

表 2-7　做事分析

判断(J)	知觉(P)
封闭定向 结构化和组织化 时间导向 决断事情都有正误之分 喜欢命令、控制,反应迅速,喜欢完成任务 不善适应	开放定向 弹性化和自发化 探索和开放结局 好奇,喜欢收集新信息而不是得出结论 喜欢观望,喜欢开始许多新的项目但不完成 优柔寡断,易分散注意力

3. MBTI 性格类型及适合的职业

MBTI 性格类型及适合的职业如表 2-8 所示。

表 2-8　MBTI 性格类型及适合的职业

性格类型	性格特征	适合领域	适合职业
ISTJ(内向+感觉+思考+判断)	沉静,认真,因有始有终、受人信赖而取得成功。讲求实际,注重事实,能够合情合理地确定应做的事情,而且坚定不移地把它们完成,不会因外界事物而分散精神。以做事有次序、条理为乐——在工作上、家庭上或者生活上。重视传统,为人忠诚	工商业、政府机构、金融银行业、技术、医务领域	审计师、会计、财务经理、办公室行政管理、后勤和供应管理、中层经理、公务(法律、税务)执行人员等;银行信贷员、成本估价师、保险精算师、税务经纪人、税务检查员等;机械工程师、电气工程师、计算机程序员、数据库管理员、地质学家、气象学家、法律研究者、律师等;外科医生、药剂师、实验室技术人员、牙科医生、医学研究员等
ISFJ(内向+感觉+情感+判断)	沉静,友善,有责任感,谨慎。能坚定不移地承担责任。做事有始有终、不辞辛劳和准确无误。忠诚,替别人着想,细心,往往记得他所重视的人的种种微小事情,关心别人的感受。努力创造一个有秩序、和谐的工作和家庭环境	无明显领域特征,一般适合医护、商业、服务业领域	行政管理人员、总经理助理、秘书、人事管理者、项目经理、物流经理、律师助手等;外科医生、家庭医生、牙科医生及其他各类医生、护士、药剂师、医学专家、营养学专家、顾问等;零售店业主、精品店业主、大型商场管理人员、酒店管理人员、室内设计师等

续表

性格类型	性格特征	适合领域	适合职业
INFJ(内向+直觉+情感+判断)	探索意念、人际关系和物质拥有欲的意义及其关系。希望了解什么可以激发人们的推动力,对别人有洞察力。尽责,能够履行他们坚持的价值观念。确立一个清晰的理念以谋取大众的最佳利益。能够有条理地、果断地实践他们的理念	咨询、教育、科研、文化、艺术、设计等领域	心理咨询工作者、心理诊疗师、职业指导顾问、大学教师(人文学科、艺术类)、心理学、教育学、社会学、哲学及其他领域的研究人员等;作家、诗人、剧作家、电影编剧、电影导演、画家、雕塑家、音乐家、艺术顾问、建筑师、设计师等
INTJ(内向+直觉+思考+判断)	具有创意,有很大的冲劲去实践他们的理念并达到目标。能够很快地掌握事情的发展规律,从而想出长远的发展计划。一旦做出承诺,便会有条理地开展工作,直到完成为止。有怀疑精神,独立自主,有高水准的工作表现	科研与科技应用技术咨询、管理咨询、金融、投资领域、创造性领域	各类科学家、研究所研究人员、设计工程师、系统分析员、计算机程序师、研究开发部经理等;各类技术顾问、技术专家、企业管理顾问、投资专家、法律顾问、医学专家、精神分析学家等;经济学家、投资银行研究员、证券投资和金融分析员、投资银行家、财务计划人、企业并购专家等;各类发明家、建筑师、社论作家、设计师、艺术家等
ISTP(内向+感觉+思考+知觉)	能容忍、有弹性,是冷静的观察者。能迅速行动并找出可行的解决方法,既能够分析哪些东西可以使事情进行顺利,又能够从大量资料中找出问题的核心。重视事件的前因后果,能够以理性的态度把事实组织起来,重视效率	技术领域、证券、金融业贸易、商业领域、户外、运动、艺术等领域	机械、电气、电子工程师,各类技术专家和技师,计算机硬件、系统集成专业人员等;证券分析师、金融顾问、财务顾问、经济学研究者等;贸易商、商品经销商、产品代理商(有形产品为主)等;警察、侦探、体育工作者、赛车手、飞行员、雕塑家、手工制作者、画家等
ISFP(内向+感觉+情感+知觉)	沉静、友善,敏感和仁慈。能够欣赏目前周围发生的事情。喜欢有自己的空间,在做事时能把握自己的时间。忠于自己所重视的人。不喜欢争论和冲突,不会强迫别人接受自己的意见或价值观	手工艺、艺术领域、医护、商业、服务业等领域	时装、首饰设计师、装潢、园艺设计师,陶器、乐器、卡通、漫画制作者,舞蹈演员、画家等;出诊医生、出诊护士、理疗师、牙科医生、个人健康和运动教练等;餐饮业、娱乐业业主,旅行社销售人员,体育用品、个人理疗用品销售员等
INFP(内向+直觉+情感+知觉)	理想主义者,忠于自己的价值观及自己所重视的人。外在的生活与内在的价值观相配合。有好奇心,可以很快看到事情的可能与否,能够加速对理念的实践。试图了解别人,协助别人发展潜能。适应力强,有弹性。如果和他们的价值观没有抵触,则往往能包容他人	创作、艺术领域、教育、研究、咨询等领域	各类艺术家、插图画家、诗人、小说家、建筑师、设计师、文学编辑、艺术指导、记者等;大学教师(人文类)、心理学工作者、心理辅导和咨询人员、社科类研究人员、社会工作者、教育顾问、图书管理者、翻译家等
INTP(内向+直觉+思考+知觉)	对感兴趣的事物,都要探索一个合理的解释。喜欢理论和抽象的事情,喜欢理念思维多于社交活动。沉着、冷静,适应能力强。在他们感兴趣的范畴内,有非凡的能力去专注且深入地解决问题。有怀疑精神,有时喜欢批评,善于分析	计算机技术、理论研究、学术专业领域和创造性领域	软件设计员、系统分析师、计算机程序员、数据库管理专家、故障排除专家等;大学教授、科研机构研究人员、数学家、物理学家、经济学家、考古学家、历史学家等;证券分析师、金融投资顾问、律师、法律顾问、财务专家、侦探等;各类发明家、作家、设计师、音乐家、艺术家、艺术鉴赏家等

续表

性格类型	性格特征	适合领域	适合职业
ESTP(外向+感觉+思考+知觉)	性格有弹性,能容忍;讲究实际,专注即时的效益。对理论和概念上的解释不感到耐烦,希望以积极的行动解决问题。专注于"此时此地",喜欢主动与别人交往。喜欢物质享受。能够通过时长间的学习达到最佳的学习效果	贸易、商业领域,服务业、金融证券业领域,娱乐、体育、艺术等领域	各类贸易商、批发商、中间商、零售商、房地产经纪人、保险经纪人、汽车销售人员、私家侦探、警察等;餐饮、娱乐及其他各类服务业的业主、主管、特许经营者,自由职业者等;股票经纪人、证券分析师、理财顾问、个人投资者等;娱乐节目主持人、体育节目评论员、脱口秀、音乐、舞蹈表演者、健身教练、体育工作者等
ESFP(外向+感觉+情感+知觉)	外向、友善、包容。热爱生命、热爱人,爱物质享受。喜欢与别人共事。在工作上,能用常识注意现实的情况,使工作富有趣味性。富有灵活性、即兴性,易接受新朋友,适应新环境。与别人一起学习新技能可以达到最佳的学习效果	消费领域,商业、服务业领域;广告业、娱乐业领域;旅游业、社区服务等领域	精品店、商场销售人员,娱乐、餐饮业客户经理,房地产、汽车销售人员,市场营销人员(消费类产品)等;广告企业中的设计师、创意人员、客户经理,时装设计和表演人员、摄影师、节目主持人、脱口秀演员等;旅游企业中的销售、服务人员、导游,社区工作人员、志愿工作者、公共关系专家、健身和运动教练、医护人员等
ENFP(外向+直觉+情感+知觉)	热情而热心,富有想象力。认为生活充满可能性。能够很快地找出事件和资料之间的关联性,而且有信心依照一定的模式去做。很需要别人的肯定,乐于欣赏和支持别人。即兴且富有弹性,时常信赖自己的临场表现能力和流畅的语言能力	广告创意、市场营销和宣传策划、市场调研、艺术、公关等领域	儿童教育教师、大学教师(人文类)、心理学工作者、心理辅导和咨询人员、职业规划顾问、社会工作者、人力资源专家、培训师、演讲家等;记者(访谈类)、节目策划和主持人、专栏作家、剧作家、艺术指导、设计师、卡通制作者、电影电视制片人等
ENTP(外向+直觉+思考+知觉)	思维敏捷,机灵,能激励他人,警觉性高,勇于发言。能随机应变地应付新的和富有挑战性的问题。善于引出在概念上可能发生的问题,然后有策略地加以分析。善于洞察别人。对日常例行事物感到厌倦。甚少以相同的方法处理同一件事情,能够灵活地处理接二连三的新事物	投资顾问、项目策划、投资银行、自我创业、市场营销、公共关系、创造性领域	投资顾问(房地产、金融、贸易、商业等)、各类项目的策划人和发起者、投资银行家、风险投资人、企业业主(主要是新兴产业)等;市场营销人员、各类产品销售经理、广告创意总监、艺术总监、访谈类节目主持人、制片人等;公共关系专家、公司对外发言人、社团负责人、政治家等
ESTJ(外向+感觉+思考+判断)	讲求实际,注重现实与事实。果断,能很快做出实际可行的决定。能够安排相关人员以完成工作,尽可能地以最有效率的方法达到目的。能够注意日常例行工作的细节。有一条清晰的逻辑标准,会有系统地去做工作,也想别人跟着去做。会以强硬的态度去执行计划	无明显领域特征	大中型外资企业员工、业务经理、中层经理(多分布在财务、营运、物流采购、销售管理、项目管理、工厂管理、人事行政部门),职业经理人,各类中小型企业主管和业主

续表

性格类型	性格特征	适合领域	适合职业
ESFJ(外向+感觉+情感+判断)	有爱心,尽责,善合作。渴望有和谐的环境,而且有决心营造这样的环境。喜欢与别人共事并能准确、准时地完成工作。忠诚,即使在细微的事情上也能如此。能够注意别人在日常生活中的需要并努力满足他们。渴望别人赞赏他们和欣赏他们所做的贡献	无明显领域特征	办公室行政或管理人员、秘书、总经理助理、项目经理、客户服务部人员、采购和物流管理人员等;内科医生及其他各类医生、牙科医生、护士、健康护理指导师、饮食学专家、营养学专家、小学教师(班主任)、学校管理者等;银行、酒店、大型企业客户服务代表、客户经理、公共关系部主任、商场经理、餐饮业业主和管理人员等
ENFJ(外向+直觉+情感+判断)	温情,有同情心,反应敏捷,有责任感。高度关注别人的情绪、需要和动机。能够看到每个人的潜质,喜欢帮助别人发挥潜能。能够积极地协助他人和组织的成长。忠诚,对赞美和批评都能很快地做出回应。社交活跃,在人群中能够惠及别人	培训、咨询、教育、新闻传播、公共关系、文化艺术等领域	人力资源培训主任、销售、团队培训员、职业指导顾问、心理咨询工作者、大学教师(人文学科类)、教育学和心理学研究人员等;记者、撰稿人、节目主持人(新闻、采访类)、公共关系专家、社会活动家、文艺工作者、平面设计师、画家、音乐家等
ENTJ(外向+直觉+思考+判断)	坦率、果断,乐于作为领导者。很容易看到不合逻辑和缺乏效率的程序和政策,从而开展和实施一个比较好的制度以解决一些组织上的问题。喜欢长远的计划,喜欢有一套既定的目标。往往是博学多闻的,喜欢追求知识,又能把知识传授给别人。能够有力地提出自己的主张	工商业、政界、金融和投资领域;管理咨询、培训专业领域	各类企业的高级主管、总经理,企业主、社会团体负责人、政治家等;投资银行家、风险投资家、经济学家、股票经纪人、公司财务经理、财务顾问、企业管理顾问、企业战略顾问、项目顾问、专项培训师等;律师、法官、知识产权专家、大学教师、科技专家等

(二) 九型人格

人在不同的心理状况下的态度和行为也不同,当代九型人格理论体系的探索者和实践者海伦·帕玛说:"九型人格是一门可以在两三天研讨中把握大学心理专业三四年与人打交道的工具。"它可以促进自我了解,也可以帮助自己了解别人,从而更有效地与他人沟通。

九型人格的基本原理:人类是有差异的,有不同的认知能力、动机、价值观,不同性格的人需要用不同的方式来进行管理和沟通。九型人格及适合的工作具体如下。

(1) 完美型(秩序型):坚持原则、维护公平。公平正直,做事讲原则,有条理,井然有序,追求完美,但容易被人误会为吹毛求疵、爱挑毛病。希望自己是对的、好的、贞洁的、有诚信的。

顺境时:正直踏实,能包容他人,能打破条条框框,处事有一定弹性,判断力强,聪慧且理性,重视公平与诚实,大胆挑战不公平的现象,凡事依据原则而行,有理智,自律且节制,有很高的道德标准。

逆境时:挑剔、心胸狭窄、不肯接纳别人的意见,容易把别人的意见视为不善意的抨击,处事极端呆板,教条主义,绝对化,缺乏弹性,爱否定打击别人。

适合工作:财务、监察、审计、法官、品质管理等。

(2) 助人型(全爱型):热情付出,总是优先满足他人的需求,别人却常常忽略自己的存在。渴望被爱、被需要,希望别人喜欢自己多于尊重,成就他人,追求情感上的满足。

顺境时:慷慨无私,富有同情心,体谅他人,热心助人,主动付出,热情且有活力,充满阳光气息,诚恳而温暖,容易接近,很受人欢迎。

逆境时:情绪化,虚荣心重,操控别人,讨好别人,觉得自己特殊,专制而易怒,爱抱怨,因觉得自己的付出与收获不成正比而扮演受害者。

适合工作:秘书、社工、服务工作等。

(3) 成就型(急躁型):渴望比他人更成功,喜欢成为别人关注的焦点,希望受到尊重,同时希望能得到他人的肯定。

顺境时:精明能干,充满活力,自信而有魅力,愿意肯定自我的内在价值,乐观主动,感染力强,外向,行动敏捷,不断进取,成就出众,有"不到黄河心不死"的韧性,是富有同情心的领袖。

逆境时:工于心计,为达目的不择手段,有时会欺骗和说谎,妒忌心强,贬低别人抬高自己,会剥削和利用他人,把他人当成成功的垫脚石,自恋。

适合工作:销售、公关等。

(4) 艺术型(自我型):在内在经验中找到自我认同。注重感觉,敏感而多梦,渴望别人能够了解自己的内心感受,注意到自己的独特与恐惧之处,觉得这个世界好像没有人能够真正明白自己。

顺境时:灵感不断,富有创造力,感情真挚且坦诚,给予别人切实的支持,常有感恩之心,观察力强,直觉,敏感,肯定自我并表现自我,有幽默感,愿意担当。

逆境时:忧郁,多愁善感,自怜自爱,自我怀疑,自我破坏,对世界充满不信任,远离人群,爱回忆过去,容易陷于负面情绪中且难以自拔。

适合工作:设计、创作等需要创意的工作。

(5) 智慧型(思想型):了解世界,并尽力使自己能力出众、知识丰富。分析能力、思考能力强,追求知识、渴望比别人懂得更多,不善表达内心感受,给人缺乏感情的印象,由于不善于交际应酬,身边人总说自己"不懂人情世故"。

顺境时:聪明,有卓越的观察能力与分析能力,见解独到且深刻,能专注于某一领域,博学而专精,办事巨细无遗,好学,求知欲强,有独创与革新精神。

逆境时:逃避,愤世嫉俗,充满敌意,妄想,孤独,狂躁,自我封闭,把自己困于某种思维模式中,可能有伤害别人及自己的倾向。

适合工作:策划、整合、管理、研究工作。

(6) 忠诚型(惶恐型):想得到支持及安全感,小心谨慎,为人忠诚,但有太多疑虑,总觉得世界充满危机,内心深处常有担心、焦虑,过于考虑安全问题,常常因此延迟采取行动。

顺境时：有亲和力，忠诚可靠，肯支援团队，有责任心，勤奋，值得信赖，有良好的合作精神，相信自己和他人，懂得享受生命，踏实、平和。

逆境时：焦虑、紧张，缺乏自信，因极度缺乏安全感而四处寻找，对刺激反应过度，自我打击。

适合工作：协调、顾问等工作。

(7) 活跃型（开朗型）：快乐、客观，希望得偿所愿。开朗、贪玩，喜欢新奇的事物，追求自由存在、率性而为的生活，但总有些不得不处理的事情占用自己的娱乐时间。

顺境时：充满欢乐，乐观豁达，热心且宽容，有想象力与创造力，精力充沛，多才多艺，具有鉴赏力，为人们带来欢乐，令人觉得生命充满希望。

逆境时：不切实际，经常妄想能够以小博大，冲动，有攻击性，爱出风头，有时行为失控，夸张炫耀，于逸乐中逃避现实。

适合工作：创作、娱乐工作。

(8) 领袖型（能力型）：百折不挠，捍卫自身的利益，并成为强者。刚强自信，正义，敢承担，有领导和保护身边的人的欲望，但是别人经常因自己过于"霸道"而与自己保持距离。

顺境时：充满正义感，主持公道，保护他人，勇于承担，宽宏大量，自信坚定，行动力强，能领导他人，坚强，有决断力。

逆境时：手段强硬、专制，要求别人牺牲小我去成就自己的大我，喜欢追求权力，我行我素，冷漠，报复心重。

适合工作：管理者、领导者。

(9) 和平型（和谐型）：宁愿息事宁人，维系内在的平静和安稳。和气友善，追求和谐，希望大家和睦相处，可别人认为自己是"好好先生"，优柔寡断，没有立场。

顺境时：有童心，对人和善，慷慨大度，心平气和，纯真而富有耐心，支持他人，轻松温和，有同情心，勇于实践。

逆境时：抱怨，麻木不仁，将事情过分合理化，懒惰拖延，没有行动力，缺乏焦点，迷惘。

适合工作：人事、调研、仲裁工作。

人生需要科学的管理，成功源于恰当的选择，而这一切都源于你对自己的认识。每个人都希望职业精彩、人生璀璨，我们需要审视自己、认识自己、了解自己、评估自己，这是影响职业生涯的核心因素，也是职业成功的前提。正所谓"尺有所短，寸有所长"，每个人都有自己的长处和短处，都有自己擅长和不擅长的领域，都有自己的天赋、天性和性格上的优势，也都有性格上的劣势和缺陷。一个人要扬其长、避其短，才能发挥自身最大的优势，获得事业上的成功。

实践与体验

主题一　我是什么样的人——生理和心理探索

活 动 概 览

活动目标	了解认识自我的内涵和意义,学会使用多种方法了解自己的生理和心理特征,全面、理性、科学地认识和评价自己
课堂活动	活动一:简短的自我介绍 活动二:我是谁 活动三:画一棵树
课堂自测	自测:自我意识量表
课外拓展	拓展一:360°评价自我 拓展二:橱窗分析

课 堂 活 动

活动一:简短的自我介绍

活动目的:

比较自己与他人眼中的自己,了解认识自我的原因和方法,积极进行自我探索。

活动流程:

流程1　写一份简短的自我介绍。

流程2　由教师随机选择若干份自我介绍进行宣读。

流程3　猜猜教师念的自我介绍是谁写的。

流程4　快速思考。

(1) 为什么有的自我介绍一下就能被猜中是谁,而有的始终没被猜中?

(2) 为什么要认识自己、寻找自己与众不同的方面?

(3) 你可以从哪些方面认识自我?

活动二:我是谁

活动目的:

学会描述自我,检测自我认识的清晰程度,从多个层面了解自己。

活动流程:

流程1　在5分钟内写出20个"我是谁"的陈述句,可以是词语、短语或句子。

1. 我是＿＿＿＿＿＿＿＿＿＿＿＿＿＿＿＿＿＿＿＿＿＿＿＿＿＿＿＿＿＿＿＿＿

2. 我是_____
3. 我是_____
4. 我是_____
5. 我是_____
6. 我是_____
7. 我是_____
8. 我是_____
9. 我是_____
10. 我是_____
11. 我是_____
12. 我是_____
13. 我是_____
14. 我是_____
15. 我是_____
16. 我是_____
17. 我是_____
18. 我是_____
19. 我是_____
20. 我是_____

流程2 你写出了几句？ A. ≤ 9 B. 10~19 C. ≥ 20

流程3 快速思考。

(1) 你对自我的了解有多少？

(2) 你最关注自我的哪些方面？

(3) 你忽略了自我的哪些方面？

活动三：画一棵树

活动目的：

探索、了解潜在的自我。

活动流程：

流程1 请在下方空白框里画一棵树，按照自己真实的想法来画，不要临摹，不要用尺子。

流程2　完成后请介绍自己的画。

介绍时要注意包含以下内容：树名、果实名(如果有果实的话)、季节、作画时的心情。

课 堂 自 测

【自测】
自我意识量表

自测：自我意识量表

课 外 拓 展

拓展一：360°评价自我

拓展目的：

学会使用360°评价法收集整理他人对自我的评价,从多个角度进行自我探究。

拓展流程：

流程1　收集他人对自我的评价。

主体	对你的评价
自己	
父母、家人	
领导、老师	
同学、朋友	
其他社会关系	

流程2　快速思考。

(1) 你的自我评价与他们的评价差别大吗？

(2) 产生这种差别的原因是什么？

(3) 你希望自己给别人留下什么印象？你知道如何做吗？

拓展二：橱窗分析

拓展目的：

学会使用橱窗分析法了解自我。

拓展流程：

流程1　邀请你的同学在人生橱窗的相关窗口内填上相应的内容。

隐私我	公开我
潜在我	脊背我

流程2　快速思考：自己有哪些潜在的能力？

主题二 我最看重什么——职业价值观探索

活 动 概 览

活动目标	了解职业价值观的分类和影响职业价值观的因素,掌握澄清核心价值观的方法,树立正确的职业价值观
课堂活动	活动一:一分钟的畅想 活动二:我的价值观清单 活动三:生命中重要的五样东西
课堂自测	自测:职业锚(职业价值观)测试
课外拓展	拓展:制作价值观分类卡

课 堂 活 动

活动一:一分钟的畅想

活动目的:
探索自己的职业核心价值观,了解影响职业价值观的因素。

活动流程:

流程1　用一分钟时间写出"我希望做……的工作",充分发挥想象,尽可能多写。

流程2　快速思考。

(1) 这些工作中哪三种是你最想从事的?为什么?

(2) 你认为影响你的职业价值观的因素有哪些?

(3) 无论如何,你都不会舍弃的影响因素是什么?

活动二:我的价值观清单

活动目的:
学会用自我解剖法和自我竞价法探索个人核心价值观。

活动流程:

流程1　在下面表格中填写自己的工具型价值观和相对应的终极型价值观。

我的工具型价值观	我的终极型价值观

流程2　快速思考。

(1) 你最终追求的是什么?

(2) 要实现你的终极愿望,需要借助哪些工具?

流程3　在下面表格中填写自己的追求型价值观和逃避型价值观,并标上它在你心中的价格(最高100万元)。

序号	我的追求型价值观	价格	我的逃避型价值观	价格
1				
2				
3				
4				
5				

流程4　快速思考。

(1) 通过区分、排序和标价,你认为你的核心价值观是什么?

(2) 这样的核心价值观对你的职业选择有什么影响?

活动三：生命中重要的五样东西

活动目的：

学会探索自己的核心职业价值观。

活动流程：

流程1　每个人参照自己的价值观列表,从中挑选出五个对自己来说最重要的价值观,分别写在五张小纸条上。如果你认为重要的价值观没有列出,则可以另外补充。

享用不尽的财富	健壮有力的身体	靓眼耀人的爱人
天使面容与身材	幸福美满的家庭	超级豪华的房子
一生平淡的爱情	一帆风顺的事业	博学多闻的知识
刻骨铭心的爱情	发挥所长的工作	如松如柏的寿命
真挚热忱的友谊	无人能及的学历	环游世界的机会
完美无瑕的关系	高潮迭起的人生	一呼百应的影响
优异无比的成绩	与世无争的生活	服务他人的真心
……	……	……

流程2　给每条对你来说很重要的价值观下定义,并在纸上写清要达到什么样的水平你才能满意? 不同的人对同一种价值观的定义可能并不相同。例如,对于"物质保障"的理解,有的人认为是月薪至少6 000元;也有人可以接受月薪4 000元的工作,但一定要有完善的社会保障。

流程3　假设现在你不得不放弃其中的一条,你会放弃哪一条? 将写有你准备放弃的价值观的纸条与他人进行交换。

流程4　保留刚才别人换给你的纸条,放在一边。现在,如果你不得不继续放弃剩下四条中的一条,那么你会放弃哪一条? 再次与他人进行交换。

流程5　继续下去,直到最后一条。你无论如何也不愿放弃的是_____。

流程6　快速思考。

(1) 通过这个活动,你对自己的价值观有什么样的了解或想法?

(2) 你的价值观会对你的职业选择产生什么样的影响?

(3) 他人的价值观会对你的生活有什么样的影响?

课 堂 自 测

自测:职业锚(职业价值观)测试

课 外 拓 展

拓展:制作价值观分类卡

拓展目的:

学会制作价值观分类卡,探索个人职业价值观。

拓展流程:

流程1　制作"职业规划分类卡(扑克牌大小的卡片)",列举50项重要且常见的价值观并写在卡片上,根据自己的感觉快速地将价值观卡片按"一直重视""常常重视""有时重视""很少重视""从不重视"进行分类。"一直重视"的卡片不能超过八张。要根据自己的感觉来分类,不要考虑别人的想法,或他们希望你怎么选择,因为需要明确的是什么对你而言最为重要。

流程2　将每个类别中的卡片排序,将你认为最重要的卡片放在顶端,其他依次按重要程度降序排列。

流程3　思考你此前的职业决策和你认为重要的价值观,分辨你的价值观是支持、否定或匹配你的职业决策,还是与你的职业决策完全无关。请回答下列问题。

(1) 我根据职业规划分类卡所挑选出的重要价值观是:

_____

(2) 我根据职业规划分类卡所挑选出的不重要价值观是:

_____

(3) 我根据职业规划分类卡所挑选出的居于中位的价值观是:

_____

职业锚测试

主题三　我能够做什么——职业能力探索

活 动 概 览

活动目标	了解职业能力分类和不同类型的职业所应具备的素质,学会挖掘个人职业能力,掌握职业能力的培养方法
课堂活动	活动一:巴菲特的职场规划 活动二:最成功的五件事
课堂自测	自测:职业能力倾向测试
课外拓展	拓展:不同职业类型的素质要求

课 堂 活 动

活动一:巴菲特的职场规划

活动目的:

理解职业能力对职业发展的作用,探索职业能力的培养途径。

活动流程:

流程1　阅读故事。

世界著名投资大师巴菲特小时候是一个内向且敏感的孩子,无论是读书成绩还是在生活中的表现,他都与一般孩子有明显区别。许多人嘲笑他行动、思维缓慢,他却将这一弱点转化为自己最大的优点——耐心;同时,他发现自己对数字敏感,并对其充满兴趣。在27岁之前,巴菲特尝试过很多工作,但最终他结合自己的优点——耐心、对数字敏感,将自己的职业发展定位为一名投资家。

在明确的职业规划的引导下,巴菲特拒绝了许多外来的诱惑,也承受了许多压力,坚定不移地按照自己的职业发展道路前进,最终成就一番事业。

流程2　快速思考。

(1) 什么样的职业能力让巴菲特获得了事业上的成功?

(2) 职业能力对个人职业发展有什么作用?

活动二:最成功的五件事

活动目的:

了解自己的职业能力,掌握培养职业能力的方法。

活动流程:

流程1　写出生活中你做得最成功的五件事。

(1)

(2)

(3)

(4)

(5)

流程2　快速思考。
(1) 是什么能力帮助你成功完成这些事情的?
(2) 你认为应如何培养自己的职业能力?

课 堂 自 测

自测：职业能力倾向测试

课 外 拓 展

拓展：不同职业类型的素质要求

拓展目的：
明确职业素质的重要性，了解不同职业类型的素质要求，努力提高个人的职业素质。

拓展流程：
流程1　通过各种渠道收集不同职业类型的素质要求。

职业类型	素质要求
科研型	
管理型	
事务型	
工程型	
文化型	
社会型	
其他	

流程2　选择自己倾向的职业类型，对照该类型的职业素质要求，明确自己还有哪些不足，应努力提高哪些职业素质。

职业能力倾向测试

主题四　我喜欢做什么——职业兴趣探索

活 动 概 览

活动目标	认识兴趣、探索兴趣、培养兴趣，学会根据自己的兴趣特点选择适合自己的职业及发展道路
课堂活动	活动一：你的兴趣清单 活动二：职业兴趣岛
课堂自测	自测：霍兰德职业倾向测验量表
课外拓展	拓展：小陈的职业兴趣

课 堂 活 动

活动一：你的兴趣清单

活动目的：

根据回答来探索自己的兴趣倾向，进而掌握了解自己职业兴趣的方法。

活动流程：

流程1　回答问题。

问题	回答
你的爱好是什么？	
你喜欢谈论什么话题？	
你喜欢和什么样的人一起谈论？	
你喜欢阅读什么类型的书籍或杂志？	
微信公众号中什么主题的文章令你感兴趣？	
你喜欢浏览哪些网站？	
你会选择看哪一类的电视节目？	
当查看教科书目时，你对哪个学科感兴趣？	
如果你要写一本书，不是你的自传也不是别人的传记，那么你想写哪方面的书籍？	
什么工作让你专注到废寝忘食？	
过去你做过什么自己真正喜欢的事情？	

流程2　快速思考。

(1) 对你的兴趣清单进行整理、归纳和分析。

(2) 你认为自己的职业兴趣倾向是什么？

(3) 你还知道哪些方法可以了解自己的职业兴趣？

(4) 你会根据自己的职业兴趣选择职业吗？为什么？

活动二：职业兴趣岛

活动目的：
探索职业兴趣的类型，了解使用职业兴趣探索职业分类的注意事项。

活动流程：

流程1　假如给你一次机会到某个岛屿定居，有以下六个风格各异的岛屿供你挑选。

1号——R岛：自然原始的岛屿，岛上保留热带原始植物森林，自然生态保护做得很好，有一定规模的动物园、植物园、水族馆。岛上居民以手工见长，自己种植花果蔬菜、修缮房屋、打造器物、制作工具。

2号——I岛：深思冥想的岛屿，岛上人迹较少，建筑物多僻处一隅，有平畴绿野，适合夜观星象。岛上有多处天文馆、科博馆和科学图书馆等建筑。岛上居民喜好深思、追求真知，喜欢跟各国哲学家、科学家、心理学家交换心得。

3号——A岛：美丽浪漫的岛屿，岛上有多个美术馆、音乐馆，弥漫着浓厚的艺术文化气息。同时，当地的居民保留了传统的舞蹈、音乐与绘画，许多文艺界的朋友喜欢来这里寻找灵感。

4号——S岛：温暖友善的岛屿，岛上居民个性温和、十分友善、乐于助人，社区自成一个密切互动的服务网络，人们多互助合作，重视教育、关怀他人，充满人文气息。

5号——E岛：显赫富庶的岛屿，岛上居民热情豪爽，善于企业经营和贸易。岛上的经济高度发展，处处是高级饭店、俱乐部、高尔夫球场，来者多是企业家、经理人、政治家、律师等。

6号——C岛：现代井然的岛屿，岛上建筑物十分现代化，是进步的都市形态，以完善的户政管理、地政管理、金融管理见长。岛上居民性格保守，处事有条不紊，善于组织规划。

流程2　不考虑其他因素，凭自己的兴趣选出你最想前往的岛屿。

A. R岛　　B. I岛　　C. A岛　　D. S岛　　E. E岛　　F. C岛

流程3　将答案相同的学生分在一组，快速讨论。

(1) 选择该岛屿的原因是什么？
(2) 你们各自的意向职业是什么？有什么共同点？
(3) 你认为根据职业兴趣选择职业要注意哪些问题？

课 堂 自 测

自测：霍兰德职业倾向测验量表

课 外 拓 展

拓展：小陈的职业兴趣

拓展目的：
了解兴趣对学习的作用，理解职业兴趣对职业选择的影响，明确根据职业兴趣进行职业选择时应该注意的问题。

［自测］

霍兰德职业倾向测验量表

拓展流程:

流程1 阅读案例。

小陈是某职业技术学院管理系会计与审计班的大一学生,她从小到大都乐于帮助老师承担管理班级的助理工作,热心助人,是大家公认的好班长,但遗憾的是她对数字、计算或符号等不敏感,也不喜欢。在学习了职业生涯规划课程后,她认识到自己的职业兴趣偏向于人际交往方面。

流程2 快速思考。

(1) 按照小陈的职业兴趣特点,她更适合哪些工作?
(2) 小陈所学的专业与个人兴趣不匹配,你建议她怎么做?
(3) 你认为运用职业兴趣进行职业选择时应注意什么问题?

主题五 我适合做什么——职业性格探索

活 动 概 览

活动目标	了解职业性格的分类,掌握性格测试的方法,认识自己的气质和性格,并学会根据自己的职业性格特点选择适合自己的职业及发展道路
课堂活动	活动一:小刘为什么频繁跳槽 活动二:MBTI性格探索
课堂自测	自测一:气质类型测验 自测二:MBTI性格测试
课外拓展	拓展一:小志该如何选择 拓展二:九型人格测验

课 堂 活 动

活动一:小刘为什么频繁跳槽

活动目的:

了解性格与职业的关系,学会根据自身的性格选择适合的职业。

活动流程:

流程1 阅读案例。

小刘是个销售人员,在保险、证券、快速消费品、广告行业工作过。大学毕业后他换了很多工作,有的因为公司重组而退出,有的因为产品没有前途而离开。如今在一家公司好不容易做得有些起色了,却因人际关系上的问题,不得不再次准备跳槽。小刘不禁自嘲,自己是跳槽黄金时节的"常客",工作来得快失去得也快,他困惑:为什么在每个公司都做不长久? 细心观察后发现,小刘没有很强的说服能力,虽然他平易近人、很容易与人沟通,但是在深入的交谈后,小刘很容易为他人的想法所左右,最终忘记了自己的立场,导致拜访客户时屡屡失后,因此在做销售时业绩不好,使得他在公司重组时被解聘。

流程2　快速思考。

(1) 小刘为什么不适合做销售工作?

(2) 小刘的性格有什么特点?

(3) 你认为他适合做什么样的工作?

(4) 你是什么性格类型的人?适合做什么类型的工作?

活动二:MBTI性格探索

活动目的:

探索自己的MBTI性格类型,了解与自己性格相匹配的职业。

活动流程:

流程1　了解你的能量活动倾向。

(1) 请和你的同桌互问一个简单的问题。例如:"你喜欢哪个季节?"

(2) 观察你们回答的内容和方式,判断你们的性格倾向。

☐ E——外向　　☐ I——内向

流程2　了解你的认知方式。

(1) 请给"大海"下一个定义。

_____

_____

(2) 观察自己回答的内容和方式,判断自己的认知方式。

☐ S——感觉　　☐ N——直觉

流程3　了解你的决策方式。

(1) 假设有两个候选人A和B正在竞争"年度篮球先生"的荣誉,你是评审,阅读以下材料,你决定把奖颁给_____。

候选人A:他是一个明星队员,虽然他还是一个低年级学生,但是他赢得了许多分数,并使全队获得了年度金奖。他是天生的运动健将,并且尽力地打好每场比赛。为公平起见,必须根据赛场表现来做出选择,如果有偏袒,则会开启一个不好的先例。

候选人B:虽然不是最佳的球手,但是他付出了超出常人的努力去练球,总是拿出150%的努力打好每场比赛。每场比赛他都热情高涨,并鼓励其他队友共同努力。他是高年级的学生,因为家境问题,高中毕业后就得找份工作,而不能进入大学学习。所以,这可能是他获得这个荣誉的唯一一次机会,奖金还可以使他有机会继续读书。

(2) 观察自己做出决策的理由,判断自己的决策风格。

☐ T——思考　　☐ F——情感

流程4　了解你的行事风格。

(1) 假如下周要交一篇关于本次课程内容的学习体会,你将会怎么做?

_____

_____

_____

(2) 观察自己的做法,判断自己的行事风格。

□ J——判断　　□ P——知觉

流程 5　初步判断你的 MBTI 性格类型是_____

流程 6　快速思考。

(1) 你的性格类型适合做什么职业?

(2) 根据性格类型选择职业时需要注意哪些问题?

课 堂 自 测

气质类型测验

自测一:气质类型测验

自测二:MBTI 性格测试

课 外 拓 展

MBTI 性格测试

拓展一:小志该如何选择?

拓展目的:

学会分析、运用 MBTI 性格测验的结果来选择职业。

拓展流程:

流程 1　阅读案例。

小志是一名信息系电子信息工程技术专业的大三学生,即将走向社会,谋求自己的第一份工作。从大一到大三一直都担任班长、党支部小组长的他,克服种种难题,较好地兼顾专业学习,成绩优异,每年都获得学院奖学金。实习期间,小志进入省城一家知名通信公司,工作得到部门经理的认可。小志想成为电子技术工程师,也想在省城工作。与此同时,小志的爸爸建议他去考军校,争取进部队,或者在老家政府部门工作,声称只要小志考试通过,就可以安排好工作。对于父亲的建议,小志很纠结。通过自测,他发现自己的 MBTI 性格类型是 ISTJ 型。那么,他该如何选择、如何取舍?

流程 2　快速思考。

(1) 小志的职业性格有什么特点?

(2) 你认为小志该怎样选择自己的职业发展道路?

拓展二:九型人格测验

在你认为符合自己的陈述前面做个记号,注意遮掩每个陈述前面的数字。

9 1. 我很容易迷惑。

1 2. 我不想成为一个喜欢批评的人,但很难做到。

5 3. 我喜欢研究宇宙的道理及哲理。

7 4. 我很在意自己是否年轻,因为这是一种资本。

8 5. 我很独立自主,一切都靠自己。

2 6. 当我有困难时,我会试着不让人知道。

4 7. 被人误解对我而言是一件十分痛苦的事。

2 8. 付出比得到能让我有更大的满足感。

6 9. 我因常常设想最糟的结果而使自己陷入苦恼中。

6 10. 我常常试探或考验朋友、伴侣的忠诚。

8 11. 我看不起那些柔弱的人,有时我会鄙视他们。

9 12. 身体上的舒适对我而言非常重要。

4 13. 我能感受到生活中的悲伤和不幸。

1 14. 如果别人不能完成他的分内事,我会非常失望、愤怒。

9 15. 我时常拖延,不解决问题。

7 16. 我喜欢充满戏剧性的生活。

4 17. 我认为自己非常不完美。

7 18. 我对感官的需求特别强烈,喜欢美食、服装、身体的触觉刺激。

5 19. 当别人请教我问题时,我会巨细无遗地为他解答。

3 20. 我习惯推销自己,从不觉得难为情。

7 21. 有时我会放纵和做出激进的事。

2 22. 帮助不到别人会让我觉得痛苦。

5 23. 我不喜欢别人问我广泛、笼统的问题。

8 24. 在某些方面我有放纵的倾向(如食物、药物等)。

9 25. 我宁愿适应别人,包括我的伴侣,也不会反抗他们。

6 26. 我最不喜欢的一件事就是虚伪。

8 27. 我知错能改,但由于执着好强,周围的人还是感觉到压力很大。

7 28. 我常觉得很多事情很好玩、很有趣,人生真是快乐。

6 29. 我有时很欣赏自己充满权威,有时又优柔寡断、依赖别人。

2 30. 我习惯付出多于接受。

6 31. 当面对威胁时,我会变得焦虑,同时会对抗迎面而来的危险。

5 32. 我通常等别人来接近我,而不是我去接近他们。

3 33. 我喜欢当主角,希望得到大家的注意。

9 34. 别人批评我时,我不会回应和辩解,因为我不想发生任何争执或冲突。

6 35. 我有时期待别人的指导,有时却忽略别人的忠告径自去做我想做的事。

9 36. 我经常忽视自己的真实需要。

6 37. 在面临重大危机时,我通常能克服我对自己的质疑与内心的焦虑。

3 38. 我是一个天生的推销员,说服别人对我来说是一件容易的事。

9 39. 我不相信一个我无法了解的人。

8 40. 我爱依惯例行事,不喜欢改变。

9 41. 我很在乎家人,在家中表现得忠诚和包容。

5 42. 我被动且优柔寡断。

5 43. 我很有包容力,彬彬有礼,但跟别人的感情不深。

8 44. 我沉默寡言,不太会关心别人。

6 45. 当沉浸在工作或我擅长的领域时,别人会觉得我冷酷无情。

6 46. 我常常保持警觉。

5 47. 我不喜欢对人尽义务的感觉。

5 48. 如果不能完美地表态,那么我宁愿不说。

7 49. 我的计划比我实际完成的要多。

8 50. 我野心勃勃,喜欢挑战和登上高峰的感觉。

5 51. 我倾向于独断专行并自己解决问题。

4 52. 我很多时候都感到被遗弃。

4 53. 我常常表现得十分忧郁,充满痛苦且内向。

4 54. 初见陌生人时,我会表现得很冷漠、高傲。

1 55. 我的面部表情严肃而生硬。

4 56. 我很飘忽,常常不知道自己下一刻想要什么。

1 57. 我常对自己挑剔,期望不断改善自己的缺点,以成为一个完美的人。

4 58. 我感受特别深刻,并怀疑那些总是很快乐的人。

3 59. 我做事有效率,也会找捷径,模仿力很强。

1 60. 我做事讲道理,重实用。

4 61. 我有很强的创造力和丰富的想象力,喜欢将事情重新整合。

9 62. 我不要求得到他人太多的注意。

1 63. 我喜欢每件事都井然有序,但别人会认为我过分执着。

4 64. 我渴望拥有完美的心灵伴侣。

3 65. 我常夸耀自己,对自己的能力十分有信心。

8 66. 如果周围的人行为太过分,那么我会让他难堪。

3 67. 我外向、精力充沛,喜欢不断取得成就,这使我感觉良好。

6 68. 我是一位忠实的朋友和伙伴。

2 69. 我知道如何让别人喜欢我。

3 70. 我很少看到别人的功劳。

2 71. 我很容易看到别人的功劳。

3 72. 我嫉妒心强,喜欢跟别人比较。

1 73. 我对别人做的事不放心,总是批评一番后,自己动手再做。

3 74. 别人会说我常常戴着面具做人。

6 75. 有时我会激怒对方,引来莫名其妙的争吵,其实我是想试探对方爱不爱我。

8 76. 我会极力保护我所爱的人。

3 77. 我常常保持兴奋的情绪。

7 78. 我只喜欢与有趣的人交往,不喜欢与一些较内向的人交往,即使他们看起来很有深度。

2 79. 我常往外跑,四处帮助别人。

3 80. 有时我会因讲求效率而牺牲完美和原则。

1 81. 我似乎不太幽默。

2 82. 我待人热情且有耐心。

5 83. 在人群中,我时常感到害羞和不安。

8 84. 我喜欢效率,讨厌拖泥带水。

2 85. 使别人感到快乐和成功是我成就感的重要来源。

2 86. 付出时,别人若不欣然接纳,我便会有挫折感。

1 87. 我的肢体硬邦邦的,不习惯别人热情的肢体接触。

5 88. 我对大部分的社交集会都不感兴趣,除非那里有我熟识和喜爱的人。

2 89. 很多时候我会有强烈的寂寞感。

2 90. 人们很乐意向我叙述他们所遭遇的事情。

1 91. 我不会说甜言蜜语,但会唠叨不停。

7 92. 我常担心自由被剥夺,因此不爱做承诺。

3 93. 我喜欢告诉别人我所做的事和所知道的事。

9 94. 我很容易认同别人为我所做的事。

8 95. 我要求光明正大,不惜为此与人发生冲突。

8 96. 我很有正义感,有时会支持弱势的一方。

1 97. 我因注重细节而效率不高。

9 98. 我感到沮丧和麻木多于愤怒。

5 99. 我不喜欢那些具有侵略性或过度情绪化的人。

4 100. 我非常情绪化,喜怒哀乐多变。

5 101. 我不想别人知道我的感受与想法,除非我告诉他们。

1 102. 我喜欢刺激和紧张的关系,而不是稳定和依赖的关系。

7 103. 我很少用心体会别人的心情,只喜欢说俏皮话和笑话。

1 104. 我是循规蹈矩的人,秩序对我而言十分有意义。

4 105. 我很难找到一种我真正感到被爱的关系。

1 106. 假如我想要结束一段关系,我要么直接告诉对方,要么就激怒他从而让他离开我。

9 107. 我温和平静,不自夸,不爱与人竞争。

9 108. 我有时善良可爱,有时又粗野暴躁,很难捉摸。

(1) 计分方法:以第一个数字为准,对同一数字的选项进行标注,并统计出同一数字的选项数量。

(2) 将你的选项数量填写在下面的表格中。

数字	1	2	3	4	5	6	7	8	9
选项数量									
人格类型	完美型	助人型	成就型	艺术型	智慧型	忠诚型	活跃型	领袖型	和平型

（3）结果解释：选项数量最多的数字可能是你的类型号，具体特征和匹配的职业见本模块的理论部分。

生涯不仅要规划
更要经营
起点是自己
终点也是自己
没有人能代劳
你想过怎样的人生
完全是你的选择
只有你才能赋予生命最佳的诠释

模块三
职业知识

思想领航

在选择职业时,我们应该遵循的主要指针是人类的幸福和我们自身的完美。

——马克思

社会上崇敬名人,于是以为名人的话就是名言,却忘记了他之所以得名是那一种学问或事业。

——鲁迅

学习目标

1. 掌握职业的基本知识,了解职业声望的意义和影响职业声望的因素。
2. 了解现阶段我国职业发展的特点,为择业就业提供参考。
3. 了解实行就业准入的职业范围,了解职业资格证的有关知识,学会正确对待职业资格考试。
4. 探究专业、职业、行业三者之间的关系。

学习内容

主题一　职业的基本知识
主题二　我国职业发展变化的特点
主题三　就业准入与职业资格证书
主题四　专业、职业和行业

学习指南

1. 阅读和查阅文献,制作关于职业知识的手抄报,了解职业的基本知识。
2. 通过讨论,了解新兴的职业,分析影响职业声望的因素。
3. 通过上网调查并了解职业活动内容的变化,分析我国职业发展变化的特点。
4. 通过分析"考证热"现象,学会协调考证与学习的关系。
5. 通过分析身边的就业案例,学会理性地看待专业与职业的关系。

主题一　职业的基本知识

一、职业的含义

"职业"一词由"职"与"业"二字构成。"职",包含着社会职责、天职、权利和义务的意思;"业",包含着业务、事业、事情、独特工作的意思。"职业"是一种承担了某种责任、义务的具有行业性、专门化特点的活动。

职业有四层含义。

第一,职业与人类的需求和社会结构相关,强调社会分工。职业是劳动者获得的劳动角色,也是社会角色,劳动者必须按照社会结构中这一社会角色的规范去行事。

第二,职业与其内在属性相关,强调掌握某种专门的知识和技能。

第三,职业与社会伦理相关,强调创造物质财富和精神财富,使劳动者获得合理报酬。这表明不是任何工作都能成为职业,某项工作只有变得足够重要、丰富以至能够吸引劳动者长期稳定地投入其中才能成为职业。并且,劳动者从事这项工作时还能够获得一定的劳动报酬,从而满足劳动者的物质需求。

第四,职业与个人生活相关,强调物质生活来源于此,并能够满足精神生活需要。职业体现了劳动者的个人价值,有的人虽然薪水甚丰,却毅然辞掉了令人羡慕的工作;有的人虽然收入不高,却拒绝高薪的诱惑,从事着普通的工作。

综上所述,职业是指社会从业人员所从事的有偿工作的种类,是劳动者参与社会分工、利用专门的知识和技能、为社会创造物质财富和精神财富、获取合理报酬并满足精神需求的工作。职业存在于分工之中,在不同工作性质的岗位上,人们从事工作的目标、内容、方式与场所都有很大的差别。

二、职业的特征

职业作为社会性工作类别,具有以下特征。

（1）目的性,即职业以获得现金或实物等报酬为目的。

（2）社会性,即职业是从业人员在特定社会生活环境中所从事的一种与其他社会成员相互关联、相互服务的社会活动。

（3）稳定性,即职业在一定时期内长期存在,形式变化不是很频繁。

（4）规范性,即职业必须符合国家法律法规和社会道德规范。

（5）群体性,即职业必须具有一定的从业人数。

三、职业的功能

职业的功能是指职业活动与职业角色对人和社会的影响,主要包含职业的个人功能和职业的社会功能两个方面。

(一) 职业的个人功能

1. 职业决定着人的生活方式

职业生活使从业者进入一种社会情境,这种社会情境因职业的不同而不同。因此,职业就成为人们担任的特定的社会角色,使人们形成一定的行为模式,这种职业生涯模式将会长期影响一个人的生活方式。这里所说的生活方式包括人们的消费方式、言谈举止和其他日常生活方式。例如,健身教练非常关注自己的形体,他们锻炼肌肉、控制体重、增强体能、注重饮食,因为这些是这项职业的基本要求;花旦演员在平日里一抬手就是兰花指,因为这个动作已经成了定式;护士回到家里仍然坚持随时洗手,因为这是一种职业习惯;教授即使退休在家,但学生提出疑问,他就会帮忙解答,因为这是他的做事风格。因此,一个人长期从事某种职业,便会形成一种特定的个性心理和行为模式,即形成一种特殊的职业生涯模式。

2. 职业决定着人的劳动方式

职业作为人们参与社会生活、从事社会活动、进行人生实践的最主要形式,从多个方面深刻影响着个人的特征和境遇。不同的职业要求其从业者必须掌握不同的劳动方式或工作方式。例如,中国古代就有所谓"劳心者"和"劳力者"之分,外国也有蓝领与白领之别。

2022年7月,人力资源和社会保障部向社会公示了新修订的《中华人民共和国职业分类大典》,将我国职业归为八个大类:党的机关、国家机关、群众团体和社会组织、企事业单位负责人;专业技术人员;办事人员和有关人员;社会生产服务和生活服务人员;农、林、牧、渔业生产及辅助人员;生产制造及有关人员;军队人员;不便分类的其他从业人员。

3. 职业是人们获取利益的手段

首先,职业是个人的主要经济来源。职业作为个人获得经济收入的主要手段,提供了个人生存和维持家庭生活的物质基础。"趋利"与"避害"一样,都是生物对外部环境的必然选择,人的"趋利"更多地体现在追求高收入的职业上,这也就成为人们选择职业的主要标准。

其次,职业可获得多种非经济利益。这种非经济利益包括名誉、地位、权力、各种便利等,从而使个人获得心理满足,达到"乐业"的境地。当然,这些非经济利益最后也可能会转化为金钱或者其他形式的经济利益。

4. 职业是个人发挥才能的手段

人们从事某种特定的工作,一方面,工作要求人们具备一定的职业素质和职业能力;另一方面,工作能够使人的才能得到发挥,并成为促进人的才能和个性发展的手段。职业是一个平台,能使人的能力得到锻炼、得以发挥,进而实现人生的价值。从这个意义上讲,职业不仅是工作,人们努力工作也并不是单纯地因为钱,更是为了实现自我。正是因为这点,我们的工作才能更加出色,而不是被动应付。

5. 职业是个人为社会做贡献的途径

在全球化的时代,一个人从事某种职业,就是进入社会劳动的分工体系之中参与活动。个人在这个体系中的活动结果,就是其为社会作出的贡献。从这个角度来说,做好本职工作就是为社会作贡献。

（二）职业的社会功能

1. 职业是社会存在的内容

职业作为一种社会存在,它不仅是人的社会身份的体现,而且是人类社会存在的一个内容。职业分工及其结构是社会经济制度与社会经济结构的重要部分,是社会经济发展水平的反映。人的职业劳动能创造社会财富,为社会的存在和发展提供物质基础。

2. 职业是社会发展的动力

职业的社会运动包括职业的向上或向下或平行流动、与经济结构变化相联系的职业结构变动、不同职业阶层间的矛盾冲突及解决等,这些构成了社会发展与社会进步的动力。人类社会由科技、教育、经济和政治等多个领域构成,如科技工作者推动着科技的发展、教育工作者推动着教育事业的发展等,每种职业都对人类社会的发展起到了积极的促进作用。在当今的社会,每项主要的工作、每种重要的劳动及社会活动都有与之相应的职业。正因为如此,就业不仅是个人发展的主要方式,还是为人类、为社会作出贡献的重要方式。

3. 职业是社会安定的手段

职业是人的重要生活方式,"安居乐业"是人们的共同愿望。政府在就业方面制定的种种政策、制度都是为了减少社会问题,实现各种社会目标,促进社会的稳定。

四、职业的分类

社会分工是职业分类的依据。在分工体系的每个环节上,劳动对象、劳动工具及劳动的支出形式各有其特殊性,这种特殊性决定了各种职业之间的区别。世界各国国情不同,其划分职业的标准也有所区别。

（一）西方对于职业的划分

1. 依据脑力劳动和体力劳动的性质、层次进行分类

依据脑力劳动和体力劳动的性质、层次,西方国家把工作人员划分为白领工作人员和蓝领工作人员两大类。

白领工作人员包括从事专业性和技术性工作的人员、农场以外的经理和行政管理人员、销售人员、办公室人员。

蓝领工作人员包括手工艺及类似的工人、非运输性的技工、运输装置机工人、农场以外的工人、服务性行业工人。

依据脑力劳动和体力劳动的性质、层次进行分类的方法明显地表现出职业的等

级性。

2. 依据心理的个别差异进行分类

根据美国著名的职业指导专家霍兰德创立的"人格－职业"类型匹配理论，人格类型可以分为六种：现实型、研究型、艺术型、社会型、企业型和常规型。与其相对应的是六种职业类型。

3. 依据职业的主要职责或从事的工作进行分类

依据职业的主要职责或从事的工作进行分类的方法较为普遍，以下主要介绍两种分类。

(1) 国际标准职业分类。它把职业由粗至细分为四个层次，即 8 个大类、83 个小类、284 个细类、1 506 个职业项目，总共列出职业 1 881 个。其中 8 个大类是：专家、技术人员及有关工作者；政府官员和企业经理；事务工作者和有关工作者；销售工作者；服务工作者；农业、牧业、林业工作者及渔民、猎人；生产和有关工作者、运输设备操作者和劳动者；不能按职业分类的劳动者。这种分类方法便于提高国际职业统计资料的可比性，进而促进国际交流。

(2) 加拿大的《职业岗位分类词典》中的分类。它把分属于国民经济中主要行业的职业划分为 23 个主类，主类下分 81 个子类、489 个细类、7 200 多个职业。这种分类方法对每种职业都有定义，逐一说明了各种职业的内容及从业人员在教育程度、职业培训、能力倾向、兴趣、性格及体质等方面的要求，有较高的参考价值。

(二) 我国对于职业的划分

在我国，根据不同部门公布的标准分类，主要有以下两种分类。

1. 依据工作性质的同一性分类

2022 年 7 月，人力资源和社会保障部向社会公示了新修订的《中华人民共和国职业分类大典》。此次修订工作是 2021 年 4 月由人力资源和社会保障部、国家市场监督管理总局、国家统计局联合启动的，也是自 1999 年颁布首部国家职业分类大典以来的第二次全面修订。此次修订围绕数字经济、绿色经济、制造强国和依法治国等要求，专门增设或调整了相关中类、小类和职业，将全国范围内的职业划分为 8 个大类、79 个中类、449 个小类、1 636 个细类（职业）、2 967 个工种。

2. 依据职业所属行业分类

于 1984 年发布，并于 2017 年第四次修订的《国民经济行业分类与代码》主要按企业、事业单位、机关团体和个体从业人员所从事的生产或其他社会经济活动的性质的同一性分类，即按其所属行业分类，将国民经济行业划分为门类、大类、中类、小类四级，包括 20 个门类、97 个大类，具体如表 3-1 所示。

【小贴士】

《中华人民共和国职业分类大典》修订情况

五、职业声望

职业声望是人们对职业在社会活动中的地位的主观判断，它与职业地位息息相关，职业地位影响着职业声望，没有职业声望，职业地位也就无从谈起。

表 3-1　国民经济行业分类中的门类和代码（2017 版）

A	B	C	D
农、林、牧、渔业	采矿业	制造业	电力、热力、燃气及水生产和供应业
E	F	G	H
建筑业	批发和零售业	交通运输、仓储和邮政业	住宿和餐饮业
I	J	K	L
信息传输、软件和信息技术服务业	金融业	房地产业	租赁和商务服务业
M	N	O	P
科学研究和技术服务业	水利、环境和公共设施管理业	居民服务、修理和其他服务业	教育
Q	R	S	T
卫生和社会工作	文化、体育和娱乐业	公共管理、社会保障和社会组织	国际组织

那么，什么样的职业才是好职业呢？

中国青年报社会调查中心曾通过民意中国网和益派咨询，对 2 003 人进行一项调查。结果显示，在受访者看来，当下社会声望最高的 5 个职业依次是：科研人员、大学教授、工程师、医生、律师。78.9% 的受访者认为自己所从事的职业的社会声望一般或较低，41.3% 的受访者不愿意子女从事自己现在的职业。

(一) 职业分层

职业分层以职业地位和职业声望为划分依据，是社会公众自发的、认可的，虽然没有法律效力，也不具备绝对权威，但直接体现了公众对不同职业在社会上的地位差异的判断。职业分层与横向的社会职业分类不同，它是社会职业等级的纵向排序。高社会地位的职业对劳动者有明显的吸引力，可以激励劳动者不断追求、不断完善，进而实现自我发展。

当然，社会在进步，职业多元化使职业声望和职业分层随之变化，职业在收入、权力、声望三要素面前基本呈一致性，但没有一种职业声望在各方面具有绝对的优势。例如，大学教授位居上海职业声望排行榜的第 1 位，但这种职业的综合排名却列在第 14 位；科学家在职业声望排行榜上的第 2 位，而该职业的综合排名为第 16 位；歌手的职业声望排名为第 21 位，而这种职业的收入排名为第 1 位，它的综合排名则为第 11 位。

(二) 影响职业声望的因素

收入高、权力大的职业更受人关注，这似乎合乎情理。然而，除了财富和权力，职业的兴趣、职业的发展潜力、职业流动的概率，这些个人目的强烈的因素也会左右人们对职业声望的判断。此外，劳动环境条件、安全感和历史传统等因素同样会影响职业声望的高低。影响职业声望的因素主要包括以下几个方面。

1. 收入

职业的特征和目的之一就是获取报酬。当生活成本高时,收入情况就成为大多数人评判职业的第一标准。那些原来声望不是很高、但收入比较高的职业,在人们心目中的分量就会逐步提升,如房地产商、自由职业者。但是,要注意的是,同样的职业在不同的用人单位收入差距会很大。例如,同样是做职员,在普通公司和在大型国企显然不同;同样是建筑师,在建筑公司工作和在规划局供职也完全不一样;同样是电工,外资企业电工、集体企业电工、国有企业电工、私营企业电工的待遇都是不一样的。

2. 技术含量

虽然职业不分贵贱,但人们总是向往技术含量高的职业。因为这不仅代表你现在拥有着较高的教育背景和技术水平,而且代表你入职前的投入和付出,还可能代表你未来职业道路的广阔发展前景。

判断技术含量的一个简单标准就是准入门槛。例如,小商贩比百货公司经理的技术含量低;很多人都可以当 IT 工程师,但能进微软亚洲研究院的只有几百个。又如,传统百货业对营业员的职业要求不高,该职业向上的发展空间也很有限,但是,随着现代百货业的发展,营业员还需要懂现代物流等知识,于是,这个职业的地位也就相应提高了。

3. 影响力

你有能力影响别人的生活吗?若能影响,那么是用不被人察觉的方式,还是凭借显而易见的权力?

例如,一名优秀的教师对学生的影响不只是一个学期,可能是更长远的。教师的言行举止、谈吐风范、为人行事、思想心态就像春雨一样"润物细无声",引导学生走光明的大道。类似这样能真正影响别人生活的职业声望较高。

4. 可持续性

一个职业是否拥有吸引力,在很大程度上取决于它能干多久。人们常说"中医越老越吃香,会计越老越值钱",其实指的就是这个职业被社会认可的长久性。一个职业发展越具有可持续性,它的职业声望就越高。有时我们看到歌手成长为唱片公司的股东,记者当上了主编,的士司机开了出租车行,主持人出版了回忆录,但这只能说明他们利用职业资源成功转行,并不能代表原来职业的可持续性。

(三)了解职业声望的作用

对职业声望进行排名并不是要把职业分成三六九等,或是用好和坏的标准衡量职业,其意义在于为社会中个体的职业流动提供指导。对于面临择业和跳槽的职场中人而言,职业声望榜提供的只是一种导向。一般而言,声望越高的职业越受人们的青睐。这些职业会成为大多数人的奋斗目标,而从事这些职业的人们也将成为其他人行动的参照群体。人们总是会在力所能及的范围内尽量选择职业声望更高的职业,同时在追求的过程中充实自己,使自身满足从事该职业的要求。而人们向上流动的积极性也将推动整个社会的发展。

职业地位排行榜有指导意义,但它只是对特定时间段内职业的评估,不是职业预测。例如,某个职业预计几年内还需要多少从业者、需要怎样的从业者,这是在职业声望调查中无法清楚知道的。

中国正处于转型时期,人们对职业声望的评价和判断有着多元化的标准,这也导致人们在择业时,财富、兴趣、权力等各个因素之间容易产生冲突,造成职业流动的盲目性。对职业声望的过度倚重会导致人们进入择业的误区,职业声望榜中如果包含了个人对职业的主观评价,将会在个人择业时产生误导,造成"选择性失业"。当大学生过分追求高声望职业时,往往会高不成低不就,而这也是职业声望榜造成的负面影响。

对那些找工作的年轻人来说,他们很容易关注在排行榜中排名比较高的职业,对某些职业展开激烈竞争,往往忽略了一些正需要大量人才的新兴产业,而这些产业很可能产生未来排行榜上排名比较靠前的职业。

主题二　我国职业发展变化的特点

一、传统职业消失，新兴职业产生

职业从其产生开始，随着生产力和社会分工的发展，一直处在变化之中，有的兴起，有的消亡，有的繁荣发达，有的凋零衰败，各自经历着不同的命运。在职业产生初期，职业种类少、发展缓慢。随着社会的发展，职业种类逐渐增加。

（一）传统职业逐渐消失

职业与经济、社会的发展水平密切相关。近年来，在新兴职业不断产生的同时，一些传统职业的内容不断发生变化，很多旧的技术、手艺已经不再被人们需要，导致靠这些谋生的人纷纷转行，另谋他业。于是，在不知不觉中，一些传统职业在萎缩、消失，悄悄退出历史舞台。

职业种类的发展历程

那些消失的职业很多是人们熟悉的传统行当。旧时的制衣做鞋、锔锅补盆、修钢笔、裱糊的手艺人，专门抄写文字材料的抄写工，穿梭在小巷里卖热水的烧水工等，早已难觅踪影，成为人们记忆中模糊的风景。送煤工、淘粪工、补锅匠等一些传统行当也逐渐淡出市场，而家用产品维修业也面临整合与消亡。

（二）新兴职业应运而生

新兴职业的产生是国家经济发展的结果，为人们提供了巨大的就业市场。过去，人们对CEO（Chief Executive Officer，首席执行官）、CCO（Chief Cultural Officer，首席文化官）这样的词语闻所未闻，但如今，它们已经是市场经济中深受欢迎的高级职位了。在中国，新兴职业正以惊人的速度产生着。新兴职业的不断涌现像一道道亮丽的风景，为人们的生活带来了方便和实惠。

1. 生动有趣的新兴职业

在国内有些地方出现的一些新兴职业非常有趣。例如，职业衣橱师的主要职责是帮助人们整理衣橱，淘汰或改良旧衣服，添置新服饰，并为人们搭配或设计出席不同场合的服饰；信用管家也深受市场欢迎，其主要职责是帮助企业进行市场信用调查、评估和提供管理咨询等；还有为你和你的家人身体健康考虑而每天帮你定制菜谱的配餐师。此外，宠物保姆、孕妇指导师、育婴师、房地产置业设计师、私人形象顾问、商业谈判服务师、楼房模型制作、私人语伴、宠物心理医生、宠物营养师等都是新兴职业，可见新兴职业的种类之多。例如，在汽车服务行业中，深圳聚集了不少全国一流的人才，有汽车陪驾师、汽车交易咨询师、私家汽车保养师等。

2. 高薪的新兴职业

海底职业潜水采珠，一年只需工作两个月，就可以拿到高达78万元人民币的报酬。

89

但这是一项很危险的工作,经过训练的采珠人在距海面约 30.5 米以下的地方工作,从海底采集贝类,如牡蛎。一个有 6 年潜艇烹饪经验的厨师一年最高能挣到约 164 万元人民币,和高技术人才的收入差不多。在全世界条件最严酷的地方工作的油气潜水员不仅要观测正在采油的水下区域,还要具备专业技术及充足的体力,他们须检查和安装设备,焊接或铺设管道,即使在恶劣的天气、危险的环境下也得完成潜水和维修工作,并且长期与家人分居,工作还需要特殊认证,这些条件都让油气潜水员的薪水高涨。

陆地上也有很多非传统的工作。随着一些新兴酒店的不断发展,社会上出现了一种新职业——试睡员。他们首先需要寻找一些极具特色的酒店入住,体验酒店的各种设施,拍摄相应的照片,针对酒店的衣、食、住、行等情况写一篇优质的试睡测评,为广大消费者提供参考。

在高端和高压力场合之外,人们同样可以找到高薪工作。我国台湾的芳香治疗师一年可获得 20 余万元人民币的收入,虽然薪资看上去并不高,但日常工作相对轻松。一个有抱负的芳香治疗师需要得到国际专业芳香治疗师协会的认证,必须掌握超过 100 种香精油的使用方法,并能迅速辨析。陪购属于新型高薪职业,即跟随客户出入商场或到任何一个城市购物,协助挑选适合客户的物品并负责砍价和拿包,工资按小时计算,每小时 80 元甚至更高。催乳师专门负责给新产妇催奶,月薪相当高,在北京月薪 1 万元左右,并且在市场上供不应求。

这些职业在国内外悄然兴起,各有特色,但他们都有共同的特点,那就是有一定的市场需求,从事该职业的人在此方面有突出的能力,并在其他人关注或尝试之前,率先进行市场化开发。

3. 具备发展潜力的新兴职业

新兴职业体现了社会经济的新动向,代表了职场新风向,也预示了人才市场在未来一段时间内的需求走势。我们对近年来的职业"新兵"进行了群体扫描,不难发现,其中几大"族群"蕴藏着新的发展机遇。

(1)"创意族":设计类职业红红火火。

在新兴职业中,与"设计""策划"等直接相关的职业数量最多,粗略统计有 20 多个,加上以设计、策划为主要工作职能的新兴职业有近 30 个,占总量的三成多,并且分布的行业领域十分广泛。例如,形象设计师、首饰设计制作员、景观设计师、建筑模型设计制作员等。如今各行各业都更加强调知识产权,强调自主研发、设计,因此这类岗位从业者将成为未来几年职业市场的弄潮儿。在传统的制造业领域,设计师是现代企业参与市场竞争的关键人物。在新兴行业领域,如会展、景观设计等行业,设计师的价值也早已得到市场认可。

(2)"顾问族":分析、评估类职业崭露头角。

在信息时代,信息就是价值。专门为个人、企业、社会提供各类信息分析、咨询、价值评估等专业顾问式服务的新兴职业开始引人注目。这类职业的从业者以收集、整合、分析各行业的信息为主要工作内容,为个人、企业和社会提供经过加工和提炼的有价值的信息,并从中获取收益,如职业信息分析师、黄金投资分析师、农业技术指导员、灾害信息员甚至个人形象顾问等。随着专业服务类产业的发展,这类新兴职业受到人们前所未有的重视和追捧。

(3)"科技族":IT技术职业风华正茂。

IT及其相关产业的快速发展催生了一大批新兴职业,这类新兴职业的从业者均具备良好的计算机操作、编程及应用能力,活跃在IT产业或传统产业的数字技术部门。他们以计算机、网络、软件等数字产品作为生产工具,与计算机和网络为伴,如数字视频(Digital Video,DV)策划制作师、智能楼宇管理师、计算机软件产品检验员、可编程控制系统设计师等。信息化已经成为全球范围内的发展趋势,需要大批掌握先进技术的优秀人才。

(4)"保健族":营养、健康类职业异军突起。

随着人们对自身、家庭、环境健康、安全的日益关注,加上工作、生活压力大,亚健康和慢性病肆虐,使得"保健族"等职业的市场需求渐长,拥有良好的发展前景,如健康管理师、公共营养师、医疗救护员、水产品质量检验员、芳香保健师、宠物健康护理员等。这一领域中的很多新兴职业在中国刚刚起步,是朝阳产业。目前来看,这类职业在大中型城市起步较早,市场需求较大,职业环境更为成熟。

4. 新兴职业的不同特点

很多人十分看好新兴职业潜在的就业空间,但目前的情况只能说明现在这类职业具有一定的规模,这种职业的收入、工作环境、职业前景、职业的生命力、职业生命周期等都还是未知数。人们在选择新兴职业的时候,要分析其是否与自己的经历、爱好匹配。

有的新兴职业还处于比较尴尬的地位。例如,公关人员每天忙于与一些单位和个人沟通信息、联络感情,容易使人产生误会,甚至有的公关人员不敢在熟人面前讲出自己的职业。有的新兴职业尚处于地下状态,还不被社会大众认可,如网络游戏职业玩家,他们主要是借助自己熟练的技术,通过售卖从游戏中得到的虚拟装备来获取报酬。有的新兴职业不太稳定,如自由撰稿人、陪购员、代驾司机等。这些工作一般没有固定的工作单位、工作时间,也没有稳定的收入。当然还有一些新兴职业比较成熟,前景较好,如游戏测试员、汽车模型工、景观设计师、插花师、茶艺师等,这些职业能提供的岗位较多,可以大力开发。

二、职业分类由简单到精细

职业的产生是社会分工的结果。社会分工具有三个层次,即一般分工、特殊分工和个别分工。一般分工划分出第一产业、第二产业、第三产业;特殊分工划分出不同的行业;个别分工划分出职业岗位。以农业为例,在早期,农业既是社会分工中一个最大的生产领域,又是人们从事的一种职业。到了后来,农业分为种植业与其他农业,形成既有分工又有联系的不同职业。到了现在,种植业又分为粮食作物种植业、经济作物种植业、蔬菜瓜果种植业、果树种植业、茶桑种植业等;还有其他为农业服务的职业,如生产化肥、塑料薄膜的职业等。

随着社会需求的增加、技术的发展,以及产业的细分,社会分工越来越细化,职业种类已远非"三百六十行"所能概括。

1. 职业分类越来越细

职业分类越来越细,导致社会分工越来越明确,对从业人员的专业要求也越来越高。例如,银行职员这个职业现已有了更进一步的专业化划分,出现了资金交易员、资金结算人员、清算人员等一些过去没有的职业。再如,计算机出现后,有了硬件、软件操作员,专门的计算机教师,计算机销售、维修人员等不同的职业。随着策划风潮此伏彼起,以"策划"为主要工作任务的职业就非常之多,如商务策划师、会展策划师、数字视频策划制作师、房地产策划师等。养宠物的人越来越多,与宠物有关的新职业也随之增多,如宠物健康护理员、宠物医师等。

2. 职业的标准化程度提高

现如今,职业的标准化程度不断提高,越来越与国际职业发展接轨。例如,我们把以前的供销员改为市场营销员;企业和公司负责人也不再笼统地称为厂长或经理,而演变出不同的层级,如董事长、总经理(总裁)、总监、部门经理、项目经理等。

三、职业活动的内容不断弃旧更新

同样的职业在不同的时代,工作内容会有很大的变化。旧的业务知识、技术方法过时了,就会被新的业务知识、技术方法取代。20 世纪 50 年代社会主义改造后,一些旧的职业消失,现在随着市场经济的蓬勃发展,这些职业重新兴起,并向着更加规范的方向发展。

(一) 技工类职业重发新枝

"白领热"曾使技工类职业一度被人们冷落,随着办公室岗位竞争的白热化,加上技工类岗位就业环境的日渐改善、技术含量的提升,以及薪资、福利待遇的进一步提高,白领与蓝领之间的差距逐渐缩小,技工类职业重回人们的视线。技工类岗位的职业稳定性相对较高,有利于个人的长期发展。因此,一些城市在发展新兴领域时,技工类职业也被纳入,如锁具修理工、汽车模型工、激光头制造工、小风电利用工、霓虹灯制作员、数控机床装调维修工、轮胎翻修工、城市轨道接触网检修工、陶瓷工艺师、糖果工艺师、集成电路测试员等。

(二) 老职业新内容

有些职业的名称虽然没有变,但工作内容和知识结构已经更新,还对从业者的教育背景、操作技能提出了很高的要求。例如,刑事警察这种职业远比 19 世纪的一般侦探要求高得多,完成任务需要掌握现代知识、具备使用现代工具的技能,要通晓法学、法律和犯罪心理学,掌握侦探技术、电子技术、鉴定技术、擒拿技术、驾驶技术等。再如,设计院的工程师以前使用图板、尺子、画笔等工具画出图纸,而随着计算机的广泛应用,现已要求从业者运用 CAD(Computer Aided Design,计算机辅助设计)技术画出图纸,设计师们告别了尺子加图板的时代,工作效率得以大大提高。同样是做设计,但使用的工具发生了革命性的变化。

（三）老职业新名称

市场营销策划师所从事的工作不再是"吆喝叫卖"，营销人员已完全不同于过去企业中的推销员，反而成为从业人群中非常瞩目的一个群体；挖掘机驾驶员以前一直被混淆于普通驾驶员之中，现在被单列出来，代表对该职业的重视；房地产执业顾问被很多人称为"卖房子的"；母婴养护指导师其实是保姆；职业经纪人通俗地说就是"介绍工作的"；理发员变成了美发师；炊事员改叫烹调师、营养配餐师等。从这些职业名称的变化可以看出职业内涵的变化，而职业内涵的变化也反映了经济的发展和人们生活水平的提高。

四、职业技能的综合化和多元化

随着科学技术的发展，有些职业的专业化程度越来越高，从业者若不具备一定的专业化水平，达不到职业的要求，就不能适应职业的需要。例如，在邮电行业中，由于新技术的广泛应用，不熟悉现代电子技术的人就难以适应新的工作要求。职业除了专业性越来越强，还开始向综合化、多元化的方向发展，打破了以往每种职业都有相对固定范围的限制，不同职业之间相互交叉延伸，界限相对模糊。例如，以前的研究人员只管科研成果，但现在的很多研究人员既是研究者又是市场开拓者和经营者，有的还是管理者。从生产部门来说，现在很多企业变成一业为主、兼营他业的模式，这些企业的工作人员在一个工作岗位的同时还兼具多种职能、身份。

五、第三产业的职业数量大量增加

随着科学技术水平的提高，不少职业的"寿命"变短，职业兴衰变迁不断加剧。目前涌现出来的大批新职业，主要集中在第一、第二产业的高新技术岗位和蓬勃发展的第三产业。

从分布情况来看，新职业主要分布于基因工程、遗传工程、生态农业等高新技术领域，加工中心、环境监测、计算机辅助设计与制造、纳米材料等领域也出现大批新职业。新技术、新成果的不断推广应用，又为传统行业提供了新的发展机遇。例如，由于新技术的应用，新的生产方法和发展思路给农业这一传统产业带来了新的职业选择。

现在第三产业受到前所未有的重视，在国民经济发展中的作用也越来越大，如交通运输业、邮电通信业、商业、服务业、金融保险业、信息咨询业、租赁广告业、卫生、体育、教育培训和文化艺术等行业。我国未来大量的新职业将会在第三产业中产生，既可能产生全新的社会群体性工作，也可能由于技术更新、从业方式发生变化而产生新职业。

餐馆服务人员，饭店、旅游及健身场所服务人员，社区服务人员，商业贸易人员的人数正在急剧上升。与市场经济一同成长的各类中介服务业的兴起，催生了一大批新职业，如技术经纪人、房地产经纪人、人才中介服务人员等，这些中介职业正成为现代信息社会人们交流沟通的桥梁。随着股份制企业的出现，各类证券交易人员也日益增多，不少人半路出家，几年下来却成为行家里手。截至2024年1月，全国律师总数为70.7万人。

到2025年，全国执业律师将达到75万人。随着国家对数字经济、平台经济等不断加大支持力度，不断培育壮大消费新业态，预计未来餐饮和零售线上化率将翻4~5倍，带动即时配送行业规模的扩大，网约配送员将迎来更加广阔的职业发展前景。预计到2025年，年网约配送员的需求量约为3 000万人，市场发展对网约配送员的需求将不断增加，而且新生代劳动者将会更加偏爱自由灵活的工作模式。

六、职业的发展带来社会的变化

新职业的确立体现了中国社会生活的变化和进步，深刻地反映了我国劳务市场的需求方向。新职业发布制度的建立和实施对于促进就业和发展职业教育而言，具有毋庸置疑的引导作用。了解并分析这种变化，对于个人管理自己的职业生涯具有重大意义，对于即将走入社会的大学生尤为重要。

（一）就业观念重构

进入21世纪，随着我国改革开放的进一步深化，中国的社会形势发生了改变：我国高校实行扩招，毕业生人数逐年递增，又值政府机构精减，国有企业减员增效，就业矛盾突出，形势十分严峻。中国人历经了自主择业、竞聘上岗、下岗裁员、跳槽失业等一系列变化，人们的就业观念发生了较大的改变：在择业标准上，看重发展前景、施展才干机会、薪酬福利和工作环境；在就业认识上，逐渐打破机关、事业、企业和国有、集体、私有单位之间的等级观念；在择业意向上，由"重工轻商"转变为"工商并重"，往日不被看好的服务行业也成为择业的热门选项；在就业地点与父母所在地的距离上，对父母和他人的依赖心理淡化，"考证热""外语热""出国热"正是这种自主意识强化的证明。

当前中国社会发生着深刻的变化：数字经济快速发展，人们的价值观念更加多元化，就业形式更加多样化。特别是年轻人思维活跃，不再墨守成规，在就业方面越来越有自己的主见。加上政府倡导"大众创业、万众创新"等政策，越来越多的人选择自主创业。近几年还出现了"慢就业"的概念，是指家庭条件不错的大学生毕业后不急于就业，而是选择贫困山区支教等实践方式，积累经验、了解社会，为之后更好地就业打下基础。

对于个人而言，职业始终在三个层次上体现出价值：谋生价值（安身立命）、上行价值（未来发展）和体验价值（幸福和成就感等）。一个能给人们带来幸福和成就感的职业会享有很高的声望，但问题的关键是，到底什么样的职业才能让从业者拥有幸福和成就感，确保其拥有良好的社会声望呢？这是新时期每个人都会思考的问题，也是我们这个时代的职业困惑。

（二）职业地位获得的途径多样

在今天的职场上，个人的职业发展、职业社会地位的获得越来越多地依赖于知识、技能、态度、观念等自身条件，而不是家庭出身、社会背景等外在因素，这可以看成是中国社会进一步开放的重要标志。在封闭的社会中，社会成员所获得的职业地位在很大程度上靠出身、靠家庭，如果没有一个好的家庭背景，那么单靠个人努力出人头地是十分困难的。而在开放的社会中，个人有足够的能力、付出足够的努力，一般就可以获得社会声望高、经济收入好的职业,甚至可以改变自己的命运。

如今,互联网颠覆了传统的求职方式。网络招聘以其成本低、效率高、无地域限制等特点吸引了大批求职者和企业,甚至有人认为网络招聘取代传统招聘是迟早的事。互联网也颠覆了传统的就业模式:网上开店成就了许多人的梦想;短视频的发展也带动了新的就业领域的出现。

(三) 职业流动加快

在传统的职业模式中,一个人的职业很少发生变动,通常与一位雇主保持长期的雇佣关系,即使有变化也是在组织内部,职业发展的路径和阶段相对明晰,比较程式化。在新的组织环境中,雇员们更加频繁地在组织的不同部门间流动、在不同的组织和不同的专业间流动,流动模式更加多样化,不稳定的因素也越来越多。终身依附于一个组织的固定职业不断削减,独立的、不依赖于任何组织的自由职业不断产生。传统的固定职业中有相当一部分正在被临时性工作、项目分包、外部专家、多领域的合作团队或者自由职业者所代替。在知识经济条件下,越来越多的工作涉及知识的加工而不是对物质的处理。较之制造业,知识和服务业更需要跨职能的团队活动,其工作任务更有可能交由外部的顾问或独立的专家完成。因此,现在很多企业的工作正在由那些没有在相关公司拥有固定职位的人来完成。他们通常是自由职业者,在需要时以顾问或独立专家的身份提供上门服务,或者受雇于承担了分包任务的公司。

(四) 职业成功标准多样化

传统的职业生涯成功的标准是沿着金字塔形的组织结构向上爬,担任更高的职位一般也意味着要承担更多的责任、获得更多的物质财富。但是人们越来越感到这种职业生涯目标的实现不仅受个人自身努力的影响,还受组织发展的制约。职场上成长起来的新一代对于成功职业的认知发生了很大的变化,他们更多地强调心理成就感,对地位并不十分看重,但希望工作内容更加丰富,形式具有灵活性,并渴望从工作中获得乐趣。与父辈一代相比,当代青年人的心理成就感更大程度上由自我主观感觉认定,而不仅仅来自组织对个人的认可(如晋升、加薪等)。

(五) 职业生涯规划的兴起

新职业的大量涌现提供了更多的就业岗位,个体的职业选择也有了更多的可能性,但社会的现实情况是就业的难度没有降低,反而加大了。就业难当然有多重影响因素,但是,对于职场中的个体而言,转变择业观念、提升就业能力、管理自我的职业生涯是面对新职业的最佳策略。

在计划经济条件下,个人在职业上更多的是依赖组织,很难进行真正意义上的职业生涯管理。但现在的情况完全不同,个人真正成为具有自主性的市场主体——自主择业、自主流动,自己管理自己的职业,自己掌握自己的命运。但是,自主择业并不意味着个人可以随心所欲,组织也同样拥有用人的自主权,任何一个具体的职业岗位都要求从事这一职业的个人具备特定的条件,如教育程度、专业知识与技能水平、体质状况、个人气质及思想品质等,这就产生了职业对人的选择。一个人择业的自由度很大程度上取决于这个人所拥有的职业能力和职业品质,而个人的时间、精力、能量毕竟是有限的,要使自己拥有不可替代的职业能力和职业品质,就要根据自身的潜能、兴趣、价值观和需要来选择能够发挥自身优点的职业,将自己的潜能转化为现实的价值。我们需要对自己的职业生涯做出规划和设计,对自己的职业发展负责。在不确定性增多的环境中,增强自己的终身就业能力是管理好职业生涯的关键。

主题三 就业准入与职业资格证书

一、就业准入制度

就业准入是指根据《中华人民共和国劳动法》(以下简称《劳动法》)和《中华人民共和国职业教育法》(以下简称《职业教育法》)的有关规定,从事技术复杂、通用性广,涉及国家财产、人民生命安全和消费者利益的职业(工种)的劳动者,必须经过培训,并取得职业资格证书后,方可就业上岗。实行就业准入的职业范围由人力资源和社会保障部确定并向社会发布。

职业介绍机构要在显著的位置公告实行就业准入的职业范围;各地印制的求职登记表中要有登记职业资格证书的栏目;用人单位的招聘广告栏中应有相应的职业资格要求。职业介绍机构的工作人员在工作过程中,对国家规定实行就业准入的职业,应要求求职者出示职业资格证书并进行查验,凭证推荐就业;用人单位要凭证招聘录用。

二、职业资格证书

(一) 职业资格的认定

职业资格是对从事某一职业所必备的学识、技术和能力的基本要求。职业资格包括从业资格和执业资格。从业资格是指从事某一专业(职业)的学识、技术和能力的起点标准。执业资格是指政府对某些责任较大、社会通用性强、关系公共利益的专业(职业)实行准入控制,是依法独立开业或从事某一特定专业(职业)的学识、技术和能力的必备标准。

【阅读拓展】

《国家职业资格目录(2021年版)》

(二) 职业资格证书的作用

职业资格证书制度是劳动就业制度的一项重要内容,也是一种特殊形式的国家考试制度。它是指按照国家制定的职业技能标准或任职资格条件,通过政府认定的考核鉴定机构,对劳动者的技能水平或职业资格进行客观公正、科学规范的评价和鉴定,对合格者授予相应的国家职业资格证书。

职业资格证书是表明劳动者具有从事某一职业所必备的学识和技能的证明,它是劳动者求职、任职、开业的资格凭证,是用人单位招聘、录用劳动者的主要依据,也是境外就业、对外劳务合作人员办理技能水平公证的有效证件。

(三) 职业资格证书的类型

目前各行业采用的"上岗证"大致包括三种:劳动部门颁发的具有政府"准入"效力的资格证书;行业部门认可的具有强制效力的资格认证;在行业内部有一定认可度、但不一定具有强制效力的国内外流行的各种资格认证。此外,各省市区也各自制定了一批"上岗证"。

1. 人力资源和社会保障部认证的职业资格证书

在我国,根据不同的职业,职业资格证书分为全国统一鉴定、省级人力资源和社会保障部门统一鉴定两种。目前全国统一鉴定的时间一般为每年的 5 月和 11 月。

目前人力资源和社会保障部门在 2004 年以后所颁发的职业资格证书还可以在技能人才评价工作网查询,如果查询不到,则可到考试所在地的职业技能鉴定中心的证书查询平台进行查询。如果急需核实证书真伪,则可以致电考试所在地的职业技能鉴定中心。

2. 由各个部门认证的职业资格证书

律师资格证由司法行政部门进行认证;教师资格证由教育行政部门进行认证;会计师资格证则由财政部门进行认证;导游证由当地旅游部门进行认证;报关员的认证工作由海关总署负责;等等。

3. 由各个行业协会认证的职业资格证书

行业协会不是政府机构,也不属于某个部门,而是面向全行业,为全行业服务。行业协会通过选举形成理事会来主持工作,有一些协会的工作就包括认证从业人员的资格和水平。例如,工程监理人员、住宅室内设计师、景观设计师,这些职业的认证工作由中国建筑装饰协会来完成;中国职业规划师协会负责中国职业规划师的认证工作。

4. 国际认证的职业资格证书

由于认识到了提高行业廉正和采购功能竞争力的必要性,美国商业界的有识之士于 1970 年发起并建立了美国采购协会(American Purchasing Society,APS),开始进行个人专业认证工作,该协会的主要工作目标便是为那些资质合格的专业采购人士提供专业认证服务。

美国采购协会是第一个为专业采购人员进行专业资格认证的组织,自其设立以来,协会的认证工作得到了持续的发展和提高。现今,美国采购协会的会员遍布美国和世界很多国家,其认证得到世界 157 个国家和政府的认可,其知识体系完善、职业标准先进、操作技能全面,具备良好的通用性,具有广泛的代表性和国际权威性。随着就业要求的不断提高,经过认证的专业采购人员能够从众多工作竞争者中脱颖而出。

CPPM(Certified Professional Purchasing Manager,注册职业采购经理)国际资质双认证分为三个级别,分别是注册职业采购助理(Certified Assistant Purchaser,CAP)、注册职业采购专员(Certified Purchasing Professional,CPP)和注册职业采购经理。

剑桥大学职业资格证书考试是为广大求职及在职人员提供的职业资格国际认证考试,它注重考查考生在实际工作环境中解决问题的能力。剑桥大学职业资格证书考试适合不同层次、不同背景的考生,对考生的学习深造及求职应聘具有实用价值。剑桥大学职业资格证书已被世界各地的众多大学、行业协会及企业认可,并作为入学或招聘录用的要求。如果拥有剑桥大学职业资格证书,则可直接进入大学深造,还可成为各行业协会的会员等。

三、不同级别的职业资格证书认证条件

我国职业资格证书是分等级的,共有五个等级:初级工(五级)、中级工(四级)、高级工(三级)、技师(二级)和高级技师(一级)。

参加不同级别鉴定的人员,其申报条件不尽相同。考生要根据鉴定公告的要求,确定申报的级别。一般来讲,不同等级的申报条件为:参加初级工鉴定的人员必须是学徒期满的在职职工或职业学校的毕业生;参加中级工鉴定的人员必须取得初级技能证书并连续工作5年以上,或是经人力资源和社会保障部门审定的以中级技能为培养目标的技工学校及其他学校的毕业生;参加高级工鉴定的人员必须取得中级技能证书5年以上、连续从事本职业(工种)生产作业不少于10年,或是经过正规的高级技工培训并取得了结业证书的人员;参加技师鉴定的人员必须是取得高级技能证书,具有丰富的生产实践经验和操作技能特长,能解决本工种关键操作技术和生产工艺难题,具有传授技艺能力和培养中级技能人员能力的人员;参加高级技师鉴定的人员必须是任技师3年以上,具有高超精湛技艺和综合操作技能,能解决本工种专业高难度生产工艺问题,在技术改造、技术革新及排除事故隐患等方面有显著成绩,而且具有培养高级工和组织带领技师进行技术革新和技术攻关能力的人员。

四、大学生应该如何面对职业资格考试

由于考证市场复杂、证书种类繁多及热点不断转移,考证规划成为大学生必须要面对的一门新功课。什么样的证书适合自己考?如何考?选择在什么阶段考?这些问题都值得思考。

【小贴士】

双证书制度

高等职业教育双证书制度,即高等职业院校的毕业生应取得学历和技术等级或职业资格两种证书的制度。高等职业教育实行双证书制度势在必行,这是高等职业教育自身的特性和社会的需要所决定的。

一、实行双证书制度有法律依据和政策保证

2022年4月20日修订的《职业教育法》规定:"实施职业教育应当根据经济社会发展需要,结合职业分类、职业标准、职业发展需求,制定教育标准或者培训方案,实行学历证书及其他学业证书、培训证书、职业资格证书和职业技能等级证书制度。"并明确:"学业证书、培训证书、职业资格证书和职业技能等级证书,按照国家有关规定,作为受教育者从业的凭证。"这为实行双证书制度提供了法律依据。

二、实行双证书制度是社会人才市场的要求

随着社会主义市场经济的发展,社会人才市场对从业人员素质的要求越来越高,特别是对高级技术人才的需求更讲究"适用""效率"和"效益",要求应职人员职业能力强、上岗快。这就要求高等职业院校的毕业生在校期间就要完成上岗前的职业训练,具有独立从事某种职业岗位工作的职业能力。双证书制度正是为达成此目的而探索的教育模式,职业资格证书是高等职业院校毕业生职业能力的证明,谁持有的职业资格证书多,谁的从业选择性就大、就业机会就多。

三、实行双证书制度是高等职业教育自身的特性

高等职业教育是培养面向基层生产、服务和管理第一线的高素质技术技能人才。双证书是高素质技术技能人才的知识、技能、能力和素质的体现和证明,特别是技术等级证书或职业资格证书,它们是高等职业院校毕业生能够直接从事某种职业岗位的凭证。因此,实行双证书制度既是高等职业教育自身的特性,也是实现培养目标的要求。

(一) 职业资格考试火爆

"你在考什么?"这成了许多求职者见面时互致的问候语。目前的就业形势越来越严峻,人们纷纷以参加各种资格考试、获取资格证书来增加自己的竞争筹码。据2022年度人力资源和社会保障事业发展统计公报统计,截至2022年年末,全国共有职业资格评价机构6 314个,职业技能等级认定机构30 315个,职业资格评价或职业技能等级认定考评人员64.4万人。全年共有1 466.5万人次参加职业资格评价或职业技能等级认定,1 234.3万人次取得职业资格证书或职业技能等级证书,其中35.6万人次取得技师、高级技师职业资格证书或职业技能等级证书。

(二) 职业资格证书不是万能的

在结构化面试和整体测评还没有被各大企业人力资源部广泛应用的时候,职业资格证书无疑是求职者最为重要的砝码。但是,现在拥有职业资格证书并不能保证企业对你的认可,即使是名牌大学的博士学位证书也只是获得笔试资格的一块敲门砖而已,更何况是职业资格证书呢?若没有真本事,即使是怀揣无数个职业资格证书,也可能在笔试或者某一轮面试中被淘汰掉。可见职业资格证书并不是万能的。

实际上,绝大多数企业是两手抓,职业资格证书固然要看,实际工作能力却更加重要。据宁波大学对102家企事业单位的调查显示,70%的企业主管表示,不少大学生职业资格证书虽多,但对专业知识的掌握和对综合能力的培养不够重视,有舍本逐末之嫌。大多数被访者表示希望大学生具备实践应用能力,职业资格证书则是其次。可见,职业资格证书只能表明通过了相关的考试,但持有职业资格证书的大学生有没有与之相匹配的能力,在用人单位的心中仍然是一个问号。

能否成为职业经理人,往往取决于个人的工作经验和实践,以及企业对个人的认可和考查,而职业资格证书往往不重要;面试IT工程师也只需要测试一些程序设计。面对这种类型的职位,只靠职业资格证书并不能增加自己求职的胜算。例如,连锁经营管理师这类职业,如果没有实际工作经验,那么企业一般很难给予新手相应的职

位。作为成本付出方的大学生来说,一旦遭遇这样的"不平等"待遇,往往会有很强的挫折感。

那么如何让职业资格证书发挥最大的效应呢?相应的实习经历是职业资格证书最好的搭档。一般来说,大一、大二是夯实专业基础的阶段,到了大三或大四,实习和考取职业资格证书就可以提上日程了。对于高等职业院校的学生来说,大三是考证的关键时期,倘若在职业资格证书考取的前后还能获得相应的实习经验,那么这种"刀剑合璧"的模式对于求职来说就会有更好的效果。

(三)哪类职业比较需要职业资格证书

整体来看,对职业资格证书有要求,或者表示有职业资格证书者优先考虑的职业主要是以下七类。

第一类:技术工人类,包括电工、焊工、安全员等基层操作类的职业。

第二类:建筑类,如建筑设计师、注册建筑师、造价工程师、预算工程师。

第三类:营养护理类,如营养师、护理师。

第四类:公司招聘的法律类职业,如专利代理人、法律顾问。

第五类:财会类,如理财顾问、理财咨询师。财会类的职业对职业资格证书的要求非常复杂,CFP(国际金融理财师)、CPA(注册会计师)、CFA(特许金融分析师)等的相关证书都比较常见。

第六类:外贸人员,如单证员、跟单员、业务员。

第七类:物流类,如报关员证、报检员证、单证员证、物流师证。

相对来说,这七类职业的职业资格证书含金量较高。

对于求职者来说,究竟怎样才能知道自己想考的职业资格证书有没有价值呢?其实方法很简单,上招聘网站或者各企业的招聘网页上,看看类似的岗位对职业资格证书有无具体要求,就可以知道大概的情况了。对于那些要求职业资格证书的岗位来说,求职者可以根据招聘要求做好相应的准备,提前学习相关的知识。

(四)多种职业资格证书谁是权威

很多人希望职业资格证书能对自己的求职起到帮助作用,然而,调查发现,目前市场上同一个职业往往有多个单位推出的多个认证并存,而对于考证的人们来说可真是"乱花渐欲迷人眼"。目前在上大二的某位同学说,他已经考了一个国家人力资源和社会保障部推出的国家采购师职业资格认证,但是后来上网一查,发现至少还有三个类似的认证:国际贸易中心推出的ITC采购与供应链管理国际认证、中国物流与采购联合会推出的注册采购师认证、英国皇家采购与供应学会推出的CIPS注册采购与供应经理认证。这些机构都说自己的职业资格证书很有用,然而到底谁是权威,谁更能获得用人单位的认可?采购师的证书种类繁杂多样,而其他的职业资格认证也存在种类繁多的现象。以计算机应用技能的认证为例,目前就有政府部门、商业机构等组织的数十种认证。

因此,大学生在选择认证时,一定要从职业资格证书的社会认知度和含金量两个方面来考虑。社会认知度是指证书是否被用人单位接纳、接纳程度如何,以及企业能否通

【阅读拓展】
CCDM 中国职业规划师和 GCDF 国际职业规划师课程

过证书直接确定量裁应聘者的量化机制(所谓量裁是针对应聘者的职业资格证书直接可以确定应聘者学到什么技能、该拿多少薪水等)。含金量则是指职业资格证书的定位是否准确,是否能够针对特定的技能。那些定位过于宽泛的职业资格证书,表面上对应面广,实际上用人单位会认为这些职业资格证书广而不精。

在考量职业资格证书的社会认知度和含金量的时候,除了要认真研究与职业资格证书相关的细节(如采用教材、发证部门、考核内容等),还要从外围了解这一职业资格证书的业界声誉。其中最直接的办法是通过已经工作的学长、导师或亲朋,了解这一职业资格证书在企业的实际认可度和作为求职砝码的加分效果。同时,选择权威性的考核和发证机构,也是基本的保障措施。

(五) 以正确的态度看待"考证热"

严峻的就业形势、激烈的求职竞争,让职业资格证书的作用越来越明显。高校实行的 1+X 证书制度(学历证书 + 职业资格证书)取得了一定的效果,获得了用人单位的好评。考取职业资格证书有助于大学生不断地更新完善自己的知识结构,提高自己的实际技能,培养社会竞争意识和创新能力,增强综合素质,适应社会的要求。但"考证热"也会带来一定的负面影响,学生过多地考证,会在一定程度上影响专业学习,造成人才资源的浪费,无目的地考证还容易造成时间和金钱上的"浪费"。因此,对于考证,大学生要理性对待,要在学习好专业理论知识的基础上,从自己的实际需求出发理性选择,将考证作为提升自己的手段、作为对专业知识的补充。在选择报考证书时,要关注职业资格证书培训机构的历史背景、相关专业领域、权威性、职业资格证书市场口碑等众多因素。正所谓"证书盛宴虽好,也不能吃坏了肚子(耽误学业)、掏空了腰包"。只有以专业的态度来选择适合自己的职业资格证书,才能使其转化为有用的求职助力。

【阅读拓展】
职业资格证书考试大全

主题四　专业、职业和行业

一、如何看待你的专业

什么专业才是好专业呢？每个人的标准不太一样，通常从三个维度来判定。

（一）自我维度

如果一个大学生对某一专业有非常强烈的兴趣，那么不管这个专业的社会需求情况如何、未来的工作环境怎样，他都认定了这个专业，不会改变与动摇。从自我维度来看，这就是好专业。专业的冷热是以个性为导向的，依据个人兴趣、爱好或特长而定，不受外界环境的影响。总之，适合自己的就是最好的。

据专家研究表明，如果一个人对某种工作有兴趣，那么他能发挥其全部才能的80%~90%，并且能长时间保持高效率而不易疲惫。如果他对某种工作没有兴趣，则只能发挥全部才能的20%~30%，还容易精疲力竭。

（二）需求维度

如果某个专业供小于求，也就是说社会需求很旺盛，那么这一专业就是热门。社会供求关系是随着产业结构调整、行业发展变化，以及相关专业学生数量的变化而变化的。某一个专业当前的人才供给少，社会需求很旺，但是，有的学校看到这一专业热门，于是就大规模扩招，几年之后，这一供求关系就可能发生很大的变化，有可能从供小于求变为供大于求，从热门转为冷门。这也就是前几年大家认为的热门专业（如财经类专业、管理类专业）近年来学生却很难找到合适工作的原因。

（三）职业维度

专业的好坏也可以用之后从事的职业所具有的声望来判定。如果某种专业对应的职业工资高、工作环境好、社会地位高，那么它就是好专业。例如，有很多家长和学生一直认为金融专业是好专业，虽然金融专业的人才市场已经处于供大于求的状态，但是他们认为从事金融工作的是白领，都在高楼办公，工作环境很好，即使社会需求不旺盛，它依旧是一个热门专业。

这三个维度的判断标准对大学生的学业规划有很大的影响。因此，你要知道自己在哪个维度之中。如果你是从自我维度考量，那么你不会受周围环境的影响，会坚定自己的专业兴趣，并坚定自己的职业理想。如果你是从需求维度考量，那么你必须经常关注供求关系的变化，知道有多少同层次的人才在与你竞争，知道社会需求在发生怎样的变化，你要对供求关系的变化做好准备。如果你是从职业维度考量，那么你应明白，只有具备过硬的核心竞争力才可能获得理想的职业，因为你选择的专业对应的社会需求可能非常旺盛，因此在普遍的社会价值观的影响下，你将面临激烈的竞争。

二、专业与职业的对应关系

在学业规划与升学决策中,学什么(即专业的选择)是重要的战略问题。学什么专业取决于求学者对毕业后人才市场态势及现有自身资源及优势的判断。如果说职业理想和就业目标是目的地,那么选择专业就是选择实际路线。从经济和效率的角度来看,我们所选择的专业应该依据职业目标所需要的知识和技能来决定。然而事情没有这么简单,从专业与职业的相关性来讲,它们并不都是一一对应的,而是呈现出一对一、一对多、多对一等复杂的关系。

目前,我国高校共开设12大类专业,分别是哲学、法学、经济学、教育学、文学、历史学、管理学、理学、工学、农学、医学及军事学。有的专业入行门槛高,专业性知识技术含量高,此类专业包括理学、法学、教育学、工学、农学、医学。有的专业在各行业都有着比较广泛的适应性,同时该类专业入行门槛低,专业性知识技术含量没那么高,但要求从业者个人的悟性及在实践中学习的能力比较高,此类专业包括哲学、经济学、文学、历史学、管理学等专业。

(一) 一对一

一对一即一种专业对应一种职业。例如,数控机床专业所对应的职业只有企业中数控机床的操作与维护,最后发展成为高级技师;烹饪专业所对应的职业是厨师;等等。此类职业的技术含量比较高,也比较单一,这类专业和职业一般适合于专业技术人员。

如果你现在学的就是这类专业,那么在学业规划和求职时要有比较主动的态势,因为这样的专业所对应的职业是清楚且单一的。但是由于这类专业的就业面较窄,选择该类专业的学生必须居安思危,不能有一劳永逸的思想,此时专业能力的高低往往成为职场成败的标尺。

(二) 一对多

一对多即一种专业所对应的职业有多个,这种专业属于人们常说的宽口径、厚基础的专业。例如,经济学专业,从职业人格来看,它可以对应研究型人格职业,如经济学研究;也可以对应管理型人格职业,如企业管理;还可以对应艺术型人格职业,如营销策划;等等。

一种专业可以对应很多职业的结果就是多种专业都可以发展为某一种职业。例如,新闻记者,它可以接收经济学、新闻、中文、哲学、历史等许多专业的人才。除了新闻记者这种职业,政府公务员、营销主管、企业管理等都可以接收不同专业的人才。

学习这类宽口径专业的大学生,从理论上来说,就业的选择比较多,但实际上,正是由于宽泛,往往使得他们的就业竞争力不够强,所以如果在大学的时候没有多学习相关技能,在求职时就会比较被动。因此,大学生一定要认清这种专业的特点,从被动走向主动,为自己的人生争取主动权。

(三) 多对一

多对一即多种专业都可以发展为某一种职业。这类职业一般属于管理型人格的职业,如新闻记者、政府公务员、营销主管、企业管理者等。这种类型的对应关系适用于先确定职业目标后确定专业方向。它和一对一类似,在学业规划时处于比较主动的态势,能够找到一条求学成本较低的学业路线。

虽然从宏观上了解了专业与职业之间的对应关系,但在选择专业时还要了解专业与职业具体的对应关系,如某个专业毕业后能做哪些工作?这些工作有什么利弊?职业前景如何?这些内容将在《大学生职业规划与发展——毕业教育》中予以详细解析。它将是学生的投资指南,学生看了这部分内容后,对于某个专业学什么、毕业后干什么、这类工作能获得什么、它的发展前景如何、你将投入多长的时间和多少资金在这个专业的某个学校上等问题,都会一目了然,让你清清楚楚决策、明明白白投入。

三、专业与就业

大学生就业的时候是不是一定要找专业对口的职业呢?

大学生确定职业理想后,就必然会涉及具体的行业、职业,而我们的发展更多的是从具体的职业入手,那不可回避的问题是,是先就业还是先择业?从实现职业理想的角度来看,我们所做的工作一定要与职业目标有密切的相关性,否则,所做的工作将无法支持职业理想,那实现职业理想的愿望就遥遥无期了。所以,我们要选择与职业目标相关的岗位工作。

校园中广泛流行的"先就业后择业"口号在很大程度上误导了大学生的职业观念,他们以为在工作中总会学到些东西。其实不然,在职业发展这个层次上,选择远比努力更重要。如果方向都错了,那走的路越远就离目标越远。我们都知道人的职业生涯的时间是有限的,我们不能把过多的时间用在选择职业上,而错过职业的最佳发展期。只有你把所有精力、时间、资源都放在职业理想上,那职业理想才有可能实现。也就是说,在职业发展上有所不为才会有所为。

从职业理想的角度来看,专业是你日后要从事的职业,所以它可能是你现在所学的专业,也可能是你喜欢的专业、你该学的专业等。大学生根据自己所学的专业来选择对口的职业,大学毕业后从事的工作与大学的专业、学业相通,这是最好的。大学生选择从事的职业,与自己学习的专业不是特别对口,但与专业知识有一定关联,这也是可行的。

一个专业可以适用于不同的行业和职业。例如,一名会计专业的学生可选择的范围很广,因为不管是金融系统、教育部门、旅游公司、服装鞋业,还是国企、私企、外企,都需要此类人才。

还有另外一种情况也是可以的。例如,有一个学工科的学生,大学学习的是工业分析和检测专业,他在大学里很喜欢写作,于是利用业余时间参与学校报纸的编辑工作,并利用假期时间到新闻机构担任实习记者,几年下来,他学到了新闻知识,积累了丰富的从事新闻工作的经验。大学毕业时,他没有去应聘与所学专业相关的工作,而是应聘记者岗位。这是没有专业背景,却拥有专业素养的情况。如果以专业背景来评价他的就业,那么他是专业不对口的就业;如果以专业素养来评价他的就业,那么他显然属于专业对口的就业；更进一步，如果他应聘成为新闻记者后从事科技新闻的采访，那么他的工科背景就可能在工作中派上用场，也就可以称之为专业相关的就业。但是我们经常看到，有的大学生专业知识学得不好，平时也没有培养其他的专业兴趣，胡乱地过完了大学生活，以至于最后找不到好工作。

四、行业与职业

我们经常可以看到有些大学生的求职简历上这样写着：求职意向——建筑设计院、建筑施工单位、市政工程公司、与建筑相关的公司。之所以这样写可能有以下两种原因。

第一，部分大学生根本不了解职业世界，其实这样的求职意向是建筑这个行业，而不是职业。行业和职业显然是不同的。行业是最大的国民经济因素，而职业是我们要从事这个行业中的具体职位。大学生就业是寻找具体的岗位，也就是说，大学生要解决就业的问题，就要掌握具体岗位的工作内容，满足相关的工作要求。如果想要在这个圈子里获得更大的发展，那么就要更加了解这个行业的动态及一流企业的动态，只有这样才可能在圈子中得到稳定的发展。

第二，他们在求职时抱着"广撒网、捞大鱼"的心态，以为这样的求职意向会使自己得到更多的机会，殊不知把行业当作要应聘的岗位，暴露了自身缺乏核心竞争力的弱点。他们不可能做建筑行业的所有工作，自己可能不知道自己可以做什么、自己最擅长做什么。没有岗位目标，企业都不知道他能做什么，又怎么给他机会呢？

通常我们会混淆行业与职业，实际上它们是有很大区别的。行业是按工作对象来划分的，如计算机行业、保险行业。职业是按工作职能来划分的，如企业家、科学家、教师。在做个人发展规划的时候，行业的选择应该优先于职业的选择。行业相当于人生的方向，方向错了，再怎么努力都无济于事。转行的代价很大，而转变职业的代价则要小得多。例如，一个计算机老师想要成为语文老师是非常困难的，因为他基本上要从头开始，而他要变成一个软件工程师则要容易得多，因为这两个职业都属于计算机行业。所以，选择一个正确的行业非常重要。

五、中国发展前景较好的十大行业

（一）婴幼童行业

我国已经放开了生育政策，该举措会带动一定数量的人口增长。未来新生儿出生数量的增长会为婴幼童行业带来更多的商机。围绕着婴幼童行业开发的产品有孕婴童食品、孕婴童服装、哺育用品、洗护用品、婴童玩具、婴儿车、婴儿床等。

（二）养老服务行业

我国已经进入了老龄化社会，老年人人口规模越来越大。庞大的老年人市场未来也将是一个风口。围绕养老服务行业产生的就业领域有老人辅具生产、健康医疗、康复中心、老人公寓、老人托管所、老人教育、老人娱乐、老人咨询等。

（三）互联网新媒体行业

互联网新媒体包括短视频、直播等。现在人人都是媒体人，走在大街上你会发现有很多人拿着手机进行拍摄。虽然有时候这会给我们的生活带来一定的困扰，但是它确实让信息变得更透明、更快捷、更高效。随着互联网的发展、社会的进步，互联网新媒体的发展潜力巨大。

（四）服务行业

随着互联网的发展，人们的生活越来越便利，服务行业在未来也会有很大的发展空间。除了人们所熟悉的餐饮、住宿、中介、家政、看护、咨询等，现在还多了跑腿、外卖、社区团购等。"方便到家、服务上门"的理念及相关职业在未来将会得到更多人的青睐和追捧。

（五）新能源行业

随着全球变暖，低碳、环保是我们迫切需要考虑的事情。低碳经济的核心是清洁能源和节能减排，包括太阳能、风能、水能、生物质能等，最有代表性的产品就是新能源汽车。

（六）人工智能业

随着数字时代的发展、5G技术的到来，人工智能将会得到越来越多的应用，主要包括计算机视觉、语音识别、自然语言处理、机器学习等，具体的产品有无人驾驶汽车、机器人、智能家居、智能硬件等。

（七）大数据产业

大数据就是把海量的数据汇集在一起，通过云计算对其进行系统处理，让人们具有更强的决策力、洞察力和流程优化能力。大数据产业具体的融合应用包括数字营销、数字工业、数字金融、数字教育、数字医疗、数字政务等。

（八）影视文化产业

影视文化是人们的精神食粮，社会在发展，随着生活水平越来越高，人们会更加重视精神层面的享受。影视文化产业包括音像制作、出版发行、演艺娱乐、数字动漫、网络游戏、艺术品市场、文化贸易与投资、文博、文化旅游、会展、广告传播等。

（九）大健康产业

健康是人们一直关注的话题。大健康产业细分为五大领域：一是以医疗服务机构为主体的医疗产业；二是以药品、医疗器械、医疗耗材产销为主体的医药产业；三是以保健食品、健康产品产销为主体的保健品产业；四是以健康监测评估、咨询服务、调理康复和保障促进等为主体的健康管理服务产业；五是以养老为主的健康养老产业。在未来，大健康和互联网相结合将会产生出更大的火花。

（十）新农业

随着工业化的快速发展和数字经济的到来，新农业将会迎来更多的商机。新农业包括设施农业、无土农业、特色农业、包装农业、彩色农业、知识农业、精准农业、旅游农业等，具体的项目有农家乐、农业旅游、农村电商、农村新能源、农业大数据及农业物联网等。

实践与体验

主题一　职业的基本知识

活动概览

活动目标	掌握职业的基本知识,了解职业的分类,正确看待职业声望对职业选择的影响,树立正确的择业观
课堂活动	活动一:选一选 活动二:职业排行 活动三:好职业
课堂自测	自测:职业声望认知和评价
课外拓展	拓展一:"白骨精" 拓展二:职业知识手抄报

课堂活动

活动一:选一选

活动目的:

了解职业的内涵和特征,激发学习职业知识的兴趣。

活动流程:

流程1　下面哪些是职业?请选择。

A. 教师　　　　B. 校长　　　　C. 主任　　　　D. 警察
E. 小偷　　　　F. 售票员　　　G. 国家主席

流程2　快速思考。

(1) 你根据什么判断以上选项是否是职业?
(2) 职业的内涵和特征都有哪些?

活动二:职业排行

活动目的:

了解职业分类和职业地位,理解职业地位对职业选择的影响,思考职业选择的方法。

活动流程:

流程1　阅读材料。

数据显示,当前最受欢迎的职业排行前十名的分别是军队文职、医生、高校教师、国家烟草职员、国家电网职员、移动联通电信职员、国有银行职员、公务员、教师、事业单位职员。

流程2　将学生分组,快速讨论。
(1) 你怎么看待上述对职业进行排序的现象?
(2) 上述的职业能够按照什么标准进行分类?分为哪几类?
(3) 你会选择哪种类型的职业?为什么?
(4) 你认为职业地位对职业选择有什么影响?

活动三:好职业

活动目的:
了解自己心中的好职业标准,分析影响职业声望的因素,学会客观评价职业声望。

活动流程:

流程1　将学生分组,快速讨论。
(1) 你心中的好职业有哪些?
(2) 你认为衡量好职业的标准是什么?
(3) 你认为影响职业声望的因素有哪些?

流程2　整理讨论结果。

序号	好职业		标准	
	你心中的	大家心中的	你的标准	大家的标准
1				
2				
3				
4				
5				

影响职业声望的因素:

课 堂 自 测

自测:职业声望认知和评价

课 外 拓 展

拓展一:"白骨精"

拓展目的:
了解职业选择的依据,树立正确的择业观。

拓展流程:

流程1　阅读材料。
什么样的职业才是好职业呢?很多普通上班族想当白领,盼望自己能成为"白骨精"(白领+骨干+业务精英="白骨精"),但"白骨精"们却把自己描绘成"身心疲

【自测】

职业声望认知知和评价

愈、压力繁重、天天熬夜、花销巨大的'办公室的民工'"。公务员自称自己从事的是压力最大的职业,但报考公务员的比例和人数却屡创新高。国企CEO感叹社会不公平,都是管理人员,为何待遇要比外企差一截？外企CEO也郁闷,为何竞争对手的薪酬是他们的好几倍？

流程2 快速思考。

(1) 人们选择职业时最重要的依据是什么？这个依据客观吗？
(2) 为什么很多人选择了自己向往的职业,却往往感觉不如意？
(3) 你选择职业的依据是什么？为什么？

拓展二：职业知识手抄报

【课外拓展】

职业知识手抄报

主题二 我国职业发展变化的特点

活 动 概 览

活动目标	认识职业发展变化的规律和趋势,了解职业的内涵职业技能的发展趋势,树立正确的职业发展观
课堂活动	活动一：职业大搜索 活动二：数据分析师 活动三：老职业新名称
课堂自测	自测：职业发展认知
课外拓展	拓展一：空间魔术师 拓展二：新重视 新内涵

课 堂 活 动

活动一：职业大搜索

活动目的：
了解职业发展变迁的过程、原因和特点,认识更多的职业。

活动流程：

流程1 观察职业发展变迁图(图3-1)。

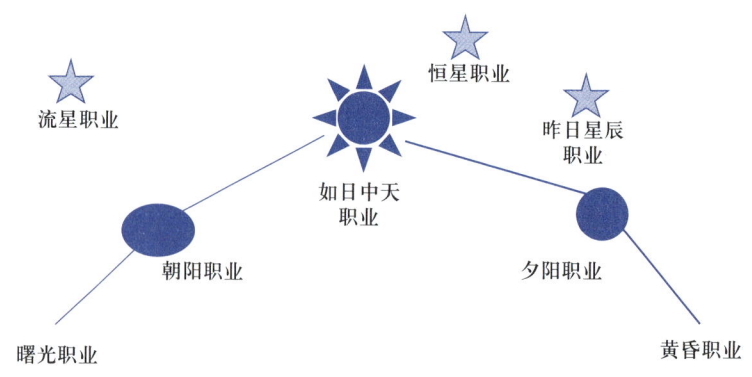

图3-1 职业发展变迁图

流程2　将学生分组,寻找处在各种阶段的典型职业,做好记录。

曙光职业:＿＿＿＿＿＿＿＿＿＿＿＿＿＿＿＿＿＿＿＿＿＿＿＿＿＿＿＿＿＿

朝阳职业:＿＿＿＿＿＿＿＿＿＿＿＿＿＿＿＿＿＿＿＿＿＿＿＿＿＿＿＿＿＿

如日中天职业:＿＿＿＿＿＿＿＿＿＿＿＿＿＿＿＿＿＿＿＿＿＿＿＿＿＿＿

夕阳职业:＿＿＿＿＿＿＿＿＿＿＿＿＿＿＿＿＿＿＿＿＿＿＿＿＿＿＿＿＿

黄昏职业:＿＿＿＿＿＿＿＿＿＿＿＿＿＿＿＿＿＿＿＿＿＿＿＿＿＿＿＿＿

流星职业:＿＿＿＿＿＿＿＿＿＿＿＿＿＿＿＿＿＿＿＿＿＿＿＿＿＿＿＿＿

恒星职业:＿＿＿＿＿＿＿＿＿＿＿＿＿＿＿＿＿＿＿＿＿＿＿＿＿＿＿＿＿

昨日星辰职业:＿＿＿＿＿＿＿＿＿＿＿＿＿＿＿＿＿＿＿＿＿＿＿＿＿＿＿

流程3　快速思考。

(1) 你认为职业发展变迁的原因是什么?

(2) 你认为我国职业发展的特点有哪些?

活动二:数据分析师

活动目的:

了解新兴职业的工作内容和产生的原因,分析新兴职业的产生对就业观念的影响。

活动流程:

流程1　阅读材料。

根据世界经济论坛发布的《未来工作报告》可知,分析师是未来收入最高的职业。在数字时代,生产、销售和支付的加速创造了大量的数据,通过数据分析,能够改善销售、增加利润。要做到这一点,人们需要分析师的帮助。

数据分析或数据挖掘是公司和政府机构用来将大量原始数据转化为有用信息的过程。数据分析的目的是发现异常情况,同时发现行动、行为和意见的深层模式,改善销售和了解消费者习惯以制定有效的商业和营销策略只是其中的一个环节。分析师需要具备数学、统计学、政治学、心理学和经济学的知识。

流程2　快速思考。

(1) 产生数据分析师这种新兴职业的原因是什么?

(2) 你还知道哪些有趣的新兴职业?

(3) 这些新兴职业的出现对你和周围的人的就业观念有什么影响?

活动三:老职业新名称

活动目的:

了解部分老职业在名称上的变化,分析这些变化对职业选择的影响。

活动流程:

流程1　将你了解的老职业和它的新名称写出来。

老职业:＿＿＿＿＿＿＿＿＿＿＿＿＿＿＿＿＿＿＿＿＿＿＿＿＿＿＿＿＿＿＿

新名称:＿＿＿＿＿＿＿＿＿＿＿＿＿＿＿＿＿＿＿＿＿＿＿＿＿＿＿＿＿＿＿

流程2　快速思考。

(1) 你认为老职业拥有新名称是不是职业的发展?为什么?

(2) 老职业的新名称对你的职业选择有什么影响?

课 堂 自 测

【自测】
职业发展
认知

自测:职业发展认知

课 外 拓 展

拓展一:空间魔术师

拓展目的:
了解新形势下职业对职业技能的综合化和多元化的要求,树立综合发展的意识。

拓展流程:

流程1　阅读材料。

室内设计师被称为空间的魔术手,这个行业中的精英年薪可达数十万元甚至更多,并且从业人员缺口在10万人以上,而目前国内相关专业毕业生无论从数量上还是质量上都远远满足不了市场的需要。

一、具备"多元化"和"复合型"的知识背景

室内设计师是美的想象者和创造者,是空间内奇幻的缔造师,"金色灰领"已成为他们的代名词。室内设计师须根据室内设施的功能性质、室内环境的基本特点,运用物质材料、工艺技术及艺术手段,创造出功能合理、舒适美观、符合人的生理和心理需求的内部空间,赋予使用者愉悦的、便利的、理想的居住与工作环境。他们将设计理念展现于看似狭小的室内环境之中,打造出值得期待的空间奇迹。

二、工作内容

(1) 完成构思、绘图以及三维建模等工作,提供完整的设计方案,包括物理环境规划、室内空间分割、装饰设计、室内用品及成套设施配置等。

(2) 通过创意与设计,体现家居装饰的空间感、实用性、革命性,凸显业主的个性。

(3) 阐述自己的创意想法,与装修人员达成观念上的一致。

(4) 协调解决装饰过程中的各种技术问题。

(5) 协助进行室内装饰的成本核算和资源分析。

(6) 了解所在行业的发展方向及新工艺、新技术,并致力于创新。

三、职业要求

在专业背景和学历方面,室内设计师需要具有室内设计或建筑设计等专业大专及以上学历。在精通结构素描、光影素描、建筑速写、色彩构成、透视原理等基础美术原理的同时,还需对建筑工艺、结构、材料、装修等有全面的认识。通过室内设计资格认证者优先。

在实际操作和工作能力方面,室内设计师需要具有一定的手绘能力,掌握手绘效果图和手绘施工图的基本技法;精通计算机操作软件,如 Photoshop 2024 图像处理、CAD制图、3DS MAX 2025 效果图的制作;具备一定的审美能力、感知能力、创新精神,具有丰富的生活体验和空间想象力。此外,室内设计师还要具备理论与实际相结合的能力、

较强的责任心和自律意识、团队合作意识等。

四、职业资格证书

(1) 室内装饰设计人员国家职业资格证书。

(2) 室内设计师职业资格证书。

(3) 中国轻工业设计师职业资格证书。

流程 2　快速思考。

(1) 材料告诉我们室内设计师需要哪些职业技能和综合素质?

(2) 你以后想选择什么职业? 你了解这个职业的工作内容和要求吗?

(3) 你为这个职业选择做好了哪些准备?

拓展二: 新重视　新内涵

【课外拓展】

新重视
新内涵

主题三　就业准入与职业资格证书

活动概览

活动目标	了解就业准入和职业资格证书的知识,重视职业资格证书在就业中的作用,学会根据自身需求理性考证
课堂活动	活动一:就业"通行证" 活动二:大学生"考证热" 活动三:职业资格证书观察站
课堂自测	自测:对就业准入和职业资格的认知
课外拓展	拓展:我选择　我了解

课 堂 活 动

活动一: 就业"通行证"

活动目的:

了解职业资格证书在就业中的重要性,让职业资格证书变成就业"通行证"。

活动流程:

流程 1　阅读材料。

在某市人力资源市场、市人才交流中心联合举办的一场招聘会上,记者看到不少用人单位都对求职者是否拥有职业资格证书提出了明确要求。例如,"招聘会计一名,要求有会计证和电算化证……""招聘电工、焊工多名,要求身体健康,吃苦耐劳,有电工(焊工)证……"

一位本科毕业生小刘告诉记者,前两天,他与一名大专学历的自考生一同到一家颇负盛名的私营企业应聘秘书一职,结果却败给了那位自考生。心有不甘的小刘向该企业老总询问自己落选的原因,该企业老总直言相告:"你没有秘书资格证书,缺少企业急需的综合能力。"那位自考生恰恰是在这方面胜出的。小刘感叹地说,职业资格证书和实际工作能力都很重要。以往,因招聘单位要求高学历而被挡在门外的应聘者,如今能凭职业资格证书轻松地敲开一些门槛颇高的单位大门,职业资格证书受青睐的程度由此可见一斑。

流程2 快速思考。

(1) 小刘求职失败的重要原因是什么?

(2) 你所学的专业对职业资格证书有哪些要求?

(3) 你认为拥有职业资格证书对就业有什么影响?

活动二:大学生"考证热"

活动目的:

学会理性面对"考证热",协调好考证与专业学习的关系。

活动流程:

大学生"考证热"

流程1 扫码阅读材料——大学生"考证热"。

流程2 快速思考。

(1) 你认为证书越多就业竞争力就越强吗?为什么?

(2) 你赞同"证书多多益善,考试只求过关"的观点吗?为什么?

(3) 你认为要如何协调考证和专业学习的关系?

(4) 对考取职业资格证书你有什么看法?

活动三:职业资格证书观察站

活动目的:

了解理想职业所要求的职业资格证书,以及考取这些职业资格证书所要做的准备。

活动流程:

流程 将学生分组,快速讨论。

(1) 你身边的同学在考哪些职业资格证书?

(2) 哪些职业资格证书是你所学的专业必备的?

(3) 哪些职业资格证书是你想从事的职业必备的?

(4) 你应从哪里了解考取这些职业资格证书的相关信息?

(5) 考取这些职业资格证书需要具备什么样的条件?

课 堂 自 测

自测:对就业准入与职业资格的认知

课 外 拓 展

拓展:我选择 我了解

拓展目的:

了解自己所要从事的职业的准入资格,为就业做好准备。

拓展流程：

流程 1　选择自己想要从事的三种职业。
流程 2　了解这三种职业所必备的职业资格证书。
流程 3　收集这些职业资格证书的相关信息。

意向职业	证书名称	发证机关	重要性	考试时间	考试费用

流程 4　快速思考。
（1）你准备考取哪些职业资格证书？
（2）你将考证安排在什么阶段？

主题四　专业、职业和行业

活 动 概 览

活动目标	探究个体与专业、职业、行业、就业的关系，树立正确的就业观
课堂活动	活动一："蜜糖婚嫁"工作室 活动二：专业对口就业
课堂自测	测试：对专业与职业的认识
课外拓展	拓展一：小英纠结的未来 拓展二：我的职业路线图

课 堂 活 动

活动一："蜜糖婚嫁"工作室

活动目的：
思考专业和职业发展的关系，了解本专业对口的职业。

115

活动流程：

流程1　阅读案例。

小米和小军是某学院动漫设计专业的毕业生，在校时多次帮助婚庆公司设计文案。走出校门后，两人经过商议创办了"蜜糖婚嫁"工作室，主营业务是设计和承办主题婚礼。

工作室布置得简洁有个性、温馨又浪漫，除为新人量身定做婚礼主题创意外，还包括LOGO设计、现场布置、礼服租借、拍照摄影、新人化妆等一条龙服务。更难能可贵的是，小米和小军每次都从新人的角度出发，遵循"废物利用"的原则，充分利用仿真代品，发挥自己的专业优势，保证让新人用最少的钱办一个最难忘的婚礼，而且效果出彩。开业一年多了，有很多新人好奇而来，满意而归。小米和小军也越干越起劲，正在着手扩大工作室，在周边城区发展连锁经营。

流程2　快速思考。

(1) 小米和小军的成功对你有什么启发？

(2) 专业对我们的职业发展有什么作用和影响？

(3) 你的专业与哪些职业对口？

活动二：专业对口就业

活动目的：

探讨就业时要不要找专业对口的职业，分析两种情况的利弊，学会理性择业。

活动流程：

流程1　将学生分组，快速讨论。

(1) 你认为大学生就业时是否一定要找与专业对口的职业？

(2) 与专业对口的职业对个人的职业发展有哪些影响？

(3) 与专业不对口的职业对个人职业发展有哪些影响？

序号	专业对口		专业不对口	
	有利	弊端	有利	弊端
1				
2				
3				
4				

流程2　快速思考。

(1) 你在就业时是否一定要找与专业对口的职业？

(2) 如果专业与职业不对口，你会怎么做？

课 堂 自 测

自测：对专业与职业的认识

【自测】

对专业与职业的认识

课 外 拓 展

拓展一：小英纠结的未来

拓展目的：

认识专业与职业的关系，客观地分析专业与就业的关系。

拓展流程：

流程1　阅读案例。

小英是一名高职院校的大二学生，学习建筑工程专业，可是她从小就比较偏爱文科，高考报志愿时听从爸妈的建议报了个好就业的专业。刚开始，小英以为就算不喜欢也可以把它学好，可是到后来越来越觉得这不是她想要的。她的理想是做一个知识渊博、气质高雅的知性女人，而不是整天和建筑、数字打交道。可是她目前的水平并不能达到她想要的目标，而且她所学的专业可能更实用一些。因此，她对未来很纠结。人的一生是不是只有做自己喜欢和擅长的事才能最大限度地发挥自己的价值呢？

流程2　快速思考。

(1) 你如何看待专业和兴趣的关系？

(2) 如果你是小英，你会怎么办？

拓展二：我的职业路线图

拓展目的：

探索与专业相关的职业发展路线。

拓展流程：

流程1　阅读航海类专业学生的职业路线图(图3-2)。

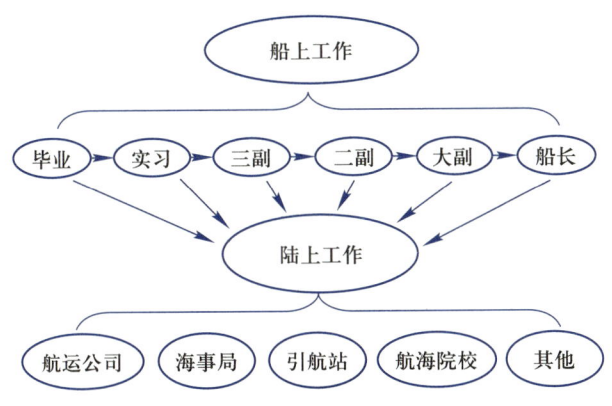

图3-2　航海类学生的职业路线图

流程2　思考你所学的专业未来可能从事哪些职业,制作与你的专业和职业相关的发展路线图。

有计划,有条理
有远大的人生理想
敢作敢为,敢为天下先
一切都是有备而来
做什么像什么
从规划开始
为你的人生负责
把握成功的未来

模块四
大学生如何进行职业生涯规划

思想领航

言前定则不跲,事前定则不困,行前定则不疚,道前定则不穷。

——《礼记·中庸》

凡事都要脚踏实地去做,不驰于空想,不骛于虚声,而惟以求真的态度作踏实的功夫。以此态度求学,则真理可明,以此态度做事,则功业可就。

——李大钊

学习目标

深入理解职业生涯规划的各个环节,使用有效的方法来规划自己的职业生涯。

学习内容

主题一 选择职业和确立职业生涯路线
主题二 职业生涯目标的分解与组合
主题三 分析差距 制订计划
主题四 检查和修订
主题五 撰写职业生涯规划书

学习指南

1. 阅读和分析故事,认识目标对职业规划的重要性,学会制作职业生涯规划书,并将它作为行动指南。

2. 使用SWOT分析,分析自身的优势和劣势,分析职业发展的外部环境和内部环境,为制作职业生涯规划书提供客观的依据。

3. 分析名人的职业生涯规划经历,确定个人职业发展的内外生涯目标。

4. 推选部分学生在课堂上用PPT展示并陈述自己的职业生涯规划,学习制作职业生涯规划书的方法。

主题一　选择职业和确立职业生涯路线

一、选择职业的四个原则

择业原则是指人们在认识和处理职业选择问题时应当遵循的基本原则。大学生在规划职业生涯的过程中，能否掌握正确的职业岗位选择原则，不但关系到个人能否找到合适的职业岗位，而且影响个人的成长、成才和职业理想的实现。所以，大学生在选择职业应注意遵守以下原则。

(一) 符合社会需要的原则

所谓符合社会需要的原则，是指一个人在选择职业时，要把社会需要作为出发点和落脚点，以社会需求为准绳，去观察、认识问题，进而决定自己的职业岗位。近年来，高校毕业生就业制度的改革使大学生有了更多的择业自主权，但是，这种择业自主权是相对的、有条件的，并非可以不顾社会需要，一味地追求"自我感觉"。在现实生活中，个人需要的内容无论怎样多样、结构无论怎样复杂，它总是为现实社会的要求所制约。国家培养大学生的目的是让他们为社会主义建设事业服务，社会的发展、科技的进步、经济的繁荣也都寄希望于合格的大学生为之奋斗。因此，在选择职业时，我们首先要把社会需要作为职业选择的出发点，把个人意愿和社会需要结合起来、统一起来，始终坚持职业岗位符合社会需要的原则。当个人利益与国家利益、集体利益发生矛盾时，自觉地服从社会需要，到祖国最需要的地方去建功立业。

(二) 发挥个人素质优势的原则

所谓发挥个人素质优势的原则，是指一个人在选择职业时，综合自己的素质情况，根据自身的特长和优势选择职业和岗位，以便在今后的职业道路上顺利且出色地完成本职工作。不同的学科、不同的职业对人的素质有不同的理解。这里所讲的个人素质是指大学生在选择职业时应具备的基本条件，主要包括思想品德素质、科学文化素质、身体素质、个性心理品质素质等。坚持发挥个人素质优势的原则，最基本、最重要的是要客观地认识自己的长处和短处，尽量发挥专业所长、能力所长。

(三) 分清主次的原则

职业分为很多种，大学生选择职业的机会也具有多面性。有的职业岗位有较高的社会地位，但工作环境封闭，生活条件较差；有的职业岗位可能生活条件较好、待遇也高，但工作强度大、风险高；还有的职业岗位可能地理位置优越，但与你的专业不对口；更有目前基础条件差、待遇低，但发展前景广阔且有利于成长成才的职业岗位。那么，我们在规划职业生涯时又该怎样取舍、如何选择？作为21世纪的大学生，我们应从是否有利于自己才智的发挥、是否符合社会的需要出发，认清自己的职业价值观，分清主次,做出抉择,切不可因一味求全、急功近利、好高骛远而失去良机。

(四) 着眼长远、面向未来的原则

大学生在选择职业时,不能只看眼前利益,忽视职业发展前景;不能只图生活安逸,而不顾事业的追求。所以,在选择职业时,要放开视野,理清思路,不仅着眼于现阶段,更要看到长远的未来,把自己的发展和祖国的命运紧紧联结在一起,找到自己的最佳位置,牢牢把握职业选择的主动权。建设中国特色社会主义这一伟大事业呼唤着千百万人才,而大学生只有在伟大事业中才能将自己铸造成祖国的栋梁之材。

二、选择职业的五个问题

选择职业目标通常需要考虑以下五个问题。

第一个问题:我想往哪个方面发展?这个问题是通过对自己的价值、理想、动机和兴趣的分析,确定自己的目标取向。

第二个问题:我能往哪个方面发展?这个问题是通过对自己的性格、特长、经历、学历及专业的分析,确定自己的能力取向。

第三个问题:我可以往哪个方面发展?这个问题是通过对自己身处的社会环境、经济环境、政治环境、组织环境和行业职业环境的分析,确定自己的机会取向。

第四个问题:我的职业选择能帮助我实现人生的最终目标吗?这个问题主要分析职业发展前景、可能遇到的发展瓶颈、行业的发展现状、确定职业与人生理想的吻合程度。

第五个问题:我是否有途径可以让现有的职业与人生的基本目标保持一致?

先明确这五个问题,再结合职业的发展空间进行综合分析,这样就可以把职业目标圈定在一个比较小的范围内,便于确定自己的职业目标。选择职业的过程如图 4-1 所示,这个过程对大学生的职业生涯发展而言是非常重要的。

三、选择职业和确定职业生涯路线的"三定"

要使职业选择做到合理合情、适合自己、路线清晰,就要注意"三定",即定向、定点和定位。

一是"定向"。路线定错了,会距离目标越来越远,甚至还要走回头路,付出更大的代价才可能达到目标。通常情况下,职业方向由本人所学的专业确定。但现实的情况是,很多人毕业后,并不能完全按照自己所学的专业来选择工作,"学非所用"的情况比比皆是。在这种情况下,就需要认真考虑,选择适合自己的职业岗位。

二是"定点"。所谓"定点"就是确定职业发展的地点。例如,有些人毕业后选择去大城市,有些人选择到中小城市发展,有些人则选择去边疆、大西北,这都无可厚非。但职业地点的选择应该综合多种因素考虑,不可凭一时冲动。例如,有的人毕业留在大城市,认为那里经济发达、薪资水平较高,但忽略了竞争激烈、观念差异、房价高,还有气候、水土等因素,结果工作时间没多久就要跳槽。频繁更换地点对职业生涯弊多利少。

模块四　大学生如何进行职业生涯规划 >> >> >>

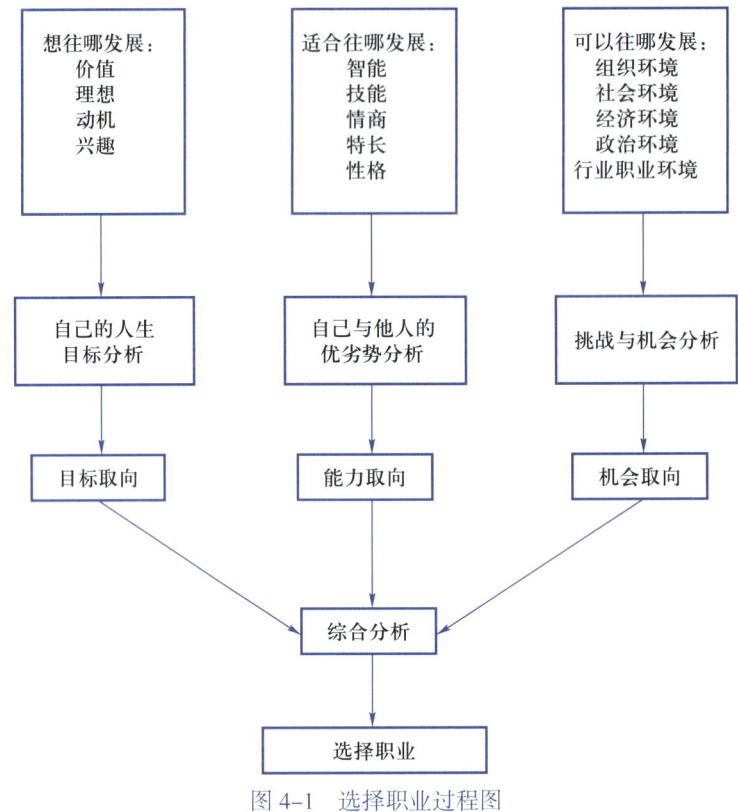

图 4-1　选择职业过程图

三是"定位"。择业前要对自己的水平、能力、薪资期望、心理承受力等进行全面分析，做出较准确的定位。不可悲观地把自己定位过低，更不要高估自己，导致期望值过高。不要过分在意公司的名气、薪资的高低，只要这家公司、这个专业岗位适合自己，是自己所向往和追求的，就可以试一试，争取被录用。确立从基础做起、逐步积累经验、循序渐进、谋求发展的思想理念，这样能够促进职业生涯的发展。

四、职业生涯路线的确定

（一）选择路线

"路径依赖"理论

路线的选择是职业生涯的关键。所谓职业生涯路线，是指当我们选定了职业后，为了实现职业目标和职业理想所选择的路径。在选择了目标职业后，还要考虑向哪一条路线发展，是走行政管理路线，向行政方面发展；还是走专业技术路线，向业务方面发展？是否应该先走技术路线，再转向管理路线……不同的发展路线对人的各个方面的要求也不同。因此，在设计职业生涯时，路线的选择是关键，你的学习、工作及各种行为将会沿着你的生涯路线和预定方向前进。

（二）全面分析

全面分析是职业选择的基础。通过分析，我们能够明确自己的短处和长处，了解职业世界的有利环境和不利环境，从而扬长避短，选择自己的职业坐标。

如何全面分析？怎么进行准确评估呢？我们不妨借助决策工具，即SWOT分析，如图4-2所示。SWOT分别是四个英文单词的第一个字母，即优势（Strengths）、劣势（Weaknesses）、机会（Opportunities）、威胁（Threats）。这是一种检查个人技能、能力、职业、喜好和职业机会的有力工具，这种分析方法可以帮助我们更有效地进行评估，以及更准确地选择职业方向。

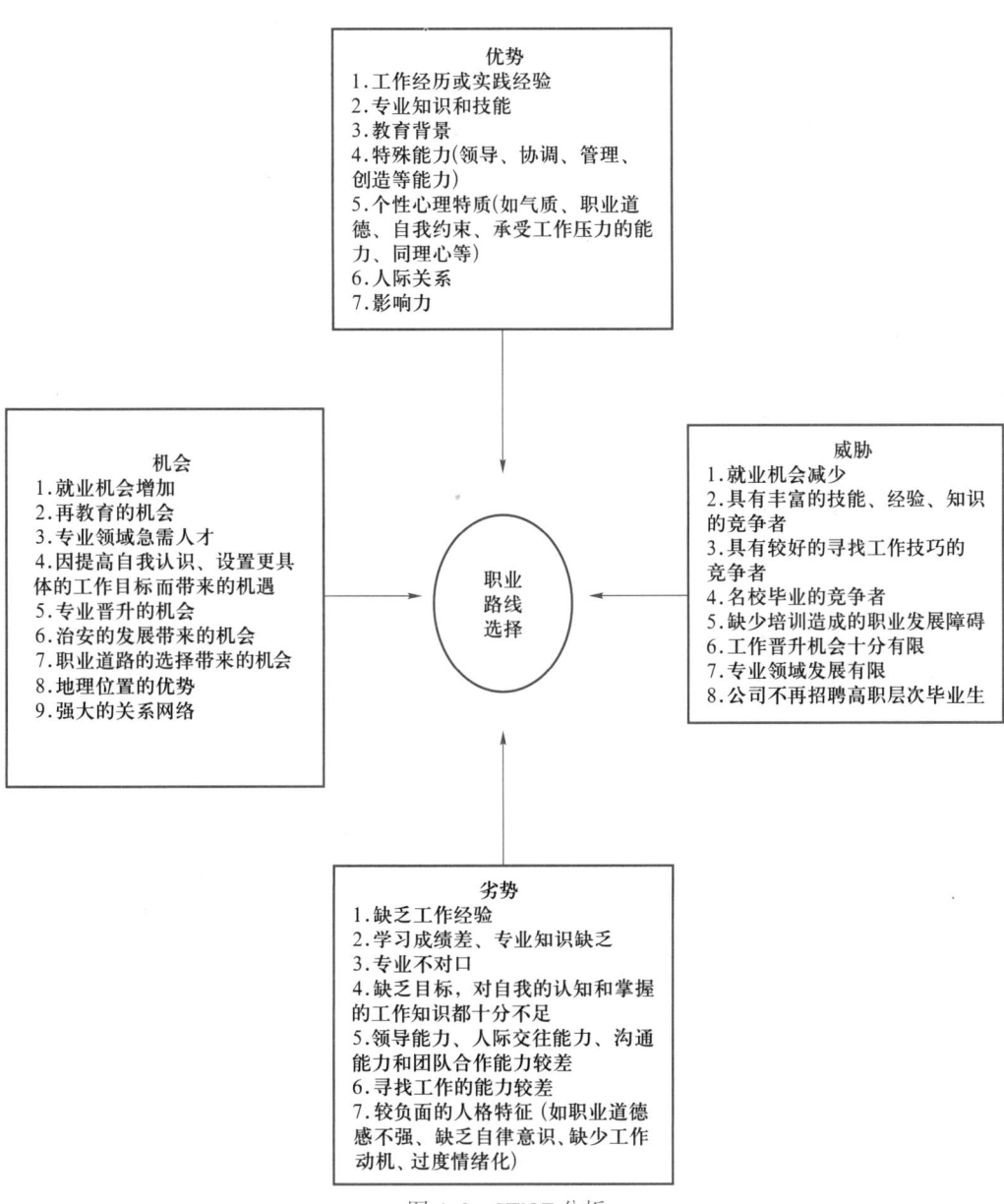

图4-2 SWOT分析

所谓SWOT分析，指的是首先在四个维度上进行分析，然后通过矩阵式交叉的分析方法，找出适合自己的基本策略。我们先就这四个方面的特性进行解读。其中优势和劣势主要是针对自我分析得出的，而机会和威胁则是通过研究外部环境得来的。

1. 优势分析

所谓优势,指的是个人可以控制和利用的积极因素。从个人的角度出发,优势分为显性优势和隐性优势,包括生理、个性、心理、能力倾向、技能和资源优势等方面。具体来说,就是要分析自己所能想到的一切因素中最优秀的是什么,这部分优势一般不受外界因素干扰。例如,从资源方面来看,优势包括你的社会资源、财力资源、人力资源等。

当然,大学生在分析自身优势的时候还要注意:与同学相比较,你可能具有某种优势,但与社会人士相比较,这种优势则不复存在。例如,你认为你具有表达能力、写作能力、人际交往能力的优势,但与那些优秀人士相比,差距是显而易见的。我们应该通过横向比较得出自己的优势,明确自己的发展方向,增强求职的信心。同时要通过纵向比较了解工作岗位的要求,不断地培养自己的能力。

2. 劣势分析

所谓劣势,指的是你不擅长做和不喜欢做的事情,是可控、可努力改善的因素,如性格的弱点、经验或经历中的欠缺、不良习惯等。劣势并不可怕,可怕的是自己认识不到自己的劣势或认识到了而选择逃避。像认识优势一样对待劣势,可以帮助我们减少挫败感。要注意的是:不要把"没有优势"直接看作是劣势,在某方面没有优势仅仅说明这方面不够出众,如果将之视为劣势,它就可能真的成为劣势了。

3. 机会分析

所谓机会,指的是个人不能控制但可以利用的外部积极因素。大学生要善于发现机会、把握机会,这样才可能更快地实现自己的目标。机会有时装扮俏丽地站在你面前,有时又沉默寡言地出现在你不注意的角落,所以大学生需要具备敏锐的嗅觉和开阔的视角。

宏观上的机会包括国家的经济形势、产业政策、法律法规、各区域的产业发展态势、行业趋势等,微观上的机会包括个人搜集到的来自各企业、政府部门、人才市场、学校或学长学姐们提供的各类有利信息。机会包括:你所在学校是国家级示范院校;你所学的刚好是市场热门的专业;职业竞争对手薄弱;与你专业或自身优势有关的边缘性、复合型职业大量涌现;某地区有优厚的人才政策;你身边有一些既有能力又愿意帮助你的亲戚朋友;国家的优惠政策;银行免息贷款给你一笔钱用作投资创业;等等。

4. 威胁分析

所谓威胁,指的是个人不能控制但可以尽力使其弱化的外部消极因素,包括人才市场竞争激烈、人才需求饱和、所学专业领域发展过缓甚至衰退、出现新的低成本竞争者(甚至是技术上的替代者)、人才需求方过强的谈判优势、不利的政策信息、职业门槛的提高等;也包括来自自身的,如家庭不稳定、糟糕的财务状况及还款压力等。

准确评估是规划职业生涯的根基,全面分析更是大学生规划职业生涯的支点,只有通过扎实、准确的分析才能使事业的高楼盖得更高,让职业理想更快更好地实现。

(三) 进行抉择

抉择是一件令人为难的思维活动,但它是只能面对不能回避的事情。在抉择的过程中,我们经常会碰到阻碍或感到矛盾。这边父母放不下,那边环境吸引人;这边想考研,那边想创业;等等。

这个时候你可以使用决策平衡单进行抉择。它可以帮助决策者具体地分析每个可能的选择方案,考虑各种方案实施后的利弊得失,最后排定优先顺序,择一而行。

影响抉择的因素可以总结为四个方面:个人物质方面的得失,他人物质方面的得失,个人精神方面的得失,他人精神方面的得失。

不管是以个人精神方面还是以他人精神方面来考虑问题,都会对自己、家庭等社会关系产生物质方面的影响。所以,我们需要权衡思考。决策平衡单将会引导你针对职业生涯备选路线,一项项地将其与自己的追求、需求及他人对你的期待进行梳理。请记住,使用决策平衡单的前提是知己知彼。如果你在填写决策平衡单时遇到困惑,那么请你及时停下来,重新审视这个困惑点,只有解开这个困惑,才能继续进行决策平衡单的填写。决策平衡单如表4-1所示。

表4-1 决策平衡单

考虑得失因素	权重分	选择项目					
		选择一		选择二		选择三	
	+1~+5	加权分+5	加权分-5	加权分+5	加权分-5	加权分+5	加权分-5
个人物质方面 1. 收入 2. 发展 3. 待遇 4. 健康的影响 5. 休闲时间 ……							
他人物质方面 1. 家庭收入 2. 家庭地位 ……							
个人精神方面 1. 成功感 2. 兴趣的满足 3. 挑战性 4. 被他人认可 5. 发挥技能 6. 创造性 7. 帮助别人 ……							

续表

考虑得失因素	权重分	选择项目					
^	^	选择一		选择二		选择三	
^	+1~+5	加权分 +5	加权分 −5	加权分 +5	加权分 −5	加权分 +5	加权分 −5
他人精神方面 1. 父母 2. 朋友 3. 老师 ……							
总分							

填表说明：

(1) 决策平衡单的上方是你的职业生涯路线的各项选择，这些选择是平行的，没有先后之分。

(2) 在决策平衡单的左侧，你可以将考虑的各种因素垂直列出。

(3) 请认真思考，并分别给左侧的各种考虑因素打上权重分，以其在你心中的重要程度或对你影响力度的大小为评分标准。5 是最高分，表示非常重要；4 是很重要；3 是一般；2 是不重要；1 是最不重要。

(4) 按照对相关因素的满足程度给职业选择打分。+5 表示得到完全满足；0 表示不知道或不能确定；−5 表示完全没有得到满足。中间的分值你可以按照自己的感受酌情给分。

(5) 将权重分分别乘以各职业选择下的加权分，算出各项得分；将每项的正负分相加，得出每个职业选择的最后总分。

(6) 对总分进行排序和比较。

在整个权衡打分的过程中，如果你认为对某个选项的打分不妥，可以随时修正，直到你满意。做决策平衡单的最终目的不是为了得到排序结果，而是要在不断思索的过程中帮助自己找到适合的职业生涯路线。

主题二　职业生涯目标的分解与组合

一、确定职业生涯目标的方法

职业生涯目标的设定,是在继职业选择、生涯路线选择后,对人生目标的进一步确定。每个人都应该设定一个目标,没有切实可行的目标作为驱动力,人很容易对现状感到满足。

> 【小贴士】
>
> 曾国藩在年轻时为自己树立了远大的人生目标,而落脚点则是每天写一篇日记。这个习惯伴随了他一生,在之后的30多年里,他没有一天中断过写日记。

人生要确定一个什么样的职业目标,这要根据主客观条件来加以设计。因为每个人的条件不同,所以目标也不尽相同,但确定目标的方法是相似的。下面将对基本要点进行简要介绍。

(一) 高低恰到好处

生涯目标高一些好还是低一些好？高尔基说过:"我常常重复这一句话:一个人追求的目标越高,他的才力就发展得越快,对社会就越有益。我确信这也是一个真理。这个真理是由我的全部生活经验,即是我观察、阅读、比较和深思熟虑过的一切确定下来的。"

"志存高远"应成为大学生的生涯目标,大学生应追求符合实际的远大目标,当然也不能过高。如果目标定得过高,会使人悬在幻想的高空,在现实生活中则可能一事无成,这样目标就失去了意义。目标不是理想、不是希望,而是理想与希望的具体化。目标指向理想,二者虽有联系,但不能相互替代。

(二) 幅度不宜过宽

职业生涯目标的专业最好不要过宽,选择窄一点的目标,然后全身心地投入其中,这样容易取得成功。例如,你想成为一名管理专家。此目标定得太宽,因为管理包括许多领域,一个人的精力有限,要想成为各方面的管理专家不太现实。如果你想成为一名企业战略管理专家或者品牌管理专家,经过若干年的努力,就有可能实现。

(三) 长短配合恰当

长期目标为人生指明了方向,可鼓舞斗志,减少短视行为。短期目标是实现长期目标的保证,没有短期目标,也就不会有长期目标。特别是在职业生涯发展过程中,短期目标的达成能使人体验到成功的喜悦和乐趣,鼓舞自己实现更高的目标。但是,只有短期目标,看不到远大理想,不仅会影响斗志,还会使事业发展摇摆不定,甚至偏离发展方向。

(四) 同一时期目标不宜过多

目标就是追求的对象。你见过同时追逐五只兔子的猎手吗?所谓"一只手抓不起两条鱼"也是这个道理。有的同学想"一口吃成一个胖子",一个学期内想考取好几本证书,也许最后一本都没拿到。有的时候,我们的目标不能实现不是由于没有目标,而是由于目标太多。有些目标在规划阶段的总体目标中有用,但在资源有限的情况下,其重要性和急迫性可能逊于其他目标,那么我们就要暂时放下这些目标,只保留那些最为重要的目标并为之努力。

【案例分享】

爱因斯坦进入苏黎世联邦理工学院后,立即为自己拟定了一份人生规划,内容如下:

"我用4年的时间学习数学和物理,我希望自己成为自然学科中某一些学科的教授,我将选择理论性学科。"

"我制订计划的理由:喜欢抽象思维和数学思维,缺乏想象和应对实际问题的能力。这是我自己的愿望,它激励我做出类似的决定,以考察我的毅力。很自然,人总是喜欢干他有能力做的事。另外,科学工作具有独立性,这很合我意。"

当时,经过自我的审视和严密分析后,爱因斯坦做出果断选择:放弃数学而专攻物理。

(五) 目标要具体明确

设置目标要具体明确,例如,学习哪一个专业、学习什么知识、达到什么程度、取得哪些技术证书或岗位证书等,都要明确,具体地确定下来。

(六) 职业生涯目标要与生活目标相结合

人生除了事业目标,还有财富、婚姻、健康等问题,这些问题直接影响着人生事业的发展和生活质量的提高。因此,在制定职业生涯目标的时候也要考虑这些因素。

二、职业生涯目标分解是实现目标的第一步

(一) 分解职业生涯目标的原则

"志存高远"固然重要,但每天干什么事情是最基本的,它决定着高远的志向能否实现。

目标分解就像是拾级而上的通道,它帮助我们一步步地从现实环境走向美好的未来。如果你有宏伟的志向,但你不清楚自己今天应该做什么、明天应该做什么,你的目标就永远只是一个美好的愿望,不可能变成现实。因此,我们要寻找自身观念、知识、能

力等与成功职业所要求的差距,将职业生涯的远大目标逐级分解成分目标、小目标,这是实现目标的重要方法。

职业生涯目标分解的原则有如下三个。

第一,大目标的实现是以小目标的完成为条件和基础的。

第二,大目标是小目标的最终结果,大目标是由众多小目标构成的。

第三,小目标的完成之和基本是大目标的实现。

(二) 分解职业生涯目标的标准

1. 按性质分解

职业生涯目标按性质分解为外职业生涯目标和内职业生涯目标。

(1) 外职业生涯目标

外职业生涯目标侧重于职业过程的外在标记,一般分为职务目标、经济目标和成果目标,涉及从事职业时的工作单位、工作地点、工作内容、工作职务与职称、工作环境和工资待遇等因素的组合及其变化过程。外职业生涯的构成因素通常是由别人认可和给予的,也容易被别人否认和剥夺。因此,在制订外职业生涯目标时要注意以下三点。

① 职务目标具体化。例如,"我要在 3 年之内成为公司的经理"。这个目标比较模糊,管理人员是职业生涯路线选择的方向,不是具体的目标,我们必须明确是哪类专业的职务,如"总经理""市场开发部经理""售后服务部经理"等。因此,职务目标应该是"专业+职务"。

② 经济目标弹性化。例如,"我要在 35 岁的时候年薪达到 30 万元,40 岁之前赚到 200 万元"。一般来讲,经济目标的制定与职务、所在的单位、所处的行业及所在的地区等有关系,即便是自己创业,每年的收入也在一定的弹性范围内。因此,不能一味追求高收入,否则有可能使自己陷入苦恼之中。

③ 成果目标合理化。例如,发表文章、创新业绩、运用新方法、研发新产品等都属于成果目标。有时制定较高的成果目标,也有助于追求或实现其他目标。

(2) 内职业生涯目标

内职业生涯目标侧重于在职业生涯过程中知识、经验的积累,观念、能力的提高和内心感受,一般分为能力目标、价值目标等,是每个人通过自己的努力获得的,别人无法拿走,是无价之宝。在制定内职业生涯目标时要注意以下两点。

① 能力目标循序化。工作能力非常重要,直接影响一个人处理职业生涯中各种工作问题的效率和效果,但是能力的提升是一个积累的过程。例如,与客户无障碍沟通的能力、协调人事关系的能力等,都需要在一定的实践学习中提升。

② 价值目标提升化。价值目标是指实现目标过程中的工作态度及所获得的内心成就感。影响人的行为的主要因素往往不是知识和技能,而是价值观。心中有了正确的价值观,职业道路才会越走越宽。

2. 按时间分解

职业生涯目标按时间分解为人生目标、长期目标、中期目标、短期目标、近期(月、周、日）目标。人生目标以几十年为期限，长期目标以十几年为期限，中期目标以几年为期限，短期目标以一二年为期限，而近期目标就可以短至季、月、周、日了。对于短期目标和近期目标，应详细规定实现的时间。一般来说，短期目标服从于中期目标，中期目标服从于长期目标，长期目标又服从于人生目标。实施目标时，通常是从具体的、短期的目标开始的。

（1）短期目标的特征

短期目标要符合实际，具体可行，有明确的完成时间；可能是自己主动选择的，也可能是被动接受的；可能和自己的价值观有所差异，但可以接受已经发生的事实；为长期目标打基础。

（2）中期目标的特征

中期目标要符合实际并有所创新，具有全局眼光；有明确的语言定量说明，有比较明确的完成时间，并且可以根据环境适当调整。基本符合自己的价值观，能评估目标实现的可能性；和长期目标一致。

（3）长期目标的特征

长期目标要符合自己的价值观，符合社会发展需求，具有挑战性和长远性，是自己认真选择的；有明确的语言定性说明，在一定时间范围内实现即可；对目标充满渴望，并始终如一。

（4）人生目标的特征

人生目标是指整个人生的发展目标，时间长至 40 年左右，是个人对环境、企业、自身条件、家庭条件做大量分析之后得到的结果。有的人在 30 岁就能预见自己的最终职业生涯目标，但也有些人到退休时仍未能搞清自己的目标。

（三）分解职业生涯目标的步骤和方法

第一步：把人生目标分为不同阶段的分目标，如长期目标、近期目标等。

第二步：把阶段分目标按性质分解成各项小目标。

第三步：把每个小目标进行逐层分解，并做出明确、具体的规定，直到具有可操作性。

【案例分享】

下面是某位安全技术与管理专业的同学设定的在 2024—2026 年要完成的目标。

(1) 学好各科专业知识，掌握安全技术管理的基本知识。

(2) 积极复习英语、强化英语，在 2025 年 6 月考过四级。

(3) 从现在开始努力争取考取与安全人员相关的证书，多看书。把掌握 CAD（Computer Aided Design，计算机辅助设计）技术作为自己的第一学习目标。

(4) 从现在起关注考证的各种信息，研习建筑与保险方面的书籍。

(5) 假期实习（与本人专业相符合的工作），积累社会经验。

(6) 进入企业担任安全管理员。

从目标分解的角度来看,案例中的目标存在着一些问题。

首先,职业总目标不明确。一般来说,一个希望大学毕业后马上就业的大学生,要先了解所要从事的职业的工作要求,包括职业的工作内容、所需要的知识结构和所要求具备的技能、所应具备的职业素养(如团队协作精神)和相应的就业资格证等。只有这些都了解清楚且符合相应要求,才能成功达到就业的总目标。但是这个目标设计中最明显的问题就是没有明确职业的工作要求,所以关于职业素养和职业能力的目标就非常模糊。这会导致在执行时忽视这些方面的内容,进而可能会使总目标无法实现。

其次,分解出来的目标也不明确。例如,"把掌握 CAD 技术作为自己的第一学习目标",这个目标是十分模糊的,是打算精通呢,还是学会基本操作?是作为第一个要完成的目标呢,还是把它作为最重要的目标?更重要的是,打算什么时候完成这一目标呢?再如,"研习建筑与保险方面的书籍"这一目标,到底要研习建筑与保险的什么方面呢?这样的目标势必导致执行时存在难度,最后可能一无所获。

最后,目标分解得不够细致。3 年的大学时间不能混在一块规划,否则最后很难完成目标。应该分清第一年达到什么,第二年、第三年的目标又分别是什么。假如现在正处于第一年,那么还要将第一年每个学期甚至每月的目标分解清楚。

下面的案例是一个从业多年的职场人士制定的目标,我们可以与上面的案例中那位同学制定的目标进行比较。

【案例分享】

2024 年 7 月—2025 年 6 月

职务目标:零售业管理咨询师

能力目标:

A. 熟悉该行业国际国内状况,具有分析数据的能力,能通过分析销售数据为企业发展提供管理建议。

B. 具有组织结构设计能力。

C. 具有有效的领导激励能力、制定企业近期和长久发展规划的能力。

成果目标:在管理理论及管理实践等方面有所创新,有自己独特的管理方法。

经济目标:年薪 28 万元。

价值目标:使企业、社会和个人三者达成一致;得到社会、企业、同行人士对自己的肯定;家庭幸福。

与前面的案例相比较,这个目标的制定具有以下两个优点。

第一,目标的分类清楚,分成能力目标、成果目标、经济目标和价值目标。

第二,目标分解较为详细,可操作性较强。例如,将能力目标进行细致的分解。只有制定了尽可能详细的目标,才有办法进一步制定方案并执行,同时,能力目标的实现非常关键,是实现其他职业目标的基础。

三、职业生涯目标的组合

目标组合是处理不同目标之间的关系的有效方法。按时间顺序组合,分为并进和连续两种。按功能关系组合,分为因果关系组合、互补关系组合及全方位组合三种。

(一) 时间顺序组合

1. 并进

目标并进是指同时着手两个职业目标,这两个目标可以密切相连,也可以不直接相关。例如,你既是班长又是校团委宣传部部长;你在担任行政文秘的同时,又报名参加营养咨询师考证培训。当然,实现双目标需要具备更强的时间管理能力和毅力。

2. 连续

目标连续是指目标之间的前后顺序安排,只有完成好每个近期目标才能实现最终的人生目标,即先实现这个目标再进行下一个目标。例如,你的目标是先获得文学硕士学位,再应聘中学语文教师,5年后争取评上当地的骨干教师,这种目标组合方式就是连续的。

(二) 功能关系组合

1. 因果关系组合

有时,我们设定的目标之间有不可抗拒的因果关系。例如,内、外职业生涯目标的关系。职业的成功与否,通常取决于内职业生涯目标的实现与否,而外职业生涯目标的实现与否直接体现为结果。

【案例分享】

> 小杜为某外企市场部主管,给自己设定的经济目标是两年后年薪达到40万元。
> 为了实现这个短期目标,小杜每天都努力工作。若有机会晋升人力资源部经理,他的年薪就能上涨;当然如果他的业绩非常突出,底薪加上业务提成也能让他实现自己的经济目标。但不管是职务提升还是业绩提高,都需要能力的提升作支撑。

内职业生涯目标决定着外职业生涯目标,内职业生涯目标实现了,外职业生涯目标也就水到渠成。外职业生涯目标影响着内职业生涯目标,在外职业生涯目标实现的同时,内职业生涯目标也会相应提升。

2. 互补关系组合

互补关系就是目标之间直接互补、相互支撑。例如,一个管道工程技术人员希望在晋升为工程师的同时获得工程学博士学位。博士学位阶段的学习能为实际工作提供理论指导,而工程师的职位又为读博提供了更广阔的实践机会。

3. 全方位组合

全方位组合是在追求职业生涯目标的过程中,统筹协调个人发展、家庭要求和社会期待。完美的职业生涯规划并不仅仅是追求个人职业的发展,更应该协调各种目标间的关系。

主题三　分析差距　制订计划

一、分析差距

实现目标的过程就是缩小差距的过程,只有明确差距,才能采取有效的行动。无论你现在是大一新生,还是即将毕业的大学生,都要做差距分析。我们可以从三个角度分析差距:一是知识角度,二是素养角度,三是经验角度。

(一) 知识角度的差距分析

【案例分享】
如何分析知识差距

知识包括知识结构和知识基础两方面的内容。每个大学毕业生在毕业求职时都会向用人单位提供一份成绩表,这份成绩表既包括大学所有必修课的成绩,又包括所有指定选修课的成绩,还包括参加公共选修课的成绩,这些成绩可以反映出大学毕业生具有怎样的专业知识基础。当然,用人单位也会采取笔试、面试的方式来考查学生的知识基础和知识结构,以及在专业知识之外,是否对知识结构进行了拓展。那些在本专业之外,又辅修了其他专业的学生,显然就更具有优势。

(二) 素养角度的差距分析

职业素养是一个人持续成长的基石,关系到大学毕业生在用人单位的成长。在中央电视台与智联招聘联合举办的《绝对挑战》栏目的校园招聘研讨会上,奥的斯电梯(中国)投资有限公司和11所学校等用人单位的招聘负责人在会上对单位用人理念和大学生就业中存在的问题进行了交流。他们一致认为,成绩、专业知识和经验不是阻碍大学生就业的最大难题,职业规范和职业意识等职业素养才是大学生最缺乏的。

【小贴士】

曾经有用人单位要求前来面试的学生回答这样的问题:"你能否举例,在大学里成功说服别人接受你的观点的经历;或者,是否曾经遇到一件十分棘手的事,大家议论纷纷,而你提出了一种解决方案,成功地让周围的同学接受,并顺利地解决问题?"

对这一问题的回答,在一定程度上能反映出你是否有影响力。这种影响力可能关乎你在今后的工作中,能否成为组织的领导、公司的主管。沟通能力与协作能力在一个单位或一个团队里非常重要,如果你只知道闷头工作,而不能与周围人沟通,那么在很多以项目为主导来开展业务的公司中,你将难以紧跟团队的节奏,从而影响工作效率。

不同的用人单位、不同的岗位有不同的核心能力要求。有的组织,如科研机构,可能更强调大学生的技术水平、协作精神。有的岗位,如研发部门,可能更强调大学生的创新精神、分析并解决问题的能力。另一些岗位,如财务部门,更强调纪律性、规范性、专业性。大学生有必要针对自己的职业发展目标而努力,关注这些目标要求的职业素养和核心能力,寻找现实差距,进而提升自我。

(三) 经验角度的差距分析

我们无法责怪用人单位的"急功近利",要求招聘的人才具备一定的经验,一进公司就能派上用场,毕竟这是市场的需求。因此,拥有一定的工作经验和实践能力的大学生在竞争中具有一定的优势。有调查表明,超过60%的大学生进入用人单位之后,需要用两年甚至两年以上的时间来适应职场,这就是他们缺乏工作经验的表现。他们不知道怎样与他人打交道、怎样与他人合作、怎样完成领导交办的工作、怎样融入公司的文化价值观之中做一名合格的职场人士。

因此,大学生不能只顾着校园里的生活,有效地兼职、见习和实习将是学习之外另一个十分重要的课题。大学生的工作经验和动手实践能力体现在以下几个方面:一是在大学里从事过哪些勤工助学的工作;二是在大学里参加了哪些社会实践;三是在大学里参与了哪些教学实践、生产实习;四是在社会上做过什么实习。在这些活动中,大学生可以在一定程度上了解工作与学习的不同、职场与学校的不同、同事与同学的不同,并积累实践能力。当然,大学生实习或兼职的如果是与职业目标相关的工作岗位,那么将更有竞争力。

列出各种差距的清单,这些差距就是你奋斗的目标。

二、制订行动计划与措施

制订行动计划主要包括学习、工作、训练、教育、参加社会活动、培训等内容,以及这些任务对应的完成时间、完成效果、完成途径等。

【微课】

分析差距
制订计划

例如,你选择从一名财务人员做起,在进行5年、10年或者20年个人的职业规划时希望成为一名理财规划师。那么,你应该问自己以下几个问题:哪些特别的培训和学习才能使我有资格做一名理财规划师?为使自己的发展之路顺畅坦荡,需要排除的内部和外部障碍有哪些?周围的人在这方面能为我提供帮助吗?我要到什么样的用人单位工作才能更快地实现这个目标?

一般情况下,建议先把3~5年的具体实施计划和方案制订出来,等到这个阶段完成之后再根据实际情况规划下一个阶段的具体计划。制订计划的时候要注意以下三个方面。

(一) 列出完整的目标清单

完整的目标清单应该包括详尽的职业生涯大小目标、差距清单,以及其他试图在大学里完成的目标。例如,一个立志成为船舶制造专家的大学生,他可能还想拉好二胡,或者学会开汽车等。那么现在就请把所有的目标任务都罗列在清单中。列出各种差距的清单,这些差距就是你在大学生活里要奋斗的目标。

(二) 需要多长的时间来完成这些任务

如果你的大学时光只有 3 年,你的目标任务又很多,那么你就必须做出取舍;如果你的大学时光是 4 年,你的能力强,时间安排又合理,那么你就可能完成更多的任务。但大学的时光总是短暂的。因此,一个真正能够成才的大学生必须计算投入与产出的比例,同时要对时间做出合理有效的安排。

(三) 找到合适的措施

明确了任务,就要构想完成这些任务的措施。例如,你想拥有另外一种专业的知识,那么你可以通过自考的方式,也可以辅修第二专业,还可以旁听相关课程或自学。再如,要找到一个称心的工作,你也许会采用增加实践经验的办法,也可以先考研究生,还可以通过出国留学等途径实现。我们要找到适合自己的方式,这样才能顺利实现目标。

主题四　检查和修订

行动是缩小差距的关键环节,除了要有落实目标的具体措施和行动计划,还要持之以恒并随时修订计划。

一、检查和修订的原因

职业生涯规划的检查和修订是职业生涯规划中不可或缺的步骤,是保证职业生涯目标实现和职业生涯成功的重要手段。一个人对于职业生涯目标的描述和界定,在刚开始的时候可能是模糊的、抽象的,甚至是错误的。随着个体的不断成长、外部环境的动态变化与个体的内在状态不断波动起伏,每个人都需要审视自己的职业选择、职业目标、职业路线是否适合自身的发展。

从权变的理论来看,影响职业生涯规划的因素有很多。有的变数可以预测,有的变数难以预测。只有不断地实践检验和深入学习,才能在实现目标的过程中更清楚地发现自己的潜能、长处和短处,纠正分阶段目标中出现的偏差,增强自信心,提高行动力。同样,有时昨天的选择会因外部环境的变化而显得不合时宜;也可能因为能力、兴趣等自变量的不断变化或自我认知水平的日趋成熟,对职业的倾向和判断也在随之发生变化。因此,要使生涯规划行之有效,就必须不断地对规划进行检查与修订。

通过检查和修订,可以达到以下目的:对自己的强项充满自信;及时地修补自己的弱项;对自己的发展方向有清楚的认知;找出有待改进的地方并制订详细的行为改变计划;等等。当然,最终的目的是实现自己的人生价值。

二、检查和修订的方法

目标要可行,不能停留在空喊口号上;行动更需要时时审视,不能一味蛮干。要分析自己的行动是促进了目标的实现,还是离目标越来越远;是否采取了正确有效的行动。只有及时衡量自己行动的质量和效果,随时调整自己的行动计划,才能保证行动的有效性。

(一) 有效管理

职业生涯规划的检查和修订其实就是对职业生涯的有效管理,为了更好地说明问题,我们引入一个管理学中的理论,即 PDCA(Plan 计划、Do 执行、Check 检查和 Act 处理)循环理论。

PDCA 循环理论不仅可以用在质量管理体系中,宏观地看,它更是一个很好的方法论,可以广泛地运用于工作、学习、生活中,运用于职业生涯管理中就是行动计划、实施执行、检验反馈、调整计划的螺旋上升的管理过程。

【阅读拓展】

PDCA 循环理论

确定职业目标

(二) 检查的内容和修订的方向

1. 执行情况的检查和修订

执行情况的检查和修订主要是分析自己在时间、精力、金钱的投入方面是否不足，方法、途径上有没有问题。一般情况下，如果目标任务无法完成，首先要检查和修订的是执行情况。再完整的计划、再美好的理想都要以强有力的执行作为前提和保障，疏忽马虎、不投入时间、不讲究方法、转移注意力等都会使目标无法达成。执行情况的检查一般要分析完成计划所花的时间是否充足、态度是否端正、学习方法是否合理、计划是否需要加强、调整和改变等，还要经常反思自己做事情的时候是否分清轻重缓急，是否按照优先处理重要紧急的、接着是不重要但紧急的、然后是重要而不紧急的、最后是不重要也不紧急的顺序来完成任务。

【资料分享】

小毛今天的心情特别差，从考场一出来就阴沉着脸，是因为考试没有考好、证书没有考过，给自己制定的学习计划没有全部完成。他特别后悔自己平时没有抓紧时间复习，把所有的机会都押在考前培训班发的复习材料中，导致很多知识点掌握得很不牢固。

2. 行动计划的检查和修订

如果目标任务无法完成，而执行过程没有问题，也就是你已经尽心尽力地去做了，那么就要认真评估行动计划。每个人的时间和精力都有限，如果不合理地安排时间，就很难完成目标任务。因此，我们要看看计划中的时间分配是否合理，时间利用是否到位，目标是否分割得很合理，细节是否清晰，资料是否充足，参加专业的培训是否有必要，等等。执行的情况与行动计划是紧密相关的，两者只有步调一致，才可能比较顺利地完成目标任务。因此，大学生要随时检查行动计划是否周详。

3. 自我评估的检查和修订

发现真实的自我不是一件容易的事，因为个人的潜意识有时连自己也无法弄清，并且每个人都是不断发展变化的，如果没有与别人进行比较或者经历一些事情，就很难确定自己是个什么样的人。大学生受年龄、经历、人格成熟程度等因素的制约，往往对职业缺乏全面客观的分析和预测，致使选择的结果存在偏差或者缺陷。

大学生可能会在学习过程和社会实践活动中发现自己原来不是想象中的样子。例如，发现原来自己的学习能力还是很不错的，自己的抗压能力不像想象中那么高，自己的影响力有限，自己的表达能力与别人相比差距较大，自己的兴趣是这样的而不是那样的……只有经过实践、比较、反思之后才能得到一个更真实的自我。

通过检查后，我们会知道哪些子目标定高了、哪些子目标定低了，据此调整子目标使之符合现状。当然，相对于总的人生目标，一般是要先调整自我，提高素质，培养能力，以最终实现职业目标。

4. 职业生涯路线的检查和修订

经过自我评估之后,你可能会发现自己的兴趣、能力已经发生了一定的变化,这个时候就要进行职业生涯路径的检查和修订。例如,一个大学生给自己定的职业线路是先做技术,后做销售,再做管理,最后自己创业,但在实践中他发现自己在销售方面更感兴趣也更有能力,或者发现自己已经具备了创业的可能性等,就可以考虑是否要调整发展路径。

5. 职业选择的检查和修订

职业选择的检查和修订实际上就是考虑是否重新选择职业。职业生涯规划一旦制定,一般不会轻易改变,在遇到一些不确定因素的影响时,我们一般只对短期规划和中期规划进行调整,对人生规划与长期规划的调整一定要慎重。但是,在特殊的情况下也要认真地评估职业选择。

我们要从宏观层面认识职业生涯发展的局限和可能性。有些因素是个人只能接受和适应而不可改变的,如社会大环境发生了重大的改变,包括社会环境、政治环境、经济环境、科技环境、自然环境、法律环境等,如果这些环境的改变对职业的走向产生影响,那么我们就要慎重地考虑职业的选择了。

另外,如果出现身体、家庭、经济状况等极端意外情况,或者出现发生重大转化的机遇,那么也可以考虑调整职业。如果你在多个子阶段的目标都完成得不太好,那么可能不是执行力的问题,最大的可能就是总目标出现问题。

(三) 检查和修订要注意的问题

1. 抓住最重要内容

在职业生涯的某一阶段,总有一个最重要的目标,其他目标都是指向这个核心目标的,我们可以通过优先排序,重点评估那些可能达到这个核心目标的主要策略的执行效果。

2. 关注最新需求

针对变化的内外环境,要善于分析最新的趋势和影响;针对新的变化和需求,思考什么样的策略才是最快、最有效并且最有新意的。

3. 关注薄弱点

木桶理论即木桶的容量不取决于最长的那块木板,而是取决于最短的那块木板。因此我们要想办法修正自己的"短板",如观念差距、知识差距、能力差距、心理素质差距等。

4. 采用多种方法相结合

我们可以采用反思法、调查法、对比法、求教法等。在职业生涯路线的评估和调整中,我们可以反思自己经历的事情,也可以与其他人进行比较,还可以调查认识自己的人,另外还可以向专业人士求教。

5. 注意检查和修订的顺序

如果目标任务无法按期完成,首先应检查执行的情况,接着检查计划的可行性,然后检查自己的现状及外部环境,最后检查职业目标,研究是哪个环节出现了问题,然后做出针对性的调整。

采取定期检查与随时反省相结合的方法。定期检查每一阶段的目标达成情况,依据实际效果修订实现下一阶段目标可采用的策略。如果客观环境发生改变,影响到计划的执行,那么我们要及时进行检查和修订。随时反省目标的落实情况,以便做出小幅度的调整,使目标得以完成。

检查和修订是一个再发现、再认识的过程,我们要时刻关注环境的变化,不断地审视自我、调整自我,适当地修正策略和目标,这样才能保证职业生涯规划的有效性。大学生进行职业生涯反馈与修正的根本目的就是让自己紧随时代、紧随市场,保持最佳状态,在通向最终目标的道路上跨越障碍,走得直、走得快、走得稳,实现可持续发展。

主题五　撰写职业生涯规划书

每个大学生都应该对自己、对社会负责。请设计一份属于自己的职业生涯规划书，并将此作为自己的最高行动指南。那么大学生该如何撰写职业生涯规划书呢？

一、大学生职业生涯规划书的格式

（一）封面

署上作品名称和年月日，可以在封面插入图片和警示格言。

（二）扉页

个 人 资 料

姓名：×××

性别：×

年龄：××岁

籍贯：××省××市/县

所在学校及学院：××大学××学院

班级及专业：××级××专业

（三）目录

引言

第一章　认识自我

1. 个人基本情况

2. 职业兴趣

3. 职业能力及适应性

4. 个人性格

5. 职业价值观

6. 胜任能力

7. 自我分析小结

第二章　职业生涯条件分析

1. 家庭环境分析

2. 学校环境分析

3. 社会环境分析

4. 职业环境分析

5. 职业生涯条件分析小结

第三章　职业目标的确定及其分解与组合

1. 职业目标的确定
2. 职业目标的分解与组合

第四章　具体执行计划

1. 短期目标的具体实施计划
2. 中期目标的具体实施计划
3. 长期目标的具体实施计划
4. 人生总目标的实现

第五章　检查和修订

1. 检查的内容
2. 检查的时间
3. 规划修订的原则和备选方案

结束语

附：参考书目

(四) 正文

引言

第一章　认识自我

结合相关的人才素质测评报告对自己进行全方位、多角度的分析。

1. 个人基本情况
2. 职业兴趣——喜欢干什么

在我的人才素质测评报告中，职业兴趣前三项是××型(×分)、××型(×分)和××型(×分)。我的具体情况是……

3. 职业能力及适应性——能够干什么

我的人才素质测评报告结果显示，××能力得分较高(×分)，××能力得分较低(×分)。我的具体情况是……

4. 个人性格——适合干什么

我的人才素质测评报告结果显示……我的具体情况是……

5. 职业价值观——最看重什么

我的人才素质测评报告结果显示，前三项是××取向(×分)、××取向(×分)和××取向(×分)。我的具体情况是……

6. 胜任能力——优劣势是什么
7. 自我分析小结

第二章　职业生涯条件分析

参考人才素质测评报告，对影响职业选择的外部环境进行较为系统的分析。

1. 家庭环境分析

如经济状况、家人期望、家族文化等。

2. 学校环境分析

如学校特色、专业学习、实践经验等。

3. 社会环境分析

如就业形势、就业政策、竞争对手等。

4. 职业环境分析

(1) 行业分析

如××行业现状及发展趋势。

(2) 职业分析

如××职业的工作内容、工作要求、发展前景。

(3) 企业分析

如××单位类型、企业文化、发展前景、发展阶段、产品服务、员工素质、工作氛围等。

(4) 地域分析

如××工作城市的发展前景、文化特点、气候水土、人际关系等。

5. 职业生涯条件分析小结

第三章 职业目标的确定及其分解与组合

1. 职业目标的确定

综合第一部分(自我分析)及第二部分(职业生涯条件分析)的主要内容得出本人职业定位的SWOT分析。

内部环境因素　　优势因素(S)　　弱势因素(W)
外部环境因素　　机会因素(O)　　威胁因素(T)

分析

结论：职业目标——将来从事(进入××行业的)××职业

职业发展策略——进入××类型的组织(到××地区发展)

职业发展路径——走专家路线(管理路线等)

2. 职业目标的分解与组合

把职业目标分成三个规划期，即短期规划、中期规划和长期规划，并对各规划期及其要实现的目标进行分解，每段可设职务目标、经济目标、能力目标、成果目标、健康目标、学习目标、家庭目标等。

第四章 具体执行计划

每个计划大体包括计划名称、时间跨度、总目标、分目标、计划内容、策略和措施、备注等。

1. 短期目标的具体实施计划

计划名称：短期计划(大学计划)。

时间跨度：××××年—××××年。

总目标：大学毕业时要找到什么职业或者要考取什么专业的研究生……

分目标：大一要达到……大二要达到……或在××方面要达到……

计划内容：如专业学习、职业技能培养、职业素质提升、职业实践计划等。

策略和措施：例如，大一以适应大学生活为主，我要参加什么社团活动，要去拜访哪些师姐师兄和老师，要去图书馆查阅什么资料。大二以专业学习和掌握职业技能为主，我要……

备注：提醒自己需要注意的事项。

2. 中期目标的具体实施计划

计划名称：中期计划（毕业后5年的计划）。

时间跨度：××××年—××××年。

总目标：例如，毕业后第5年时要达到……（从内外职业目标来分析）

分目标：例如，毕业后第一年要……第二年要……

计划内容：如职场适应、"三脉"（知脉、人脉、金脉）积累、岗位转换及升迁……

策略和措施：工作第一年以适应职场生活为主，要广泛地建立各种关系，尽快地调整自己的生活节奏，熟悉企业的工作流程和文化。第二年……

3. 长期目标的具体实施计划

计划名称：长期计划（毕业后10年及以上计划）。

时间跨度：××××年—××××年。

总目标：例如，退休时要达到……

分目标：例如，毕业10年要达到……20年要达到……

计划内容：例如，事业发展、工作与生活的关系、健康状态、子女教育、慈善等。

策略和措施：工作第一年要……

4. 人生总目标的实现

第五章　检查修订

职业生涯规划是一个动态的过程，必须根据实施的结果及变化的情况进行及时的检查与修订。

1. 检查的内容

（1）职业目标评估（是否需要重新选择职业）。假如一直……那么我将……

（2）职业路径评估（是否需要调整发展方向）。当出现……的时候，我就……

（3）实施策略评估（是否需要改变行动策略）。如果……我就……

（4）其他因素评估（身体、家庭、经济状况、机遇、意外情况的及时评估）。

2. 检查的时间

在一般情况下，定期（半年或一年）进行规划评估；当出现特殊情况时，应及时评估并进行相应的调整。

3. 规划修订的原则和备选方案

结束语

附：参考书目

二、职业生涯规划书制作的基本要求

(一) 资料翔实,步骤齐全

收集资料有多种途径,可以通过访谈、摘抄报刊图书、上网下载等方式获取资料,要尽可能注明资料的出处,并运用图表数据来说明问题,以提高资料的可信度和说服力。

【阅读拓展】

优秀的职业生涯规划书

简单来说,主要分为四步:第一步分析需求,分析条件,设定目标;第二步分析阻碍和可行性;第三步设计方案和提升(改变)计划;第四步制定详细的实施计划和措施。

(二) 论证有据,分析到位

要了解相关的测评理论及知识,认真审视并思考自己的测评报告,对照自我认识与测评结果的异同,分析与测评结果形成差距的原因,从而确定自我评估结果,达到"知己"的目的。要理清自己所处的环境(包括居住的地方、喜欢的地方、亲朋的意见等),明确自己最感兴趣的内容、最喜欢与之共事的人的类型、最重视的价值与目标、最喜欢的工作条件,再通过环境评估(社会影响、家庭影响、学校因素、就业形势等)和对当前社会环境的分析(组织环境分析、技术的发展、经济的兴衰、政策法规的影响等)来确定自己的职业方向,做到有理有据、层层深入。

(三) 言简意赅,结构紧凑,重点突出,逻辑严密

语言朴实简洁,用词精练准确,行文流畅,条理清楚,这是最基本的写作要求,撰写时还应密切注意整篇文章的结构和重心。职业生涯规划书一般包含对职业规划的认识、对自我的剖析、对所学专业的认识、对职业方向的探索、确定目标并制定计划这五个方面的内容。在对这些内容进行分析和阐述时,必须紧紧围绕职业目标这条主线来展开,从而体现文章论述的逻辑性和连贯性,同时要将重点放在自我评估、环境评估、目标实施上。因为职业生涯规划是将来的规划,这个规划只有建立在对自我和职业的充分认识的基础上,才能体现出它的科学性和可行性。

(四) 目标明确,合理适中

撰写职业生涯规划书应围绕论述的中心展开,职业生涯目标不能过于理想化,应"择己所爱""择己所长""择世所需""择己所利"。职业生涯规划书的撰写是否成功,在很大程度上取决于有无正确适当、切实可行的目标。

(五) 分解合理,组合科学,措施具体

目标分解、实现路径选择要有理论依据,并且备用路径之间要有内在联系。目标组合要注意时间上的并进、连续,功能上的因果、互补作用,全方位的组合要涵盖职业生涯、家庭生活、个人事务等方面。

三、大学生职业生涯规划易疏忽的问题

(一) 只有理想,没有目标

理想是我们追求的完美结果,职业理想更多地表现为某个具体的职位或职业声望、职业回报。很多大学生只是着眼于职业理想,而不去实现各阶段的职业目标,这会导致

职业理想无从实现。例如,有的同学的职业理想是销售总监,他选择这个晋升轨迹:销售代表→业务员→销售主管→区域销售经理→销售部经理→销售总监。这个轨迹的每个阶段都是为实现销售总监这个结果而服务的。但有些大学生不屑于做销售代表、业务员,最终销售主管就成了他追求的职业结果,他的销售总监梦自然落空。

(二) 缺少对自我和环境的分析

缺少对自我和环境的全面分析,盲目地制定自己的职业发展目标,是大学生在进行职业规划时常见的错误。

实现职业目标有很多途径,每个途径都是不同的职业因素的组合,这些途径虽然都可以实现职业理想,但在时间、时机、难易程度等方面有区别。这就好像你知道有多少条道路可以达到职业理想,这是知识;而你为自己选择一条捷径来实现职业理想,这是智慧。因此,当我们确定了自己的职业理想时,要在综合分析的前提下总结出不同的道路,结合职业环境及可用资源等因素来做出最优的选择。我们要综合多方面的因素选择一条最适合自己的途径,选择最佳途径是为了更快地实现我们的职业目标,从而最终实现职业理想。

(三) 错把就业当择业

"先就业后择业"的口号在很大程度上误导了大学生的职业观念。人的职业生涯是有限的,我们不能把过多的时间用在选择职业上,而耽误了最佳奋斗时间。从实现职业理想的角度来看,职业理想支撑着每个人所从事的工作,每个人所做的工作又与职业目标密切相关。

大学生在规划自己的职业生涯时都已经确定了比较明确的职业目标,为什么还有很多大学生最后找不到工作,或者随便找一个工作糊口呢?最根本的原因就在于没有培养足够的能力。要知道,现在的失业是结构性失业。

(四) 错把经历当能力

一些大学生确实也做过一些社会实践,如做过家教、促销员、服务员等,并且在毕业之际将其作为自己的能力写在简历中。这些实践经历确实可以为大学生提供更多的接触社会、了解社会的机会,但在职业发展的问题上,经历并不一定代表能力。经历只能代表你的过去,是过去你所做的事情的总合,是一种过程性、分散性的实践活动在时间上的总结。

能力则是在你的经历中所形成的独特的核心优势,是你能把事情做得怎么样、你有什么成果的一种结果性总结。由经历到能力的转化是量变能否引起质变的问题,也就是说经历仅仅提供了一个增长能力的平台,至于能否转化为能力,那就是一个未知数。

每个人都有过去的经历,但并不是每个人都会在此基础上形成能力。原因要么是你没有相对专注地做事情,难以在一个领域得到专一的发展;要么是你在做事情的过程中没有培养核心能力的意识。因此,盲目地做许多不相关的社会实践并不能形成自己所期望的能力。

(五) 草率规划,轻易放弃

既然选择了某个职业就不能随意更改,既然决定了要完成某个目标就不能轻易放弃。

目标没办法完成有时是因为计划不够完善,有时是因为目标太多,有时是因为执行力度不够,有时是因为目标不合理。因此,职业生涯规划要重视评估和调整,这样才能及时纠正偏失。

(六)缺乏对行业职业的探索

很多大学生的职业生涯规划书中对职业和行业的探索太少,认为自己所学的专业只能对应这类的职业,不需要再花时间去分析专业、行业、职业的现状和发展情况,其实这是错误的想法。

职业概况、工作内容、职业所需的能力和必备的知识结构、发展前景、适合什么样的人群、不同地方的待遇水平、可能的发展路径、这个职业所处行业的发展现状、这个职业在整个行业中处于什么样的位置……大学生只有对这些内容进行认真的探索,才能明确内心的追求。

做完了职业生涯规划书,很多大学生认为大功告成了,便把职业生涯规划书束之高阁,似乎做了职业生涯规划书就把问题解决了。有很多大学生在职业生涯规划书里提到他们的经济目标是:25岁时生活稳定,30岁时有自己的房子和汽车,40岁之前功成名就。一切的事情看似顺利且美好。实际上,职业生涯规划书并不是万能的,它无法解决当下所遇到的直接、实际的问题,因为很多人在职业生涯中遇到的问题是之前积攒的,要通过努力才能解决。职业生涯规划本身就是通过规划未来从而把握好当下,它引导我们对成功进行定位,引导我们为自己树立奋斗的目标,坚定地朝一个方向努力,让我们知道自己应该做些什么,让我们在碰到问题时在自我激励下前行,最终有所收获。

实践与体验

主题一　选择职业和确立职业生涯路线

活 动 概 览

活动目标	理解职业生涯规划的各个环节,掌握职业选择、路线确定的基本原则和方法步骤
课堂活动	活动一:两只蚂蚁的故事 活动二:我的"三定" 活动三:帮小林出主意 活动四:职业生涯路线三选一
课堂自测	自测:对职业生涯路线的认识
课外拓展	拓展一:职业选择问答 拓展二:我的SWOT分析

课 堂 活 动

活动一:两只蚂蚁的故事

活动目的:

认识方向对生活的指引作用,理解职业选择和职业生涯路线的确定对个人职业发展的重要性,树立科学选择职业和规划职业生涯路线的意识。

活动流程:

流程1　阅读故事。

有两只蚂蚁想翻越一段墙,寻找墙那边的食物。一只蚂蚁来到墙脚下就毫不犹豫地向上爬去,可是每当它爬过大半时,就会由于劳累、疲倦而跌落下来。可是它不气馁,一次次跌下来,又迅速地调整自己,重新开始向上爬去。另一只蚂蚁观察了一下,决定绕过墙去。很快,这只蚂蚁绕过墙来到食物前开始享受起来,而另一只蚂蚁还在不停地跌落下去又重新开始。

很多时候,成功除了勇气、坚持不懈,更需要方向。有了一个好的方向,成功来得比想象中更快。

流程2　快速讨论。

(1) 第一只蚂蚁为什么总是跌落,寻找不到食物?

(2) 这个故事对你有什么启发?

(3) 确定职业生涯路线对个人的职业发展有什么意义?

(4) 在选择职业和确定职业生涯路线时要遵循什么原则？

活动二：我的"三定"

活动目的：

在选择职业时做到合理合情、适合社会、适合自己，学会清晰地规划职业生涯路线。

活动流程：

流程1　阅读本模块 PDCA 理论知识。

流程2　快速思考。

(1) 你的职业定向、定点和定位各是什么？

(2) 你这样抉择的理由是什么？

	定向	定点	定位
我的抉择			
我的理由			

活动三：帮小林出主意

活动目的：

学会用 SWOT 分析法进行职业选择和确定职业生涯路线。

活动流程：

流程1　阅读材料。

小林为某学院汽车系智能网联汽车技术专业大二学生，任系学生会主席兼班级团支书，具有一定的人际协调能力和领导能力，参加过院学生会工作，组织过多次系部社会实践活动，曾多次获得学院辩论赛最佳辩手，曾多次组织系部、班级同学参加各级各种活动。在学习方面，小林的成绩优异，每年都是校级一等奖学金获得者。小林的专业知识也掌握得好，动手能力较强，有一定的分析解决问题能力和创新能力。现在，小林面临着职业生涯路线的选择问题，是要走技术路线还是管理路线？

流程2　将学生分组，快速讨论。

(1) 帮助小林确定职业生涯路线还需要进一步分析和澄清哪些因素？

(2) 如何利用 SWOT 分析法对小林的职业选择和职业生涯路线的确定进行全面分析？

S	W
O	T

(3) 你认为小林该走技术路线还是管理路线？为什么？

活动四：职业生涯路线三选一

活动目的：
了解决策平衡单的内容和使用方法，学会使用决策平衡单。

活动流程：

流程1　阅读材料。

小李今年就要毕业了，同学们都羡慕他拥有这么多的机会和选择，唯有他自己知道这是一件多么痛苦的事情！小李的手中握有从辅导员手中转来的选调生录用通知书，想象着父母亲知道这个消息将会多么欣喜若狂，他们是多么高兴自己既找到了稳定的工作，又能回到他们的身边。可小李兴奋不起来，因为他的手中还有另外一份通知书，即专升本录取通知书。在实习时他就发现许多专业知识不够用，自己的学历比较低，继续升学可以提升自己的专业能力。另外，听说今年有留校当辅导员的名额，辅导员也找自己谈话了，这也是一个很好的机会，而且当老师一直是自己梦寐以求的职业。

在案例中，摆在小李面前有三条路：基层就业、继续深造和留校当辅导员。每条路都有吸引自己的地方，但鱼和熊掌不能兼得，怎么办？

流程2　将学生分组，快速讨论。

你们建议小李选择哪条路？为什么？

流程3　阅读本模块中决策平衡单的使用说明，使用决策平衡单为小李做选择。

考虑得失因素	权重分	选择项目					
		选择一		选择二		选择三	
	+1~+5	加权分 +5	加权分 -5	加权分 +5	加权分 -5	加权分 +5	加权分 -5
个人物质方面 1. 收入 2. 发展 3. 待遇 4. 健康的影响 5. 休闲时间 ……							
他人物质方面 1. 家庭收入 2. 家庭地位 ……							
个人精神方面 1. 成功感 2. 兴趣的满足 3. 挑战性 4. 被他人认可 5. 发挥技能 6. 创造性 7. 帮助别人 ……							

续表

考虑得失因素	权重分	选择项目					
		选择一		选择二		选择三	
	+1~+5	加权分 +5	加权分 -5	加权分 +5	加权分 -5	加权分 +5	加权分 -5
他人精神方面 1. 父母 2. 朋友 3. 老师 ……							
总分							

课 堂 自 测

自测：对职业生涯路线的认识

课 外 拓 展

拓展一：职业选择问答

拓展目的：
厘清职业选择的相关问题，清晰职业发展方向。

拓展流程：
流程1　根据自身实际情况，填写下表。

【自测】

对职业生涯路线的认识

你想往哪个方面发展？
你能往哪个方面发展？
你的职业选择能帮助你实现人生的最终目标吗？
是否有一种途径可以让你现有的职业与人生的基本目标一致？

流程2　与同学、朋友分享你的思考结果，请他们评估合理性。

拓展二：我的 SWOT 分析

拓展目的：

学会使用 SWOT 分析法客观评估自我，清晰地规划职业生涯路线。

拓展流程：

流程1　感觉自身实际，填写下表。

S	W
O	T

流程2　确定你的职业发展方向。

流程3　与同学、朋友分享你的分析结果，请他们评估合理性。

主题二　职业生涯目标的分解与组合

活 动 概 览

活动目标	掌握确定职业生涯目标的方法，把握职业生涯目标分解与组合的方法，学会结合自身实际对职业生涯目标进行分解与组合
课堂活动	活动一：王想的目标阶梯 活动二：马拉松冠军 活动三：张艺谋的发展历程
课堂自测	自测：职业目标状态
课外拓展	拓展：目标任务分类

课 堂 活 动

活动一：王想的目标阶梯

活动目的：

学习设定职业目标的原则，学会理性地制订职业目标。

活动流程：

流程1　阅读案例。

王想是我从小到大的朋友。我们在18岁时分开，我在外为生活四处奔波；而王想上了大学，做什么事都挺顺利。在这分开的10年里，我们几乎每隔两三年就见一次面。每次我都喜欢问他同一个问题：你将来的目标是什么？

我得到的答案总是不同的。下面记录的是王想每次谈及目标时的表述。

18岁,高中毕业典礼上:我要当中国首富(好大的口气)。

20岁,春节老同学聚会上:我想创立自己的公司,30岁前拥有200万元资产。

23岁,在某市工厂当技术员,第二职业是炒股:我正在为离开这家工厂而奋斗,因为这个工作太没有前途了。我将全力炒股,3年内用5万元炒到30万元(似乎有点儿实现的可能)。

25岁,炒股失意而情场得意,开始准备结婚:我希望一年后能有20万元,让我风风光光地结婚(挺现实的想法)。

26岁,不太风光的结婚典礼上:我想生一个健康可爱的孩子,不久的将来当一个车间主任就行,别的不想了。

28岁,所在工厂效益下滑,偏偏正是妻子怀孕快生产的时候:希望这次下岗名单里千万不要有我的名字。

流程2　快速思考。

(1) 王想的目标设定存在什么问题?

(2) 职业生涯发展目标的设定要遵循什么原则?

活动二:马拉松冠军

活动目的:

体会分解目标的意义,学会对职业目标进行分解。

活动流程:

流程1　阅读材料。

有人问一位曾多次获得国际比赛冠军的马拉松运动员,成功的秘诀是什么,他只简单地说:"我用智慧战胜对手。"直到退役后,他才揭开谜底。原来,每次比赛前,他都要沿比赛线路走一遍,将40多千米的赛道分成不同的小目标。当发令枪响的时候,其他选手按照跑马拉松比赛的速度奔向40千米外的终点,他却按照中长跑的速度奔向第一个目标;之后,再适时调整速度奔向第二个目标……几个小目标一一实现后,他轻松地跑完了全程。成功不是结果而是过程,任何大目标都是一串小目标的组合,要实现大目标必须先实现小目标。一步一步完成是实现目标最聪明的做法,不要妄想一口吃成个胖子。

流程2　学生分组快速讨论。

(1) 这位马拉松运动员成功的秘籍是什么?

(2) 职业目标分解有什么作用?

(3) 怎么进行职业目标分解?

活动三:张艺谋的发展历程

活动目的:

了解职业生涯目标的分类,理解内生涯目标和外生涯目标的关系。

活动流程:

流程1　阅读案例。

纵观张艺谋的个人职业发展轨迹：插队劳动的农民—工人—学生—摄影师—演员—导演，一次次巨大的职业跳跃和转型最终造就了一个成功的导演。

生涯准备期：定位、积累

1968年初中毕业后，张艺谋在陕西乾县农村插队劳动，后来在陕西咸阳国棉八厂当工人。特殊的历史环境使年轻时的张艺谋没上高中就插队当了农民和工人，像他一样没有选择的人很多，但能像他一样坚持自己梦想的不多。终于，在1978年，张艺谋以27岁的年龄去学习自己心爱的技术——摄影，为自己未来的转型积累经验。

生涯转型期：学习、坚持

1978年，张艺谋进入北京电影学院摄影系学习。重新进入课堂学习后，张艺谋老老实实地做起了摄影，虽然他的志向是导演，但他显然十分清楚自己要做什么。这个时候的他仍在学习，不只是在课堂上学习，更是在实践中学习。1982年毕业后，他在广西电影制片厂当摄影师。他拍摄的很多片子都是与当时已经很有名气的陈凯歌导演合作的，《黄土地》就是其中一部。

生涯冲刺期：否定、准备

在《黄土地》获奖后，张艺谋有两个选择——继续做一个已经很成功的摄影师或者转型做导演。然而，在他人意料之外，他做了另外的选择——做一名演员，并且也获得了一定的成功。1987年，他主演影片《老井》，同年获得第二届东京国际电影节最佳男演员奖；1988年获得第八届中国电影金鸡奖最佳男主角奖、第十一届电影百花奖最佳男演员奖。要做导演，特别是要成为有建树的导演，只有亲身体验过做演员的感受，才能在拍片的时候和演员尽可能地契合。也许，这也是张艺谋拍片能获得成功的一个缘由吧。

1987年，张艺谋导演的《红高粱》获得无数大奖。正是这部电影，让张艺谋成功地实现了从演员到导演的转型，并以一个成功导演的身份进入公众视野。在成功转战文艺片后，他又转向了商业大片，《英雄》等一部部商业大片的红火为他带来了巨大的声誉，并最终成为中国电影界的一面旗帜。2008年北京奥运会和2022年北京冬奥会等重要的舞台更是让他得以淋漓尽致地发挥其才能和创意。

流程2　快速思考。

(1) 张艺谋取得成功的原因是什么？

(2) 试着分析张艺谋的内、外职业生涯的发展路径。

外职业生涯道路：农民—工人—学生—摄影师—演员—导演

内职业生涯道路：_____

(3) 你的内、外职业生涯的发展路径是怎样的？

外职业生涯道路：_____

内职业生涯道路：_____

职业目标状态

课 堂 自 测

自测：职业目标状态

课 外 拓 展

拓展：目标任务分类

拓展目的：
学会按照不同的标准对想要达成的职业目标进行分类组合。

拓展流程：

流程 1　阅读以下 50 个目标任务。

(1) 与大家都认为很优秀的人交往；
(2) 加入两个学团组织；
(3) 当感到"这可不行时"，潜能勃然而出；
(4) 清楚在哪里可以找到自己想要的资料；
(5) 多听讲座，特别是让人震撼的讲座；
(6) 帮助老师做事；
(7) 不是为了学分去听课；
(8) 收集名人名言；
(9) 给自己的大学生涯及人生生涯做一次规划；
(10) 创造一个看同一部电影次数的最高纪录；
(11) 掌握自学的本领；
(12) 尝试运动以外的增强体力的方法；
(13) 不管在外逗留到多晚，回家后都把书打开；
(14) 拥有两本以上的记事本；
(15) 像应考复习时那样制订学习计划；
(16) 不是亲眼所见，不轻易褒贬；
(17) 结识一些会让你紧张的人；
(18) 尝试和别人持有不同的观点，并学会抛弃成见；
(19) 比考试期间更努力地学习；
(20) 大学一天，老来一年，学会利用时间；
(21) 别勉强自己学习；
(22) 制订 10 项工作计划；
(23) 冷静地想想，自己是不是真正地喜欢学习；
(24) 拥有 30 本甚至更多的课外书籍；
(25) 学习，不只在象牙塔内；
(26) 整理孩提时代以来的影集；
(27) 拥有一本没有答案的习题集；
(28) 尊重父母；
(29) 做一本属于自己的词典；
(30) 创造一个深夜步行回家所花最长时间的纪录；
(31) 知不可为而为；
(32) 看一本使自己受冲击的书；
(33) 日积月累，终有所成；
(34) 一天一页，写什么都可以；
(35) 即使退学了也有事可做；
(36) 训练自己能一边听课，一边看书；
(37) 别忘了做功课；
(38) 速读训练；

(39) 既要实践,又要理论;

(40) 不一定要谈恋爱,但至少要有一次恋爱的感觉;

(41) 脚踏实地,循序渐进;

(42) 交一个挚友;

(43) 交一个热衷于学习的留学生朋友;

(44) 有一个秘密的藏身之处;

(45) 学习一些古典及经典的东西,特别是中华民族的经典;

(46) 一星期空出一天只和自己相处;

(47) 要牢记这是你的专业,而并不只是兴趣;

(48) 了解到当初的无知,便已接近了梦想;

(49) 画一页属于自己的地图;

(50) 一个人在国内旅游。

流程2　完成下表。

上述目标中哪些是你想要达成的目标	除了上述目标,你还有哪些想要达成的目标

流程3　按性质分解你想要达成的目标。

外职业生涯目标	内职业生涯目标

流程4　按时间分解你想要达成的目标。

人生目标	
长期目标:	中期目标:
短期(一年)目标:	近期(月、周、日)目标:

流程5　按因果关系、互补关系组合目标。

按因果关系组合目标	按互补关系组合目标

主题三 分析差距 制定计划

活 动 概 览

活动目标	了解如何分析现实与职业生涯目标之间的差距,学会在知己知彼的基础上,分析差距并制定明确的行动计划
课堂活动	活动一:他的宏伟蓝图 活动二:我与目标的距离
课堂自测	自测:对制定计划的认知
课外拓展	拓展:学期计划

课 堂 活 动

活动一:他的宏伟蓝图

活动目的:
学会分析现实与目标的差距,逐步完成目标。

活动流程:
流程1 下面是某位大学生制定的将于 2024—2030 年完成的目标。

(1) 辞掉自己在企业中的工作,专心做好创立培训机构的前期准备,选择自己昔日的同事作为合作伙伴。

(2) 根据规划,开始着手创建公司,将公司总部选在××(同类知名企业发展得较为活跃的地区)。

(3) 坚持理念,加大宣传力度。

(4) 前期对某些企业进行免费的员工培训,观察成果。

(5) 创立自己的品牌,开始承接业务,赚取资金。

(6) 进入高校举办讲座,办好校企合作,将理念传达给即将进入社会的大学生。

(7) 36 岁之前完成自己所有的职业生涯规划,使自己的人生列车驶入一个稳定的轨道。

流程2 快速思考。
(1) 这位大学生制定的职业生涯目标存在哪些问题?
(2) 你认为要从哪些角度分析这位大学生与目标间的差距?

活动二:我与目标的距离

活动目的:
寻找自身与职业目标之间的差距,并学会制定行动计划。

活动流程:
流程1 请为自己制定一个短期目标。

流程2 请写出你目前和目标的差距,以及行动计划。

项目	目标	目前存在的差距	行动的计划
知识方面			
素养方面			
经验方面			

课 堂 自 测

自测:对制订计划的认知

对制订计划的认知

课 外 拓 展

拓展:学期计划

拓展目的:

掌握制订目标计划的方法,学会分步骤制订具体的实施计划。

拓展流程:

流程1 写出你在大学某个学期的目标。

职务目标　　　　　　经济目标
能力目标　　　　　　学习目标
成果目标　　　　　　家庭目标
健康目标

流程2 写出这个学期的计划内容和实施策略。

序号	计划内容	实施策略
1		
2		
3		
4		
5		
6		

流程3 快速思考。

(1)你认为自己的学期计划可行吗?

(2)为完成这个计划,你需要怎么做?

主题四　检查和修订

活 动 概 览

活动目标	掌握检查和修订职业生涯规划的方法,并学会在调整中规划未来
课堂活动	活动:在调整中规划未来
课堂自测	自测:对修订职业生涯规划的认识
课外拓展	拓展一:我的评估与反馈 拓展二:职业生涯规划备选方案制作

课 堂 活 动

活动:在调整中规划未来

活动目的:

学会在实践中反思、修订生涯规划。

活动流程:

流程1　阅读案例。

小浩是某交通学院道路与桥梁工程技术专业2020级学生,自进入大学的第一天起,从小性格比较独立的小浩就想方设法地锻炼自己:竞选班干部、参加各种学生社团……转眼为期一个月的军训生涯结束了,小浩静下心来思考自己的人生问题:自己最看重的是什么?自己的道路应该怎样走?

于是,小浩报名参加了学院"生涯发展辅导"训练营。在训练营中,他学会了经过分析思考之后再进一步进行生涯规划的方法。在明晰了自己应该根据性格、兴趣、个人经历等方面的具体情况来规划职业生涯道路之后,他又产生了一些新的困惑:自己现在所认识到的自我是真实的吗?自己的发展道路是正确的吗?经过一段时间的思索,他发现自己对经济和管理更感兴趣。寒假时,小浩第一次对自己进行了生涯规划,开始了崭新充实的大学生活,并做好报考经济管理专业的专升本考试的准备。

一晃两年过去了,小浩开始准备专升本考试。进入考试的冲刺阶段时,小浩家里突然发生变故——母亲患了重病,家庭的经济情况急转直下。为了缓解家庭的经济压力,小浩修订了自己的生涯规划,做出另外一个他认为更理性的选择:找工作。2023年1月,小浩开始了求职生涯。刚开始,他想在管理咨询公司谋一个职位,但毕竟专业不对口,求职过程中没有太多亮点。在和师兄们交流后,小浩认识到:即使想做管理工作,专业的背景也不能丢。

经过一段时间的思考和对应聘经历的反思,考虑到自己的外语能力较突出,也自学了经济管理专业知识,去外企工作应该是更好的选择,但与路桥专业相关的企业大多是国企或私企。最后,虽然小浩的专业知识并不是最突出的,但他凭着自己大学期间积累的经验成功地与浙江省某建筑设计公司技术部签约,那里人性化的管理和国际化的工作环境都是他向往的,而从事工程技术监管工作也需要学习更多的管理专业知识,这对他来说又是一个挑战。

如今,小浩在明确的职业生涯目标的指引下,已成为公司的骨干技术监管员。

流程2　快速思考。

(1) 你从案例中学到了什么?
(2) 小浩最初的职业规划遇到了什么阻碍?他是怎么调整和修订的?
(3) 职业生涯规划的检查和修订的内容是什么?

课堂自测

对修订职业生涯规划的认知

自测:对修订职业生涯规划的认知

课外拓展

拓展一:我的评估与反馈

拓展目的:
学会根据实际情况检查、修订自己的职业生涯规划。

拓展流程:
流程1　阅读以下某学院汽车系大学生的职业生涯规划书中的评估与反馈内容。

一、职业方向的重新选择

在职业生涯的设计中存在着众多的风险。例如,汽车行业日后有可能出现饱和,企业的发展速度可能变得缓慢。这两大因素可能导致我的短、中期目标无法实现,而这两大风险出现的概率又很大,那么面对这一情况,我为自己重新选择了职业方向。

(一) 在4S店发展不好时到保险公司做汽车保险。
(二) 在短、中期目标不能实现时,可以直接去创业。

二、阶段目标的修订

这项工作只能在计划的实施中进行,但是这里我觉得能够把握的是近期目标的实施情况。近期目标的计划主要应该关注的是自身的学习与工作状况。由于自己还在担任学生干部,所以这个过程还要考虑到学生工作,以及各种学习任务等。

流程2　快速思考。

(1) 该职业生涯规划的检查与反馈存在什么问题?
(2) 在职业生涯规划的检查和修订中要注意什么问题?

拓展二:职业生涯规划备选方案制定

拓展目的:
掌握制定职业生涯规划备选方案的流程和方法。

拓展流程:
流程1　进行职业目标评估,检查是否需要重新选择职业。
流程2　进行职业路径评估,检查是否需要调整发展方向。
流程3　实施策略评估,检查是否需要改变行动策略。

流程4　进行其他因素评估,对个人身体、家庭、经济状况及机遇、意外情况及时进行评估。

主题五　撰写职业生涯规划书

活 动 概 览

活动目标	了解职业生涯规划书的格式和设计制作的基本要求,掌握撰写职业生涯规划书的方法
课堂活动	活动一:家庭和学校 活动二:职业生涯规划技巧之我见
课堂自测	自测:对职业生涯规划的认知
课外拓展	拓展:撰写个人职业生涯规划书

课 堂 活 动

活动一:家庭和学校

活动目的:
学会分析家庭、学校环境对个人职业生涯的影响,善于从实际出发做好规划。

活动流程:

流程1　从以下几个方面分析家庭环境对个人的影响。

(1) 经济状况:

(2) 家人期望:

(3) 家族文化:

流程2　从以下几个方面分析学校环境对个人的影响。

(1) 学校特色:

(2) 专业学习:

(3) 实践安排:

流程3　快速思考。
(1) 家庭和学校分别为你的职业发展带来哪些有利条件和不利影响?
(2) 你该如何整合资源、扬长避短?

活动二：职业生涯规划技巧之我见

活动目的：
掌握职业生涯规划的撰写方法，学会规避职业生涯规划容易忽视的问题。

活动流程：

流程1　阅读案例。

小周即将毕业，她在找工作的浪潮中比较迷茫。回想这半年的求职生涯，小周心中一直存有疑惑：为什么别人有平坦大道，我却走得步履维艰？

小周刚上大一时就认识了一位同系同专业的学姐。由于来自同一个地方，求学又同样到了上海，甚至两人高中都是同一所学校毕业，于是，通过家里的朋友，她们自然熟络了起来，学姐也对小周有所照顾。两个女孩在高中时代无论是在考试中还是学生干部工作中都是佼佼者，上大学后，所选择的专业都是工商企业管理专业。每每小周与学姐聊天，总有相见恨晚的感觉。

转眼，小周上了大二，学姐进入求职阶段。学姐的求职过程在小周看来很顺利。因为学姐的成绩优异，从大三实习开始就受到了对口企业的关注，早早进入公司实习。在实习过程中，表现也颇受认可，没有遇到什么波折，毕业一结束便进入该公司工作。于是小周也同样期待着有与学姐一样光明的前途，从未担心过自己的专业是否会遇到寒流。然而到了大二下学期，小周遇到了工商企业管理专业的就业寒流期。市场需求几近饱和，因为管理本身是一个与工作经验密切相关的工作，所以很少有企业会认为一个专科毕业生有实际的管理才能。

小周茫然了，她从未想过会遇到这样的寒流，甚至未曾考虑过专升本，若现在开始准备，她只有几个月的时间。小周也曾拿起课本，和早有准备报考专升本的同学们一起准备考试，可是书放下了太久，信息几乎是闭塞的。于是小周又投了大量的简历，却都石沉大海。她的就业前景似乎都不同于学姐当年的情况。

流程2　学生分组快速讨论。

(1) 小周的求职之路为什么不顺利？
(2) 小周的职业生涯规划存在什么问题？
(3) 大学生在进行职业生涯规划时容易忽视的问题有哪些？

课 堂 自 测

对职业生涯规划书的认知

自测：对职业生涯规划书的认知

课 外 拓 展

拓展：撰写个人职业生涯规划书

拓展目的：
掌握撰写个人职业生涯规划书的规范和要求，学会撰写职业生涯规划书。

拓展流程：

流程　完成以下职业生涯规划书。

第一章　认 识 自 我

1. 我是谁

姓名	性别	年龄	籍贯
身高	体重	健康状况	视力
学校		专业	

自我意识　根据自我意识量表测评结果,我属于:

360°评价自我

- 自己
- 父母、家人
- 领导、老师
- 同学、朋友
- 其他社会关系

2. 我的职业锚

3. 职业能力倾向

4. 职业兴趣倾向

5. 职业性格类型

气质类型

MBTI 性格类型

九型人格测试

自我分析小结

第二章　职业生涯条件分析

1. 家庭环境

经济状况

家人期望

家族文化

2. 学校环境分析

学校特色

专业学习

实践安排

3. 社会环境分析

就业形势

165

就业政策

竞争对手

4. 职业环境分析
目标行业

目标职业

目标企业

目标地域

条件分析小结

第三章　职业目标的定位及其分解组合

1. 职业目标的确定

内部环境因素	优势	劣势
外部环境因素	机会	威胁

我想从事的职业
我的职业发展策略
我的职业发展路径

2. 职业目标的分解与组合

	短期规划	中期规划	长期规划
职务目标			
经济目标			
能力目标			
成果目标			
健康目标			
学习目标			
家庭目标			

第四章　具体执行计划

1. 短期目标的具体实施计划

计划名称　　　　　　　　　　　　　　　时间跨度：_____ — _____ 年

总目标

分目标

大一　　　　　　　　　　　　　　　大二

大三　　　　　　　　　　　　　　　大四

计划时间	专业学习	职业技能培养	职业素质提升	职业实践计划
大一				
大二				
大三				
大四				

　　　　　　　　　　　　策略和措施

大一	1.	2.	3.	4.
大二	1.	2.	3.	4.
大三	1.	2.	3.	4.
大四	1.	2.	3.	4.

2. 中期目标的具体实施计划

计划名称　　　　　　　　　　　　　　　时间跨度：_____ — _____ 年

总目标

分目标

第一年

第二年

第三年

第四年

第五年

计 划 内 容

| 职场适应 | 人脉积累 | 知识积累 | 经济积累 | 岗位晋升 |

第一年

第二年

第三年

第四年

第五年

策略和措施

第一年　　　　　1.　　　　　2.　　　　　3.　　　　　4.

第二年　　　　　1.　　　　　2.　　　　　3.　　　　　4.

第三年　　　　　1.　　　　　2.　　　　　3.　　　　　4.

第四年　　　　　1.　　　　　2.　　　　　3.　　　　　4.

第五年　　　　　1.　　　　　2.　　　　　3.　　　　　4.

3. 长期目标的具体实施计划

计划名称　　　　　　　　　　　　　　　　时间跨度：_____一_____年
总目标
分目标
毕业后 10 年

毕业后 20 年

计划时间	事业发展	家庭生活	子女教育	社会活动
毕业后 10 年				
毕业后 20 年				
策略和措施				
毕业后 10 年	1.	2.	3.	4.
毕业后 20 年	1.	2.	3.	4.

第五章　检查和修订

1. 检查的内容

(1) 职业目标评估：

(2) 职业路径评估：

(3) 实施策略评估：

(4) 其他因素评估：

2. 检查的时间
3. 我的备选方案

每个人就像一棵树
都可以成为参天大树
枝干、叶子
就像你的职业能力
看得见摸得着
想要枝繁叶茂
关键在于你的根
你的职业素养

模块五
培养你的基础层职业素养

思想领航

奋斗这一件事,是自有人类以来天天不息的。

——孙中山

青年之文明,奋斗之文明也,与境遇奋斗,与时代奋斗,与经验奋斗。故青年者,人生之王,人生之春,人生之华也。

——李大钊

学习目标

1. 明确作为一个合格大学毕业生必须具备的基础层职业素养。
2. 了解自己在基础层职业素养方面的不足之处,明确今后的培养目标。
3. 完善自身的基础层职业素养,为顺利就业做好必要准备。

学习内容

主题一　专业能力
主题二　积极主动的态度
主题三　职业道德修养
主题四　责任心

学习指南

1. 了解基础层职业素养包含的内容,找出个人差距,制订基础层职业素养培养计划。
2. 调查用人单位心目中的好员工标准,阅读职业素养的相关调研报告,学习素质冰山理论知识,深入理解职业素养对职业发展的重要性。
3. 与同学、学长、学姐和专业教师等进行讨论,并了解本专业应该具备的专业能力,探索专业能力提高的途径。
4. 阅读职场故事,认识到积极主动的态度对职业机会和发展的重要性,主动努力工作。
5. 参与情景模拟,学习职业道德修养的重要性,树立诚信做人、踏实做事的意识。
6. 阅读漫画、故事,参与志愿者活动,认识责任的意义,培养责任感。

主题一 专 业 能 力

一、专业能力的内涵和重要性

专业能力是指个体具备的职业技能等方面的能力,包含专业理论知识、专业实践技能和运用所学知识解决问题的能力,是一种显性的职业素养。

大学是一个人一生的重要转折点,是把"学习"和"进入社会"这两个阶段衔接起来的重要纽带。专业能力是一种普通的、可迁移的、对劳动者的未来发展起关键性作用的能力,是职业人必须具备的职业社会能力之一,也是一种重要的职业素养。专业能力不仅是就业者从事任何一种职业都必须具备的基本能力,还是职业人才在未来职场竞争中寻求可持续发展所必须拥有的关键能力。

培养大学生的专业能力是经济社会迅速发展的需要,也是大学生全面提升自我素质、追求个人更快发展的需要,其意义主要体现为以下几个方面。

一是有助于大学生提高以成长力为核心的解决问题的能力,有效解决求学时期遇到的问题,获得学业成功。

二是有助于大学生顺利解决未来职场所存在的问题,帮助其取得事业成功。普遍来看,大学生的动手能力较差、可持续发展的能力较弱。大学生要顺利求职、尽早入职、成功晋职,必须具有顺利解决职业场所、职业活动中存在的问题的能力。

三是有助于培养和锻炼大学生解决问题的心态、意志和能力,妥善解决人生旅途中面临的问题,打造成功人生。大学生要想在社会上占有一席之地,必须有紧迫感,提高自己解决问题的专业能力,夯实就业的基石。

二、大学生提升专业能力的策略

(一) 学好理论知识

1. 学好基础知识

如果说大学是一个学习和进步的平台,那么这个平台的地基就是大学里的基础课程。在大学期间,一定要学好基础知识(语文、数学、英语、信息技术,以及本专业要求的基础课程)。在科技发展日新月异的今天,应用领域里很多看似高深的技术在几年后就会被新的技术或工具取代,掌握基础知识能够受用终身。另外,如果没有打下良好的基础,大学生也很难理解高深的技术。

数学是理工科学生必备的基础。很多学生在高中时认为数学是最难学的,到了大学,一旦发现本专业对数学的要求不高,便会放松对数学知识的学习,并且往往看不到数学知识有现实的应用前景或就业前景。但绝大多数理工科专业的知识体系都建立在数学的基石之上。例如,要想学好计算机应用技术专业,至少要把离散数学(包括集合论、图论、数理逻辑等)、线性代数、概率统计和数学分析学好。同时,数学也是人类几千年来积累的智慧结晶,学习数学知识可以培养和训练人的思维能力。通过对几何的学习,我们可以学会用演绎、推理来求证和思考的方法;通过学习概率统计,我们可以知道该如何避免钻进思维的死胡同,该如何实现机会的最大化。因此,大学生一定要用心把数学学好,不能敷衍了事。学习数学也不能局限于选修多门数学课程,而是要知道自己为什么学习数学,从学习数学的过程中掌握认知和思考的方法。

数字时代已经到来,大学生在信息科学与信息技术方面的素养也成为他们进入社会的必备基础之一。虽然不是每个大学生都需要懂得计算机原理和编程知识,但所有大学生都应能熟练地使用计算机、互联网、办公软件和搜索引擎,都应能熟练地在网上浏览和查找信息。在21世纪,使用计算机和网络就像使用纸和笔一样是人人必备的基本功。不学好计算机,大学生就无法快捷全面地获得自己需要的信息。

每个特定的专业也有它自己的基础课程。以计算机应用技术专业为例,许多大学生只热衷于学习最新的语言、技术、平台、标准和工具,因为很多公司在招聘时都会要求有这些方面的基础或经验。这些新技术虽然应该学习,但是计算机基础课程的学习更为重要,因为语言和平台的发展日新月异,但学好基础课程(如数据结构、算法、编译原理、计算机原理、数据库原理等),可以更好地掌握新的技术。有人生动地把这些基础课程比拟为计算机专业的内功,而把新的语言、技术、平台、标准和工具比拟为外功。那些只懂得追求外在的学生最终只知道皮毛,没有内功的积累是很难成为真正的高手的。

2. 增进专业知识

专业知识是前人通过几千年积累下来的系统化的知识,是我们学习的宝库,它能够使我们更加准确和深刻地认识及解释本领域中的各种事物及其发展状态。专业知识引领我们入门,也是今后我们发展的重要推进器。大学的学习阶段是增进专业知识的一个至关重要的时期。学习系统的专业学科知识能够让我们更加全面地了解本专业,奠定扎实的专业理论功底,同时也使我们在毕业的时候获得从业的资格,并将在我们今后的职业生涯中发挥基础性的作用。大学生应充分认识到专业学科知识对自己未来职业发展的重要意义,抓住学习机会,坚持学习、善于学习、持续学习,努力培养专业兴趣,积极学习专业领域的基本知识,广泛涉猎专业发展前沿动态,掌握过硬的理论基础和专业知识,并做到融会贯通、举一反三。

(二) 提升专业实践技能

专业实践技能是实际从事专业活动表现出来的一系列外部行为方式。专业基础知识可以借助书本和资料学习,但是专业实践技能只有通过自己的实际操作才能获得。实践是认识发展的动力,也是铸造人自身成才的有效途径。经验证明,当人的知识不能回答和解决实践给人们提出的新课题时,人的学习动机就会被激发。实践技能需要在"做"中"学",只有经过反复操作,才能提升熟练程度,进而达到更高的技能水平，形成自己的技能经验。实践使"教、学、做"融为一体，使学生在完成教学任务时体验"做中学"。学生在掌握关键知识、关键技能的同时，明确最终会做什么、能做什么。

学校为我们提供了很多提升专业实践技能的机会，如实训课、实习等。我们要积极投入这些实践活动中，切实锻炼操作技能。例如，我们要积极参加学校围绕职业能力和工作过程的实际需要而设置的实践训练，尽早参与工作实践，体验完整的工作过程和真实的情境，逐步实现从学习者到职业人的角色转换；还要积极进入与学校联合办学的企业内实习，体验真实的生产性实训，把工作过程和学习过程统一起来，获取直接的专业知识，形成实际工作能力，养成积极的职业态度，在真实的工作过程中提升实践技能。

（三）培养专业问题解决能力

【案例分享】
大学生创新创业 走出靓丽风景线

一定的实践技能可以让我们基本满足职业工作的一般要求，但是作为一名大学生，我们将来要面对的职业环境不会那么简单。在专业工作中，我们会面对各种各样的困难和挑战，解决问题的能力在当今的社会中越来越重要。解决问题的能力越强，越能在不断变化的工作世界中立于不败之地。解决专业问题的能力的具体表现有：能否及时发现问题，恰当地界定问题；能否运用专业知识和技能分析问题，进而提出解决方案；能否恰当地选择解决方案并投入行动；能否在解决问题的过程中及时评估和调整解决方案，达到最佳效果。

大学生要利用学校提供的专业课程教学中的问题情境和模拟演练，重点培养和训练解决问题的能力。问题情境是指与实际生活关系密切、大学生不能用自己的知识直接加以处理的情形。创设问题情境能够使大学生积极思考，主动设计或寻找解答方案，从而解决问题。大学生要积极主动地融入教师精心创设的问题情境中，参与问题的设计、发现、提出和解决的全过程，在发现和解决实际问题的过程中领悟、总结出一般方法、思路和技巧，从而达到从特殊到一般、从理论到实践、再从实践中升华的目的。

在课堂教学中，还经常会有模拟演练的教学内容或环节。例如，高职医学专业的大学生在临床实习之前很难接触到实际患者，导致理论知识与临床实践难以有机结合，因此，教师在教学中会设计一些模拟演练的互动内容，让同学们的技能在模拟演练中得到提高。可以将班上学生分成若干组，每组 5~6 人，每组由一人模拟患者，其他人模拟临床医生，向患者询问病情，进行病情检查，然后根据询问和检查情况，为患者分析病情，做出诊断，提出治疗意见，并以书面的形式提交给教师，由教师最后进行综合点评。模拟训练是人为营造的环境，大学生要积极参与模拟训练，在模拟训练中感受职业氛围，学习某一职业需要的知识技能，培养解决问题的能力。

主题二 积极主动的态度

一、积极主动的内涵和重要性

"积极主动"这个词最早是由心理学家维克多·弗兰克介绍给大众的。弗兰克原本是一位受弗洛伊德心理学派影响颇深的决定论心理学家,后来他开创了独具一格的心理学流派。

30年前,在工业社会里,每位员工都是企业机器里的一个齿轮。因此,这些公司最喜欢的是有专业知识的、能够埋头苦干的人。然而,如今人们对人才的定义已经发生很大的变化,因为在现代化的企业中,大多数人的工作不再是机械式的重复劳动,而是需要独立思考、自主决策的复杂过程。因此,今天大多数优秀的企业对人才的期望是积极主动、充满热情、灵活自信、能够创新。要想在现代化的企业中获得成功,就必须努力培养自己的主动意识:在工作中要勇于承担责任,主动为自己设定工作目标,并不断改进方式和方法。此外,还应当培养推销自己的能力,善于在领导或同事面前展示自己的优点。

作为当代大学生,不能只是被动地等待别人告诉你应该做什么,而是应该主动了解自己要做什么,详细规划,再全力以赴地践行。大学生必须善于规划和管理自己,如我要读什么专业、读什么学校、升学还是出国等,为自己的人生做出重要的抉择。没有人比你更在乎你自己,没有什么比积极主动的态度更能体现你的独立人格。

二、做到积极主动的五方面要求

要达到积极主动的效果,就要循序渐进地调整心态,培养好习惯,学习把握机遇、创造机遇的方法,并在积极展示自我的过程中收获成功和快乐。

(一) 积极努力,乐观热情

根据心理学家的统计,每个人每天大约会产生5万个想法。如果你拥有积极的态度,那么你就能乐观地、富有创造力地把这5万个想法转换成正面的动力。如果你拥有消极的态度,那么你就会显得悲观、软弱、缺乏安全感,同时也会把这5万个想法变成负面的障碍和阻力。

人无法选择自己的命运,但是可以选择过什么样的生活。只要你有积极的态度,对工作充满热情,那么你每天都可以挖掘自己的潜力,并把工作做得更好。大多数人都没能完全发挥自己的潜力,没有做到最好。如果你希望成长与进步,那么就保持一个积极乐观的态度,与自己进行激烈的角逐,让每天都过得充实且精彩。

(二) 自觉主动，远离被动

职场上的员工可分为以下五种：第一种，自觉主动的员工；第二种，提出要求后，能落实到位的员工；第三种，打折扣的员工；第四种，混日子的员工；第五种，"烂苹果"员工。

毫无疑问，第一种员工是在任何单位都最欢迎也最有发展前景的员工。要成为这样的一流员工，就必须完成从"要我做"到"我要做"的转换，明白自己不仅是单位的雇员，更是自己的主人，同样也是职位的主人。如果能够做到这一点，又何愁没有大的发展，没有新的机会？

消极被动的习惯是积极主动的最大障碍，消极被动的人总是迷信宿命论，把不如意的事情纷纷归罪于基因遗传、星座、血型等因素，并由此变得自怨自艾，总是怪罪别人，指责环境的恶劣——如果这样的想法成为习惯，他就会陷入消极被动的恶性循环中难以自拔。要远离消极被动就要做到以下四点。

1. 不要偏听偏信，应该积极求证

现在，网上经常流传着各种谣言。如果盲目轻信这些谣言，你很可能会被某些别有用心的人左右。遇到问题应懂得主动搜寻和验证信息。如果你想知道什么，就搜集相关信息，不要急着去问别人。如果你听到了什么，不要盲目信从，应当主动求证。有时候看似很复杂的问题，或者有疑问的问题，只要积极求证，很快就可以辨其真伪、解决问题。

2. 不要坐以待毙，应该主动努力

有一位大学生申请了两份工作，他更喜欢那份竞争激烈的工作，但因为很多人都在争取那份工作，于是他只好选择等待。要知道几乎每件发生在你身上的事都是因你的决定而发展、变化的，而不是因为你无所作为才变成现实的。既然很喜欢竞争激烈的工作，为什么还要被动地等待而不去主动争取呢？很多时候，被动就是弃权，不做决定也是一种决定。

3. 不要盲目追随，应该学会"有主见"

你应该知道自己喜欢什么、需要什么，而不应该随波逐流。许多大学生有很强的"从众"心理，自己有想法不表达，时间久了甚至都不清楚自己的想法是什么了。他们每次都会习惯性地先问别人："你怎么想？"而从不会问问自己："我怎么看？"要改掉这个习惯，你就需要下定决心，对每件小事都要表达出自己的意见，即使你不是很在乎。例如，自己决定在餐馆点什么菜，自己决定穿着打扮，自己决定周末要去哪里玩，等等。你应该学会对生活做出合理安排，而不是"别人怎样我就怎样"。当自己感觉"无所谓"，想依从别人的意见时，应当提醒自己一定要把自己的选择展现出来。如果从小事到大事，你都能更多地听从自己的意愿，久而久之，你就会养成积极主动的习惯。

4. 不要说"我不会"，应该积极尝试

遇到困难时，不要找借口，应该多想一想，是否有别的解决方案？能不能将问题进行分解，一步一步地加以解决？或者，是否需要先提高自己在某些方面的能力，然后再回头处理这个难题？不要因为逃避而说自己没有选择或没有时间，只不过每个人分配

时间的方式有所不同。

(三) 准备充分,把握机遇

当机会出现在我们眼前时,你必须立即把握、当机立断,千万别犹豫不决、不知所求。如果不立即把握,不仅耽误自己,还会殃及他人。因此,我们必须在平时就做好充分的准备,努力学习,掌握足够的信息,以便在必要时做出最好的抉择,把握住稍纵即逝的机遇。

大学生应该积极地规划大学时间,把握每次学习、锻炼、提高自己的机会。你的毕业计划将成为你学业的终点和事业的起点,你的志向和兴趣将为你提供方向和动力。如果你不知道自己的志向和兴趣,就应该马上做一个发掘志向和兴趣的计划。如果你不知道毕业后要做什么,就应该马上制定一个尝试新领域的计划。如果你不知道自己最欠缺什么,就应该马上写一份简历,找你的老师、朋友打分,分析哪里需要改进。如果你毕业后想出国留学,就应该想想如何让自己能够顺利申请出国。如果你毕业后想到某个公司工作,就应该找找该公司的招聘广告,和你的履历进行对比,分析自己还欠缺什么经验……只要做到了这些,你就不难发现,自己每天都会比前一天离成功更近一些。

(四) 努力成才,创造机遇

【故事分享】

主动创造机会的人才是真正的强者

英国著名科学家法拉第是伦敦贫民区一个穷铁匠的儿子,几乎没有上过学,做了几年报童,13岁起在书店当学徒。他酷爱读书,还从微薄的工资中拿出钱来装修了一间简陋的实验室,利用业余时间进行一些简单的实验。20岁时,有一位顾客送给他英国著名化学家戴维的讲演入场券,他得以听到皇家学院院长的讲演。在听完讲演后,法拉第整理了戴维的讲演记录,将其装订并到皇家学院送给戴维,同时请求参与戴维实验室的工作。戴维正好缺少一位助手,不久他就雇用了这位申请者,最终法拉第成长为英国19世纪最伟大的实验物理学家、皇家学院实验室主任。

能够主动发现机遇、抓住机遇、创造机遇的人,往往都具有敏锐的洞察力和预测能力。在一开始的时候,我们不一定能够具备这种能力,但是至少要有这种意识。

(五) 积极展示,推销自己

在全球化和信息化的时代里,默默无闻、埋头苦干的人一般很难得到更多的提升机会,因为,要让上级发现你的能力和才干往往需要一段相当长的时间,而那些能够积极展示自我的人更容易脱颖而出。在公司里,经常得到晋升机会的人,大多是能够积极展示和表达自己的、有进取心的人。当他们还是公司的一名普通员工时,只要和公司利益或者团队利益相关的事情,他们就会不遗余力地发表见解、贡献主张,帮助公司制定和安排工作计划。在完成本职工作后,他们总能协助其他人尽快完成工作。他们常常鼓励自己和同伴,提高整个队伍的士气。这些人总是以事为本、以事为先——他们都是最积极主动的人。

要想把握住转瞬即逝的机会,就必须学会说服他人,向别人推销自己,展示自己的观点。有些大学生可能会认为:"要求我们展示自己,这是不是要我从一个内向的人彻底转变为外向的人?"其实,一个内向的人很难彻底地改变自己的性格。因此,你可以在自身性格允许的范围内往"外向"靠拢,给自己制定一个目标,尽量寻找一些"比较外向但又不给自己带来太大压力"的机会来改善自己的性格。

在人生的旅途中,你是自己唯一的司机,不要让别人驾驶你的生命之车。你要稳稳地坐在司机的位置上,决定自己何时要停车、要倒车、要转弯、要加速、要刹车等。人生的旅途十分短暂,你应该珍惜自己所拥有的选择和决策的权利,虽然可以参考别人的意见,但千万不要随波逐流。只有积极主动的人才能在瞬息万变的竞争环境中取得成功,只有善于展示自己的人才能在工作中获得更多的机会。

主题三 职业道德修养

一、职业道德的内涵和重要性

职业道德是与人们的职业活动紧密联系的符合职业特点要求的道德准则、道德情操与道德品质的总和。它是公民道德的一个重要组成部分,是人们的道德修养在职业活动中的体现和反映。它既是对本职人员职业活动行为的要求,又是职业对社会所负的道德责任和义务。

从宏观角度来说,大学生是社会主义事业的建设者和接班人,他们的职业道德修养关系到党的事业的兴旺发达和国家的长治久安,对整个社会的文明程度也会产生影响,尤其是会对其他青年起到直接的影响作用。从微观角度来说,大学生加强职业道德修养是大学生个人成才的需要,也是大学生个人成功的需要,关系到他们今后的工作心态和对待工作的态度,也关系到相关工作单位的发展和利益。

目前大学生职业道德修养整体上是积极的,但也有一些消极的认识倾向。在爱岗敬业方面,往往是根据工作岗位的工资待遇、工作地点的位置来评价对职业的热爱及专一程度,缺乏"干一行爱一行、干一行钻一行"的精神,很多大学生不愿意到基层工作和接受锻炼。在诚实守信方面,存在制作假证书、推荐书填写材料不实、出现问题推卸责任、随意毁约等现象。在办事公道方面,存在假公济私、营私舞弊等倾向。在服务群众方面,存在个人主义、不关己事漠然处之的态度。在奉献社会方面,奉献意识弱化,过分强调奉献与索取成正比,有较明显的功利主义倾向等。

因此,高校要重视并加强大学生职业道德修养,使其树立正确的职业道德观念,自觉树立并践行科学的社会主义职业道德观,为社会主义现代化建设奠定正确的思想基础。

【阅读拓展】

加强大学生职业道德修养的重要性

二、职业道德修养的基本要求

职业道德规范是人们在长期的职业活动中总结和概括出来的。每个行业的职业活动内容和职业特征不同,所以不同职业的职业道德也不同,但是不同职业的职业道德都有共同之处,即爱岗敬业、诚实守信、办事公道、服务群众、奉献社会。

(一) 爱岗敬业

爱岗敬业是指从业人员热爱自己的工作岗位,尊敬、尊崇自己的职业,尊重自己所从事职业的道德。如果一个人以一种尊敬、虔诚的心对待职业,甚至对职业有敬畏之心,他就已经具有敬业精神。

一份职业、一个工作岗位是一个人生存和发展的基础,同时也是社会存在和发展的基础。一个人如果没有基本的敬业精神,就无法成为一个优秀的人,更难以担当大任。敬业是一种人生态度,是珍惜生命、珍视未来的表现。我们每个人都有责任、有义务,责无旁贷地做好每项工作,我们都应该为工作尽一份心、出一份力。敬业精神是现代人应该具备的职业道德。如果你在工作上敬业,并且把敬业变成一种习惯,你往往能够受益终身。一则报道说:一位公共汽车司机在行车途中突发心脏病导致猝死,临死前他用最后一丝力气踩住了刹车,保证了车上 20 多个人的安全,然后他趴在方向盘上离开了人世。他生命中最后的举动表明他对乘客安全负责的工作精神,他虽然是一个普通人,却展现了高尚的人格和职业道德修养。

今天,中国正在飞速地发展,如果不培养自己的敬业精神,我们个人、企业和国家的核心竞争力很难进一步增强。要提高我们的职业素养,必须从培养敬业精神开始。

1. 培养敬业的工作习惯

在企业中,员工缺乏的并非智慧和能力。实际上,现在有才华的年轻人非常多,可是为什么很多企业找不到优秀的人才并且又有很多人找不到工作呢?最重要的原因就是大多数年轻人缺乏敬业精神。殊不知敬业的人能从工作中学到比别人更多的经验,而这些经验便是向上发展的基石。就算他们以后换了工作,从事不同的行业,他们的敬业精神也必定会为其助力。因此,把敬业变成习惯的人,从事任何行业都容易成功。

有些人天生有敬业精神,一开始工作就废寝忘食,但有些人的敬业精神则需要培养和锻炼。养成敬业的习惯或许不能立即为你带来可观的好处,但可以肯定的是,如果你养成了不敬业的不良习惯,你的成就会相当有限。敬业从短期来看是为了公司,从长期来看是为了自己。原因在于:一方面,敬业的人容易受人尊重,即使工作绩效不突出,别人也不会去挑他们的毛病,甚至还会受到他们的影响;另一方面,敬业的人容易受到提拔,领导或主管都喜欢敬业的人,因为这样可以减轻自己的工作压力,将事情交给敬业的人也放心。当然,有的人会想,现在找工作也并不只有一条路,不如过一天算一日。如果这样,你可能会陷入不停换工作的情况中。

2. 为你的工作而自豪

一个敬业的人最根本的一点就是要对工作有一种发自内心的荣誉感与自豪感。任何人做事首先要对自己的工作、公司有自豪感,如果一个人对公司、工作没有自豪感,肯定难以做好工作。大学生要培养敬业的职业精神,首先要热爱你的工作,为你的工作感到自豪。

3. 把职业当成你的事业

敬业的最高境界是什么?就是把职业当成事业来看待。

职业只是靠技能来服务于人和社会而谋生的手段;事业则可以延续一生,如一种思想、一种理论、一种制度的创立和维护。

每个人都应该对自己的职业有一个清晰的定位。例如,有人认为工作的目的是生存,那么他确立的是一种职业认同感;有人认为他从事的工作是一份值得为之付出和献身的事业,那么他就会加倍努力去实现自我价值。

虽然职业感和事业感只有一字之差,但是当我们以不同的态度去工作时,往往会有截然不同的结果。职业感要求我们尽心尽力地完成相应的职业,遵守职业道德。事业感则往往是自觉的,并且总是与某种价值观联系在一起。一个有事业感的人不会狭隘地看待他的工作,他会对自己的工作有一种深层次的认识和理解。德国思想家马克思·韦伯认为,有的人之所以愿意为工作献身,是因为他们有一种"天职感",他们相信自己所从事的工作是神圣事业的一部分,即使是再平凡的工作,他们也会从中获得某种人生价值。凡是富有事业感的人,他们通过工作所获得的不仅仅是物质、荣誉等外在的东西,更重要的是获得了内心的满足感和自我价值的实现。因此,他们很少计较报酬、在乎功名,他们所做的一切只为追求一个更高的境界。在这样的境界中,他们会发现自己生存的意义,感受到幸福和自我满足。

每个岗位都是实现人生价值的舞台。只要我们用对待事业一样的态度对待我们的工作,那么每个人都能在平凡的岗位上做出不平凡的业绩。

职业是事业成功的基础,职业生涯带给我们的体验与经验有助于我们在未来的事业上取得成功。因此,大学生在考虑自己将来要从事什么职业的同时要树立一个明确的事业目标,以事业的眼光和态度做好职业规划,以良好的职业发展和进步帮助自己取得事业的成功。

(二) 诚实守信

"以诚实守信为荣,以见利忘义为耻"是社会主义荣辱观的重要内容。人无信无以立,职业无信也不能立。诚实守信不仅是做人的原则,还是职业道德修养的具体要求,也就是说,从业者在职业活动中要诚实劳动、合法经营、信守承诺、讲求信誉。因此,大学生要身体力行,在实际工作、学习和生活中做到诚实守信。那么,如何做到诚实守信呢?

第一,要忠诚老实。要坚持实事求是的原则,做老实人、讲老实话、办老实事,不做损人利己或损人不利己的事情。

第二,要信守承诺。言必行,行必果。答应别人的事情要想办法做到,不说空话、大话和假话,自觉履行自己的义务。

第三,要表里如一。严格自律,自觉遵守各项制度、法规;言行一致,不当面一套背后一套,要做一个光明磊落的人。

(三) 办事公道

办事公道是指处理各种工作事务要公道正派、不偏不倚、客观公正、公平公开。对不同的服务对象一视同仁、秉公办事,不因职位高低、贫富差别和亲疏远近而区别对待。办事公道是比爱岗敬业和诚实守信更高一个层次的职业道德。那么,如何做到办事公道呢? 要从以下几个方面努力。

第一,要有正确的是非观,追求正义。在现实生活中,我们会发现有些人的是非观念淡薄,一切以自己为中心,不管是非对错,只顾自己是否喜欢,这是不对的。办事公道要以科学真理为标准,合乎公认的道理,合乎正义。

第二,坚持原则,不徇私情。只是停留在知道是非善恶的标准是不够的,处理

【案例分享】

同仁堂百年
不倒的秘密

事情的时候必须坚持标准,坚持原则。为了个人私情不坚持原则,是做不到办事公道的。

第三,不计较个人得失,不惧怕强权。要做到办事公道,肯定会遇到压力,会碰到各种干扰,特别是遇到一些有权有势者的干扰。面对这种情况有两种选择:一种是向有权有势者低头、屈服,那么自己可以免受压力;另一种是大公无私,不畏惧强权,不屈服于强权,坚持办事公道。要真正做到办事公道,很显然要坚持后一种做法。

第四,要有一定的识别能力。要真正做到办事公道,一方面与品德有关,另一方面也与识别能力有关。如果一个人的判别能力很差,就会分辨不清是非,分不清原则与非原则,就很难做到办事公道。因此,要做到办事公道,还必须加强学习,不断提高自己的判别能力,能明确是非标准、分辨善恶美丑,并有敏锐的洞察能力,这样才能办事公道。

(四) 服务群众

服务群众就是在职业活动中一切以群众的利益为出发点,为群众着想,为群众办事,为群众提供高质量的服务。作为国家建设的未来主力军,大学生要有服务群众的意识。为了更好地服务群众,要努力做到以下几个方面。

第一,努力加强自身修养,提高为群众服务的本领。

第二,认真做好手头的每件事,充分发挥自身的作用。

第三,从身边的小事做起,培养为群众服务的习惯。

第四,淡泊名利,乐于助人。

第五,具有主动性,自觉、主动地为群众做实事、做好事。

(五) 奉献社会

奉献社会就是要求从业人员在自己的工作岗位上树立奉献社会的职业理想,并通过具体的工作履行对社会、对他人的义务,自觉为社会和他人作贡献。当社会利益与局部利益、个人利益发生矛盾时,要把社会利益放在首位。

奉献社会是一种人生境界,不仅要有明确的信念,还要有崇高的行为。奉献社会是职业道德的出发点和归宿。

因此,无论从事什么职业都要树立正确的义利观,正确处理好公利与私利的关系。当义与利发生矛盾时,要有顾全大局、乐于奉献的精神,真正把国家、集体和人民的利益放在首位。不能有斤斤计较、只讲索取不讲奉献、只讲权利不讲义务、只讲金钱不讲道德等思想观念。

三、大学生加强职业道德修养的策略

1. 增强职业道德意识

首先,大学生要积极参加学生会和学生社团组织的各项活动,如文明班集体评选、文明宿舍评选及志愿者活动等,培养自己关心别人、热爱集体、服务大众、友好合作等职业道德品质。其次,学校要利用各种传播媒体加强职业道德修养的宣传和教育,拓宽教育渠道,使学生积极参加主题班会、学术讲座等活动,深化他们对职业道德的认识,加深其对职业道德的理解,加强对职业道德的学习。

2. 培养积极的职业价值取向

大学生在思想政治理论课的学习中,要认真领会其中的思想,提高自己的思想境界,同时通过思想政治理论课的实践教学和社会实践环节,把对职业道德的认识内化为道德情感,进而升华为道德意志和信念,最终实现对职业道德行为的自觉实践。

3. 提升职业道德修养

实践是人生修养的基础。一切社会意识和社会规范都是在社会实践中形成的,只有投身于社会实践,在个人与他人、个人与集体、个人与社会的道德活动中,才能深刻理解社会规范并判断自己的行为,才能克服自己不正确的思想和不道德的行为,进而培养崇高的思想道德品质。因此,大学生不能局限于课堂和讲坛,要走向实际生活、走向社会,参加职业实践,如公益劳动、社会调查、社会考察、社会服务、勤工助学等。通过一系列的社会职业实践活动,充分发挥自己的主观能动性,去听、去看、去做,感受社会的发展脉搏,力求跟上时代的要求,寻找实现自我价值和满足社会需求的结合点。在社会职业实践的过程中,大学生能够将职业道德规范逐渐内化为精神力量,锻炼并提高自己的职业道德修养,以应对外在环境的诱惑和挑战。

4. 坚持从小事做起

"积土成山,风雨兴焉;积水成渊,蛟龙生焉;积善成德,而神明自得,圣心备焉""勿以善小而不为,勿以恶小而为之",这两句话讲的都是积少成多、量变引起质变的道理。道理我们都知道,但更为关键的是要采取行动,从身边的小事做起。现在我们还在学校,知识不够多,经验也不够丰富,只有从小事做起,并持之以恒,才能不断提高自己的道德修养。

5. 努力做到"慎独"

"慎独"是指在任何时候做事都要小心谨慎,特别是无人监督时也要忠于职守,自觉遵守纪律。这是中国千百年来行之有效的道德修养方法,是崇高的道德境界。当代大学生也要发扬这种优良传统,忠于职守,自觉遵守纪律,严格要求自己,不要放纵自己,特别是不要偷工减料、疏忽大意、忘乎所以。

【故事分享】

汉武帝刘彻在位时,司马迁在朝中任太史令,负责编撰《史记》。当时,许多达官贵人想讨好司马迁,期望通过他的笔给自己在史书上留下好名声,于是纷纷给他送来了奇珍异宝。

有一天,朝中最得宠的大将军李广利派人给他送来一件礼物,司马迁的女儿妹娟打开送来的精致盒子,发现盒子里放着的是一对世间罕见的珍宝——白璧。

司马迁发现妹娟对宝物有不舍之意,于是语重心长地说:"白璧最可贵的地方是没有斑痕和污点,我是一个平庸而卑微的小官,从来不敢以白璧自居,如果我收下了这对珍贵的白璧,我身上的污点就增加了一分。我不能收下这对白璧,你叫人送回去。"

司马迁所著的《史记》被称为"史家之绝唱",在我国历史长河中占有重要的地位。司马迁何以能据实写史?原因之一就是他自身清白,珍惜自己的名誉,行得正、坐得端。倘若司马迁收了别人的东西,不珍惜自己的名誉,必定难以秉笔直书,《史记》也难以具备今天这样的价值。

主题四 责 任 心

一、责任心的内涵和重要性

词典中对责任的解释是多义的,综合来看,其含义主要有以下三种:① 使人担当某种职务和职责;② 做分内应做的事;③ 做不好分内应做的事,因而应该承担的过失。

简言之,任职、分内事、因过失而受查处是责任的三层基本含义。

责任心则是个体对责任的感知和感受。它是社会个体从责任赋予者那里接受责任之后,将责任内化于内心世界的一种心理状态,这种心理状态是个体履行责任行为的精神内驱力。简单地说,责任心就是一个人面对分内职责的心态,这在很大程度上就是传统语境中的"忠"。

我们在现实中常常发现很多看似平凡甚至愚笨的人晋升得很快,而一些很聪明的人经常感叹怀才不遇。这种现象产生的原因之一就在于他们是否愿意主动地承担自身的责任。是否具有责任心,是事业成功者和失败者的重要区别。事业成功者无论做什么事情都力求尽心尽责,不会轻率疏忽。一个有责任感的员工在完成自己的分内工作后,还会为企业着想,这样的员工更能得到企业的信任。那些勇于承担责任的人,才更有可能被赋予更多的使命,才更有资格获得更大的荣誉。一个缺乏责任感的人会失去社会对他的信任、别人对他的信任和尊重,甚至会失去自身的立身之本——信誉和尊严。没有责任心的员工,即使有再多的知识、再大的才华、再令人称叹的技术,也难以创造价值。因此,现在企业在招收员工的时候也更注重对方的态度和责任心。

白衣天使南丁格尔的伟大来自平凡。她把护理工作当成一种关乎人的尊严乃至人类文明的神圣事业,而这恰恰是通过诸如采光、通风、消毒、伙食、卧具等方面细致周到的关爱体现出来的。人们从事的工作不同,能力和作用不同,但无论是统管全局的领导者还是平凡岗位的工作人员,说到责任就没有小事。一颗道钉足以倾覆一列火车,一根火柴足以毁掉一片森林,一张处方足以决定一个人的生命。很多低级错误,甚至本不应该发生的重大安全事故,往往是因为缺少责任心才出现的。

【阅读拓展】

责任心的重要性

一个人责任感的强弱直接影响到他的工作态度和结果,对待工作是尽心尽责,还是敷衍了事,工作的结果是完全不一样的。责任感强的人会全身心地投入工作之中,排除困难,完成任务,还会从工作中学到知识、积累经验。责任感不强的人,工作时会敷衍了事,效率低下,常出现错误,有时会造成很大的损失,更会阻碍事业的发展。例如,责任感不强的医生,做起手术来就会马马虎虎,给病人带来生命威胁;责任感不强的财务人员,在汇款时写错一个账号,会给公司带来巨大的损失。

187

二、大学生培养责任心的策略

(一) 主动承担责任

无论是在生活还是在工作中,我们每个人都承担着一定的责任。如果硬把自己本该承担的责任推给别人,只会让自己肩上的压力越来越大。应该是你负责的事情,你就必须自己做,并且要全力以赴做到最好。其实权力和责任是对等的,你有多少权力,就要负起多少责任。

在公司里面,常常有这样一类中层管理者,他们总抱怨高层领导不授权,权力太小,无法管理员工。可是遇到真正麻烦时,他们往往会把问题往基层员工身上一推:"你看该怎么办?"这些中层管理者不会想到,他拿的薪水比员工多,权力比员工大,那么问题就应该由他处理。

大家可以认真想想,推脱责任的做法对我们自己究竟有什么好处呢?从表面上看,我们可以暂时避免一些麻烦,实际上却为自己埋下了祸根。因为不负责任,你甚至可能失去自己的工作。因此,当出现问题的时候,请不要推卸你的责任。敢于承担责任的人才是主宰自我生命的设计师,才是命运的主人,才能赢得别人的尊重和爱戴。

(二) 不找任何借口

奥斯卡·王尔德说:"你一旦为自己找到一个错误的借口,你不久就会再为自己找到一百个借口。"洛克菲勒在《洛克菲勒留给儿子的38封信》中讲:"我鄙视那些善找借口的人,因为那是懦弱者的行为,我也同情那些善找借口的人,因为借口是制造失败的病源"。"不找任何借口"强调的是想尽办法完成每一项任务,而不是为没有完成任务而寻找任何借口,哪怕看似合理的借口。它的目的是让员工学会适应压力,培养其不达目的不罢休的毅力。它让每个员工都懂得:工作中是没有任何借口的,失败是没有任何借口的,人生也是没有任何借口的。

【案例分享】

借口是对惰性的纵容

刘力是公司里的一名老员工,专门负责跑业务,业绩一直不错。只是有一次,他负责的一笔业务突然被别的公司抢先拿走了,给公司造成了一定的损失。事后,他向公司领导解释,说是因为自己的腿伤发作,比竞争对手晚去了30分钟。公司领导知道他工作一直很卖力,并且腿也是因前几年出差受的伤,所以并未对他有所责备。

其实刘力的腿伤并不严重,只有仔细看才会发现他走路有点儿跛,但根本不影响他的形象,也不影响他的工作。可是,刘力自此次用借口将责任推脱过去后,心里得意极了。以后每当公司要求他出去联络一些困难较大的业务时,他都会以"腿伤在身、不能胜任这项工作"为由进行推诿。

> 公司领导开始还挺注重他的能力,但由于他经常推脱,时间一长,领导就逐渐将他忘了,一有重大任务便委派别的业务员去做。刘力见领导不再将一些困难的任务交给自己,心里还暗自庆幸。他心想,这种费力不讨好的任务,谁爱做谁做,完不成任务那才丢人呢。
>
> 如此种种,刘力将大部分时间和精力花在如何寻找更合理的借口上,一碰到难办的业务能推就推,遇到好办的差事能抢就抢。一旦没有完成任务,他就找出种种借口为自己开脱。
>
> 一年后,公司按绩效施行裁员,刘力列在被裁名单的第一位。公司领导将他叫进办公室,对他说:"你为公司负过伤,以前干得也不错,公司最不该裁的就是你,但是你这一年都干了什么?绩效几乎是零,而更重要的是作为一名老员工,你已在公司内部造成了负面影响。因此,公司只能让你走。"刘力刚要说话,公司领导立即说道:"你不要再对我讲理由,这一年我听够了,你到人事部门办理手续去吧。"

在学习、生活和工作中,我们经常会听到这样或那样的借口,告诉我们不能做某事或做不好某事的理由。它们好像是"理智的声音""合情合理的解释"。其实,在每个借口的背后都隐藏着丰富的潜台词,只是我们不好意思说出来,甚至我们根本就不愿意说出来。借口让我们暂时逃避了困难和责任,获得了些许心理慰藉。但是,借口是失败的根源,借口把绝大多数人挡在了成功的大门之外,99%的失败都是因为人们习惯寻找借口。因此,从现在开始,无论是在学习、生活还是今后的工作中,我们要记住一条重要的法则就是:不找借口,只找方法。好方法是成功的捷径,而借口则是成功路上的高山险阻。要想成为一个成功者,就不要为自己的失败寻找借口,而要坚持不懈地寻找方法。要做为成功找方法的人,而不是为失败找借口的人。

(三)从细节做起

管理学中的蝴蝶效应尤其能说明细小的行为变化对全局的影响。1979年12月,洛伦兹在华盛顿美国科学促进会的一次讲演中提出:一只蝴蝶在巴西扇动翅膀,有可能会在美国得克萨斯引起一场龙卷风。他的演讲和结论给人们留下了极其深刻的印象。从此以后,所谓"蝴蝶效应"之说就不胫而走。产生"蝴蝶效应"的原因在于:蝴蝶翅膀的运动导致其身边的空气系统发生变化,并产生微弱的气流;而微弱气流的产生又会引起四周空气或其他系统产生相应的变化,由此引起连锁反应,最终导致其他系统的极大变化。此效应说明,事物发展的结果对初始条件具有极为敏感的依赖性,初始条件的极小偏差都会引起结果的极大差异。蝴蝶效应之所以令人着迷、令人激动、发人深省,不只在于其大胆的想象力和迷人的美学色彩,更在于其深刻的科学内涵和内在的哲学魅力。

工作中的大事都是由小事组成的,尤其是在我们提出大口号、大目标的时候,更不能忽略那些看起来微小的东西。事物源于细节,细节决定成败。做任何工作,最重要的就是要关注细节、把握细节,这样才可能获得成功。

做事就好比烧开水,在水的实际沸点是100℃的条件下,99℃就是99℃,如果不再持续加温,就永远不能成为100 ℃的开水。因此,我们只有烧好每个平凡的1 ℃,在细节上精益求精,才能真正达到沸腾的效果。小事不可小看,细节彰显魅力。当我们集中精力,想在平凡的岗位上创造更大的价值时,就要心思细腻,从点滴做起,以认真的态度做好工作岗位上的每件小事,以良好的责任心对待每个细节。

实践与体验

主题一　职业素养

活 动 概 览

活动目标	了解职业素养的内涵和重要性,树立提升个人职业素养的意识
课堂活动	活动一:素质冰山理论 活动二:职业素养调研报告
课堂自测	自测:大学生职业素养现状
课外拓展	拓展:用人单位心目中的好员工

课 堂 活 动

活动一:素质冰山理论

活动目的:

认识职业素养的内涵和重要性,注重培养良好的职业素养。

活动流程:

流程1　观看素质冰山理论的教学图片,阅读以下资料。

素质冰山理论认为,个体的素质就像水中漂浮的一座冰山,水上部分的知识、技能仅代表表层的特征,不能区分绩效优劣;水下部分的动机、特质、态度、责任心才是决定人的行为的关键因素,是鉴别绩效优秀者和一般者的标准。

流程2　将学生分组,快速讨论。

(1) 什么是职业素养?它和职业能力有什么区别?

(2) 职业素养对工作有什么作用?

(3) 你是否注重提升个人职业素养?

活动二:职业素养调研报告

活动目的:

了解用人单位对职业素养的态度,进一步理解培养良好的职业素养的重要意义。

活动流程:

流程1　阅读资料。

资料1:相关调查显示,80%的用人单位认为大学生在两年内难以胜任工作岗位的要求,关键在于大学生缺乏真正的职业素养。被誉为"中国创新培训第一人"的吴甘霖在他的《一生成就看职商:一流员工的职业素养》一书中提出:"一个人的能力和专业知识固然重要,但在职场上要取得成功,最关键的并不在于他的能力与专业知识,而在于他所具有的职业素养。"

资料2:在衡量一个人的时候,企业通常将职业素养与专业技能的比例以6.5∶3.5进行划分。企业更认同的道理是,如果一个人缺乏基本的职业素养,如忠诚度不够,那么技能越高的人,其潜在的危险越大。

资料3:在一项对5 000家单位进行的人才资源统计调查中发现,关于"被辞退人员的原因"中,没有一个是由于专业水平问题被辞退,都是由于职业素养的问题被辞退。在访谈时,人力资源的某位人员说道:"专业水平不足,可以培养,或者调整岗位,而职业素养差,则会带来很多深层的问题。"

流程2　快速思考。

(1) 这三则资料说明了什么?
(2) 你如何看待职业素养与专业水平?
(3) 你认为自己的职业素养如何?

课 堂 自 测

自测:大学生职业素养现状

大学生职业
素养现状

课 外 拓 展

拓展:用人单位心目中的好员工

拓展目的:
了解用人单位看重的职业素养,找出个人差距,制定个人提升职业素养的计划。

拓展流程:

流程1　将学生分组,选择五个用人单位,类型如下表所示。

单位类型		你们心目中的好员工具备什么样的职业素养	你是否具备	你的提升计划
机关事业单位				
企业单位	国有企业			
	私营企业			
	外资企业			
社会团体				

流程2　以"你心目中的好员工具备什么样的职业素养"为题进行访谈,将结果进行整理。

流程3　对照自身的实际情况,制定提升个人职业素养的计划。

主题二　专业能力

活 动 概 览

活动目标	了解专业能力的内涵和重要性,掌握提高专业能力的方法
课堂活动	活动一:专业术语聚会 活动二:怠速引发的思考
课堂自测	自测:专业能力认知
课外拓展	拓展:360°评估你的专业能力

课 堂 活 动

活动一:专业术语聚会

活动目的:

了解本专业的专业术语,理解专业能力的含义和意义,树立培养个人专业能力的意识。

活动流程:

流程1　将学生分组,收集本专业的专业术语。

流程2　快速思考。

(1) 你理解这些专业术语吗?

(2) 掌握这些专业术语可以体现个人的专业能力吗?

(3) 你认为提高个人的专业能力有什么意义?

活动二:怠速引发的思考

活动目的:

了解专业能力在工作中的作用,探索提高专业能力的策略,培养个人专业能力。

活动流程:

流程1　阅读案例。

某日,一位对汽车产品有一定了解的顾客来到一家汽车专营店。见顾客到来,销售人员照例上前打招呼,询问顾客要看什么车。此时,这位顾客走到其中的一辆车前,要求销售人员打开引擎盖,启动发动机。在细心听了发动机的声音并对发动机舱内的各部件进行了全面审视后,该顾客问了一个比较专业的问题:"这款车的怠速是多少?"听到这个问题,这位销售人员不假思索地告诉顾客:"1斤。"(1斤=0.5千克)顾客一头雾水,没有弄明白他说的是什么意思。也许这位销售人员也发现了顾客的疑惑,为了证明他所说的数据正确,他让顾客坐进了驾驶室,用手指着仪表台上的发动机转速表,此时指针在"1"的位置上。他说"你看,就是这里,1斤。"此时,顾客皱起了眉头,表示出对这位销售人员的不屑。

接下来的对话更让这位顾客跌破眼镜。顾客问:"急速高了能不能调?"销售人员:"可以调,只要调一下化油器就可以。"顾客二话没说,扬长而去。至此,这位销售人员仍然不知道为什么顾客会离开,还以为顾客只是问问而已。

其实,这位销售人员对汽车的了解太不专业了。"急速"是一个汽车产品的专用术语,是指在停驶的状况下发动机热机后的正常转速,单位是"转/分钟",而不是"斤"。

流程2　快速思考。

(1) 顾客为什么会离开?

(2) 这个销售人员出了什么问题?作为消费者,你遇到过类似的问题吗?

(3) 你认为提升专业能力有哪些途径?

课 堂 自 测

自测:专业能力认知

专业能力认知

课 外 拓 展

拓展:360°评估你的专业能力

拓展目的:

学会从多种途径了解和评估自身的专业能力水平,制定提升专业能力的计划。

拓展流程:

流程1　邀请教师、家长、同学、用人单位评价自己的专业能力,并做好以下记录。

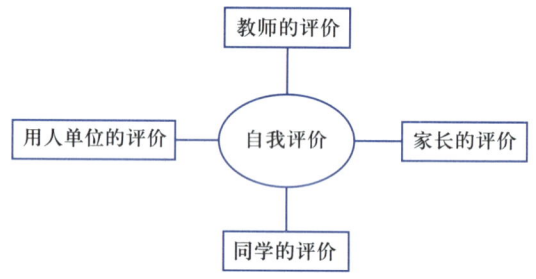

流程2　看完这些评价,你有什么感受?

流程3　结合以上评价,制订提升专业能力的计划,并定期检查与修订计划。

主题三　积极主动的态度

活 动 概 览

活动目标	了解积极主动态度的内涵和重要性,掌握做到积极主动态度的五个方面的要求
课堂活动	活动一:一个普通员工 活动二:万国证券的故事 活动三:诸葛亮伺机而动
课堂自测	自测:积极主动性认知
课外拓展	拓展:积极进取的意识

课 堂 活 动

活动一:一个普通员工

活动目的:
理解积极努力、乐观热情的重要性,要求自己积极努力,保持乐观、热情。

活动流程:

流程1　阅读案例。

张东风是某公司的一名普通员工,自加入公司后,他始终保持着一颗积极向上、努力进取、无私奉献的心。他始终遵循着服务到底的原则,从客户下单、包装物品,到发走快件,直至快件安全签收,他对每个细节都进行严格地把关与跟踪,从他手中发走的快件没有出现过任何问题。同时,他对区域内客户进行深耕,走街串巷推广公司产品,始终把客户放在首位,从客户的角度出发,为客户着想,所以与客户保持着良好的客群关系。

在公司,他作为小组组长主动承担责任,把小组内成员的积极性调动起来,让成员提高工作效率、准时准点、保质保量地完成各项任务。在公司组织的一些活动中(如抢板凳、你画我猜、快件包装大比拼),他多次带领队员勇夺第一名。无论同事遇到工作上的问题还是生活上的问题,他都能够及时伸出援手拉同事一把,帮助同事走出困境。在一次派送中,遇到老奶奶摔倒在路上,他没有置之不理,反而及时联系有关部门,让老奶奶得到了及时的救治。

他总是能将工作与生活区分开,保持一种乐观、积极、向上的心态,下班回家后及时辅导孩子作业,与妻子沟通家中事务,歇班时一家三口经常回老家看望父母,家庭关系非常和谐,幸福美满,一家人互帮互助、奋力前行,家人也非常支持他的工作,让他没有后顾之忧,可以全身心地投入工作中。他在工作中表现突出,是其小组的顶梁柱;在生活中营造了和谐相处的氛围,是家中的一片天。

流程2　快速思考。

(1) 张东风的做法有什么好处?

(2) 你是否也像张东风一样,具备积极努力、乐观热情的态度?

(3) 你认为应该如何保持积极努力的状态？

活动二：万国证券的故事

活动目的：

认识自动自发做事的意义，学会把自己当作工作的主人，认真做好每件事，远离被动。

活动流程：

流程1　阅读故事。

1992年，当卫哲还在上海外国语大学就读的时候，他曾到万国证券勤工俭学。他翻译的一份年报得到了万国总裁管金生的肯定，管金生表示一定要见见这个年轻人。就是这次见面，让卫哲成为"中国证券之父"管金生的秘书。

与一般秘书不同的是，卫哲在工作时非常主动积极。刚开始，管金生只是让卫哲翻译年报、剪报纸，这些事情对一般人来说是小事，但是卫哲把它们当成大事，做足了功夫。卫哲十分留心在那么多的剪报中哪些是领导看过的，然后进行引导，即使领导没有要求他这么做。作为秘书，即使是给领导端茶倒水这样的小事，他也琢磨出很多技巧。例如，开会时，什么时候去倒茶水才不会打断领导讲话的激情；什么时候仅倒水不加茶叶，什么时候该带着茶叶进去，卫哲都把握得很有分寸。

经过一段时间的观察，管金生认识到，如果再让卫哲做复印、倒水、剪报等事情就是屈才。于是，24岁的卫哲出任上海万国证券公司资产管理总部的副总经理，成为当时国内证券界最年轻的副总。

千万不要认为只要准时上下班、不迟到、不早退就是尽职尽责了，工作需要的是一种自觉主动的精神，自动自发工作的员工将获得工作给予的更多的奖赏。

流程2　将学生分组，快速讨论。

(1) 这个故事带给你什么启发？

(2) 自觉主动的精神在职业发展中有什么作用？

(3) 你认为大学生应该如何培养这种自觉主动的精神？

活动三：诸葛亮伺机而动

活动目的：

理解积极主动对创造机遇的重要性，学会在机会面前当机立断，立即把握。

活动流程：

流程1　阅读案例。

诸葛亮，字孔明，三国时蜀汉政治家、军事家。诸葛亮在15岁时为逃避战乱，随家人离开山东老家辗转到湖北襄阳避难，17岁时隐居在襄阳城西的隆中。诸葛亮少年有大志，常把自己比作春秋时期的政治家管仲和战国时期的军事家乐毅。因此，他隐居隆中边种地、边修学，静观天下，待机而出，人称"卧龙"。

根据《三国演义》的记载，汉末，混战的形势已趋明朗。曹操基本上统一中国北方，势力最大；孙权割据江东巩固统治，势力次之；刘表、刘璋等人也各有地盘。刘备在参加镇压黄巾起义军中，组建了一个势力不大的军事集团，但刘备率领的军队屡被曹操击败，被迫辗转投靠他人，没有自己固定的地盘。刘备为发展自己的势力，到处访寻人才。

他"三顾茅庐",请诸葛亮出山辅佐。诸葛亮向刘备精辟地分析了当时的政治形势,并提出了对策,即"隆中对"。

诸葛亮登上政治舞台,成为刘备的主要谋士,掌握着军政大权。他联孙抗曹,取得赤壁之战的胜利,并乘机占领荆州,进军四川,取得益州最终促成魏、蜀、吴三国鼎立的局面,为刘备建立和巩固蜀汉政权作出巨大贡献。

流程2　快速思考。

(1) 为什么诸葛亮能在战争中取胜?

(2) 遇到问题时,我们该如何自己积极主动地解决问题?

课 堂 自 测

自测:积极主动性认知

课 外 拓 展

拓展:积极进取的意识

拓展目的:
树立说服他人,向别人推销自己的意识,学会把握住转瞬即逝的机会。

拓展流程:

流程1　阅读材料。

毛遂在平原君门下三年,一直默默无闻,得不到施展才能的机会。一次,秦国大举进攻赵国,情况危急。赵王派平原君向楚国求救。平原君决定挑选出20名足智多谋的人随同前往,可是只有19个人合乎条件。这时,毛遂主动站了出来说:"我愿随平原君前往楚国。"平原君一开始不以为然:"一个有才能的人在世上,就好像锥子装在口袋里,锥尖很快就会穿破口袋钻出来,人们很快就能发现他。而你一直未能崭露头角,我怎么能带上没有本事的人同我去楚国行使如此重大的使命呢?"毛遂并不生气,他据理力争:"我之所以没有像锥子一样露出锥尖,是因为从来就没有像锥子一样放进您的口袋里呀。"平原君便答应毛遂作为自己的随从,连夜赶往楚国。

到了楚国后,商谈很不顺利。后来毛遂面对楚王慷慨陈词,对楚王晓之以理、动之以情。楚王终于被说服了,与平原君缔结盟约。赵国于是解围。事后,平原君说:"毛遂真是了不起的人啊!他的三寸不烂之舌真抵得过百万大军。可是以前我竟没发现他,若不是他挺身而出,我可要埋没一个人才了!"由此可见,在工作中,我们不要总是等着别人去推荐,只要有才干,不妨自己主动站出来,作出自己的贡献。

流程2　快速思考。

(1) 以上案例对你有什么启发?

(2) 你认为积极展示自我,向别人推销自己会带来什么变化?

(3) 如何提高自己的积极主动性?

【自测】

积极主动性认知

主题四　职业道德修养

活动概览

活动目标	理解职业道德的内涵和重要性,掌握提高个人职业道德修养的方法
课堂活动	活动一:矢志报国的飞机设计专家——顾诵芬 活动二:公事公办
课堂自测	自测一:职业道德意识 自测二:诚信意识
课外拓展	拓展一:离开还是留下 拓展二:参加青年志愿者协会

课堂活动

活动一:矢志报国的飞机设计专家——顾诵芬

活动目的:

理解爱岗敬业的内涵,培养爱岗敬业的精神。

活动流程:

流程1　阅读案例。

在航空工业科技委的所在地,耄耋之年的顾诵芬每天上午8时准时出现在这里,干了一辈子航空工业,他的热情丝毫未减。

顾诵芬生于1930年,是中国著名飞机设计师、飞机空气动力学家,也是我国飞机空气动力学的主要开拓者,曾任歼8飞机副总设计师、歼8Ⅱ飞机总设计师。1991年当选为中国科学院院士,1994年当选为中国工程院院士,2021年获得国家最高科学技术奖。

1951年8月,顾诵芬以优异的成绩从上海交通大学航空工程系毕业,来到刚组建的重工业部航空工业局。1956年,航空工业局在沈阳建立新中国第一个飞机设计室,当时接到的第一个任务是设计一架亚音速喷气式中级教练机。顾诵芬承担这架飞机气动布局设计的任务。只在大学里听过一些螺旋桨飞机设计基础课程的顾诵芬,不得不回到北京查阅资料,从头开始学习。当时北京航空航天大学还在建校时期,白天图书馆里都是学生,他只能晚上骑借来的自行车去图书馆。为了尽可能准确,他甚至需要用硫酸纸把图描下来,自己动手"影印"。

就是在这样的条件下,顾诵芬把当时所能搜集到的信息加以汇总和整理,最终形成了可以进行气动力设计计算的一套方法,圆满完成了翼型、翼身组合型式选择与计算、进气道参数确定和总体设计所需数据的计算。他利用当时仅有的、从没有在实际工程中应用过的风洞,边摸索,边试验,使得歼教1的气动力设计一步步走向成熟。1958年7月26日,歼教1飞机在沈阳首飞成功。此后,顾诵芬又成功完成初教1(后来改为初教6)飞机的气动力设计任务,创立了我国自主的气动力设计方法。

1965年7月5日,歼8飞机成功实现首飞。首飞的成功只是一个开始。歼8飞机在跨声速时出现了强烈的振动,为了彻底解决这一问题,顾诵芬大胆提出,可以通过观察贴在机尾罩上毛线条的扰动情况来弄清楚机身后侧的气流在哪里分离。当时近50岁、从未接受过飞行训练的顾诵芬决定瞒着家里,乘坐歼教6飞机到空中跟随歼8飞机,观察并拍摄飞行的流线谱。为了观察清楚,在两机编队飞行时,要求歼教6飞机保持两机距离在5米左右甚至更近,这对飞行员和顾诵芬来说都是一种冒险。在这种情况下,顾诵芬顶住心理压力,把扰动情况详细记录下来,飞行后又认真检查毛线条的受损情况,最终提出对机尾罩进行更有针对性的修改方案,彻底解决了问题。

1985年11月,歼8飞机获得国家级科技进步奖特等奖。在获奖名单上,顾诵芬的名字排在第一位。后来,顾诵芬又主持了歼8Ⅱ飞机的设计工作,2000年获得国家科技进步奖一等奖。

离开科研设计一线岗位后,顾诵芬仍然对航空科学和前沿技术进行跟踪研究,研究涉及通用航空、大飞机、轰炸机、高超声速飞行器、无人机、教练机、轻型多用途战斗机、外贸机,形成了数十份研究报告、咨询报告和建议书,为国家航空长远规划提供了技术支撑。

"首先要想着国家"——他的初心简单而质朴;"走新路、不空想、多看书"——他的"诀窍"也不高深。顾诵芬用行动诠释了"航空报国"的责任与担当。

流程2 将学生分组,快速讨论。

(1)顾诵芬的一生体现了什么精神?

(2)什么才是真正的爱岗敬业?

(3)我们要如何培养敬业精神?

活动二:公事公办

活动目的:

了解办事公道的意义,学习公道办事的方法。

活动流程:

流程1 阅读情景模拟材料。

陈某是某企业人力资源部经理。销售部的三个员工在张某的诱惑下,四个人私分了5万元钱的货款。事情暴露之后,张某一直向陈某求情,希望陈某看在老乡的份上能不告发他。陈某碍于老乡的情面,只向老总递交了辞退其他三个人的报告,留下了张某。

流程2 将学生分组进行情景模拟训练。

流程3 快速讨论。

(1)看完材料后,你有什么感想?

(2)陈某的行为会带来什么样的影响?

(3)如果你是陈某,你会怎么做?

(4)如何做到办事公道?

课 堂 自 测

职业道德意识

自测一：职业道德意识
自测二：诚信意识

课 外 拓 展

诚信意识

拓展一：离开还是留下

拓展目的：
理解敬业的重要意义，培养爱岗敬业的精神。

拓展流程：

流程 1　阅读案例。

a 对 b 说："我要离开这个公司。我讨厌这个公司！"

b 建议道："我举双手赞成你！一定要给这个破公司一点儿颜色看看。不过你现在离开还不是最好的时机。"

a 问："为什么？"

b 说："如果你现在走，公司的损失并不大。你应该趁着在公司工作的机会，拼命去为自己拉一些客户，成为公司独当一面的人物，然后带着这些客户突然离开公司，公司才会受到重大损失，非常被动。"

a 觉得 b 说得非常在理，于是努力工作。事遂所愿，经过半年多的努力后，他有了许多的忠诚客户。再见面时——

b 打趣道："现在是时机，要跳槽赶快行动哦！"

a 淡然笑道："老总跟我谈过了，准备升我做总经理，我暂时没有离开的打算了。"

其实这也是 b 的初衷。

流程 2　将学生分组，快速讨论。

(1) 为什么 a 会改变决定？

(2) 你认为敬业精神会给你带来什么？

(3) 如何培养爱岗敬业的精神？

拓展二：参加青年志愿者协会

拓展目的：
了解青年志愿者协会的活动内容，积极参与志愿者服务活动，培养关心别人、服务群众和奉献社会的精神。

拓展流程：

流程 1　了解学院或系部的青年志愿者协会的活动内容。

流程 2　报名加入青年志愿者协会。

流程 3　积极参与青年志愿者协会所组织的公益活动。

流程 4　写下参加活动后的感想，及时反思自身职业道德意识的培养状态。

活动内容：

活动感想：

主题五　责任心

活 动 概 览

活动目标	理解责任心的内涵和重要性,掌握培养责任感的方法
课堂活动	活动:一根保险丝
课堂自测	自测:你是一个爱找借口的人吗
课外拓展	拓展一:小灿和小燕 拓展二:责任视频收集

课 堂 活 动

活动:一根保险丝

活动目的:

了解注重细节在工作中的重要性,学会从细节入手,培养自己的责任心。

活动流程:

流程1　阅读案例。

有一天 Y 公司生产部的一台国产数控机床出现了故障,经设备科维修人员检查,发现是一个专用规格的保险丝烧坏了。根据公司体系管理规定的相关要求,维修人员填写了采购申请。经设备管理部门的科长和部长审批,采购申请很快提交到采购部,经采购部审核后,交由采购员进行采购。采购员跑了几家商店,又电话联系了多家商场,均没有找到这种规格的保险丝。时间一晃,几天就过去了,由于设备停产,生产陷入停滞状态,这一情况引起了公司各级管理者的重视,他们纷纷介入,询问前因后果,何时可修复。在这种压力下,设备科很快查找到生产厂家的电话号码,采购员一个电话打过去,对方立即告诉他所在城市就有代理商,直接去购买即可。采购员与代理商联系上后,事情很快解决了,然而近一周的设备故障已经对生产造成了十分严重的影响。

流程2　快速思考。

(1) 在这个案例中,出现问题的原因是什么?

(2) 你是一个注重细节的人吗?

(3) 注重细节在学习和工作中能有什么作用?

(4) 我们在学习和生活中该如何注重细节?

【自测】
你是一个爱找借口的人吗

课 堂 自 测

自测:你是一个爱找借口的人吗

课 外 拓 展

拓展一:小灿和小燕

拓展目的:

了解责任感的意义和表现,掌握培养个人责任感的方法,提升个人内在修养。

拓展流程:

流程1 阅读材料。

某公司要裁员,名单公布了,有内勤部的小灿和小燕,规定1个月后离岗。那天,同事看她俩都小心翼翼地,更不敢多说一句话。她俩的眼圈都红红的,因为这事谁遇到都难以接受。

第二天上班,小灿心里憋气,情绪仍然很激动,什么也干不下去,一会找同事哭诉,一会找主任申冤,订盒饭、传送文件、收发信件这些她应该干的活,她全扔在一边,别人只好替她干。小燕也哭了一个晚上,可是难过归难过,离岗时间还有1个月呢,工作总不能不做,于是她默默地打开计算机,继续打文稿、发通知。同事知道她要下岗,不好意思再找她打字了。她特地和大家打招呼,主动揽活。她说:"是福不是祸,是祸躲不过,反正也就这样了,不如好好干完这个月,以后想跟你们相处都没机会了。"于是,同事又像从前一样:"小燕,帮忙把这个打出来。""小燕,请把这个传出去吧。"小燕总是连声答应,手指飞快地打字,辛勤地工作着,随叫随到,坚守着她的岗位,坚守着她的职责。1个月后,小灿仍旧被辞退,小燕却被留了下来。主任当众宣布了老总的话:"小燕的岗位谁也无法代替,像小燕这样的员工,公司永远也不嫌多!"

流程2 快速思考。

(1) 为什么小灿下岗了,而小燕留下了?

(2) 当你也碰见类似的事情时,你的表现会更像谁?为什么?

(3) 生活中哪些行为是负责任的表现?

(4) 你认为应该如何培养责任感?

拓展二:责任视频收集

拓展目的:

了解不同的人对责任感的解读,进一步提升个人的责任意识。

拓展流程:

流程1 查找五个与责任相关的视频,观看后写下感受。

序号	视频名称和内容	观后感
1		
2		
3		
4		
5		

流程2　与班级同学分享收集的视频,交流心得。

人生要有所作为
就必须选择一个舞台
或者一条跑道
否则无法发挥自己的才华
你将被淹没在芸芸众生中
既然选择了
就应该珍惜
舞出精彩人生

模块六
修炼你的提升层职业素养

思想领航

人生在勤,不索何获。

——张衡

业精于勤,荒于嬉;行成于思,毁于随。

——韩愈

学习目标

1. 明确职业发展离不开提升层职业素养。
2. 掌握提升层职业素养包含的内容和修炼方法。
3. 找出自身不足,在今后的学习和生活中有针对性、有计划地加以修炼,提高竞争力。

学习内容

主题一　学习能力
主题二　沟通能力
主题三　吃苦耐劳精神
主题四　社会适应能力

学习指南

1. 通过访谈和问卷调查法,了解周围同学对提升层职业素养的认知情况和重视程度。
2. 通过学习、讨论、探索,制订提升层职业素养修炼计划,并跟踪自我提升层职业素养的发展情况,适时进行调整和完善。
3. 积极参加各种类型的社会实践活动,修炼自己的提升层职业素养。

主题一 学习能力

一、学习能力的内涵和重要性

学习能力是指根据自己学习和工作要求及个人发展的需要,制订学习目标和计划,并运用各种学习方法执行学习计划以达到学习目标,不断提高个人综合素养的一种能力。

现如今,学习已经成为个人、团队、组织和社会的重要主题。现代社会信息更新速度快,信息量大,一个大学生在校获得的知识只有 5%~10% 是将来所需的,其余的 90%~95% 的知识需要在工作中获得。这个结论印证了"知识折旧"定律,即现代人如果一年不学习,所拥有的知识就会折旧 80%。正所谓:"未来的文盲不是目不识丁的人,而是没有学会怎么学习的人。"联合国教育、科学及文化组织在《学会生存》中也指出:"教育应该较少地致力于传递和储备知识,而应该更努力地寻求获得知识的方法、学会怎样学习。"首届世界终身学习会议上还提出"终身学习是 21 世纪的生存概念"。可见学习能力已经成为现代人的必备能力,受到全球的关注。

未来最有价值的能力是学习能力,未来的竞争就是学习能力的竞争,一个人的学习能力在一定程度上决定了一个人的竞争能力,是将来在职场中制胜的法宝,也是一个人不断取得成功的保证。在现代社会,职业的半衰期越来越短,我们只有不断学习、不断提升自己的竞争能力,才能适应和紧跟社会的发展变化,才能保持可持续性的发展。如果不坚持学习,不思进取,沉迷于眼前,那么我们的职业生涯很可能会停滞甚至倒退。

二、大学生提高学习能力的策略

在现实生活中,并不是每个人都会学习。有的人缺乏有效的学习方法,导致学习效率低下,浪费了很多宝贵时间。有的人因为学习态度不端正,学习收获不多。那么,如何提升自己的学习能力呢?"工欲善其事,必先利其器",做一个善于学习的人,要从以下几个方面来努力。

(一) 端正学习态度

很多人之所以能够取得成功,其中一个重要原因就是有正确的学习态度,并持之以恒。因此,要提升自己的学习能力,首先要端正学习态度,树立正确的学习观念和意识。我们要认识到,在现代信息社会,只有不断学习才能弥补自己的不足,提升自己的素质,增强竞争力。在日常生活中,要主动学习,把学习当作一件快乐的事情,增强学习动力,而不是把学习当作任务和负担。即使身处逆境,也要保持正确的学习态度,以高标准要求自己,坚持学习。

(二) 养成学习习惯

在知识经济时代,信息瞬息万变,竞争越来越激烈,衡量一个人的水平已经不是文凭了,而是一个人在实践中学习知识、更新知识的能力。这也就意味着"学力时代"的来临、"学历时代"的终结,学习能力的高低将比文凭的高低更重要。"活到老,学到老"就是告诫我们要有坚持学习的习惯。朱熹的"无一事而不学,无一时而不学,无一处而不学"也是在倡导终身学习的理念。现在和未来的社会是学习型的社会,你的学习生涯将在很大程度上决定你的职业生涯,终身学习能力已经成为一个人成功的必备条件之一。因此,大学生要想在竞争中处于有利的地位,只有坚持学习,养成终身学习的习惯,才能适应社会和时代的变化,才能实现自己的职业生涯规划,获得成功。

要养成终身学习的习惯,我们必须从日常做起,从现在做起,持之以恒,坚持学习。具体要从以下几个方面来培养自己终身学习的习惯:一是养成良好的生活习惯,每天给自己留出一段时间来学习;二是经常去图书馆,尽量多读一些书;三是经常查阅你不懂和不确定的词语;四是经常翻看字典或百科全书,通过词条学习新的词语;五是多利用互联网、电视等媒体查阅信息、收看新闻;六是多与人交流,特别是要多和与自己有不同意见的人交流和探讨;七是尝试新的业余爱好,游历自己没有去过的地方,增加阅历。

(三) 明确学习规划

清晰的学习规划、明确的目标和计划是一个人通向成功的有力武器。目标是我们学习的方向,计划是我们进行学习的具体措施。制订学习目标和计划并积极执行与评估,有利于我们不断提高自己的学习能力。

1. 找准学习目标

有了学习目标,我们就会集中精力,就会勤奋努力。当然学习目标要根据自身的实际情况来制定,即自身在学习、工作和生活中的实际需要。那么,如何根据实际需要制定科学的学习目标呢?我们应遵循 SMART 原则,具体如下。

【小贴士】

SMART 原则

S(Specific):目标要清晰、明确,让考核者与被考核者能够准确地理解目标。

M(Measurable):目标要量化,考核时可以采用相同的标准准确衡量。

A(Attainable):目标要通过努力可以实现,也就是目标不能偏低和偏高,偏低了则无意义,偏高了则无法实现。

R(Relevant):目标要和工作有相关性,不是被考核者的工作就不要设定目标。

T(Time-bound):目标要有时限性,要在规定的时间内完成,时间一到,就要看到结果。

2. 制订学习计划

"凡事预则立,不预则废。"学习计划是实现学习目标的蓝图,对学习效率的提高起着重要作用。一个学习计划要包括三个部分:任务、措施和步骤,即要根据自身的实际情况确定学习内容,选择可行措施,确定实施措施的时间与方法。例如,要列出具体的任务,然后把学习任务具体分配到每周、每天,再计算每天可以有多少学习时间,每项内容大致需要花费多少时间。计划中一定要安排严格的、足够数量的基本功训练,不要好高骛远。还要注意在制订计划的过程中不要贪心,要注意留出空余时间,要考虑吃饭、睡觉、娱乐、体育锻炼等活动的时间。

3. 积极实施计划

计划如果不付诸行动,就像空中楼阁。

一是要根据计划按时落实学习任务,不要给自己找借口打折扣。

二是灵活地调整学习计划。确定计划后就应该严格执行,但在学习中,要根据实际情况灵活安排,不可过于拘泥。注意和同学交流学习心得,向教师请教学习方法,及时调整学习计划。

三是检查效果,及时调整。每个计划从执行到结束或执行一个阶段后,就应当检查效果如何。如果效果不好,就要找原因,进行必要的调整。检查的内容包括:是不是基本按计划去实施了?计划任务是否完成?学习效果如何?没有完成计划的原因是什么?什么环节安排得太紧?哪些环节安排得太松?等等。检查后,如发现不妥之处,应及时调整计划。

(四) 选择学习方法

每个人的个性、爱好、思维方式、学习风格都不同,我们要针对自己的实际情况,找到适合自己的学习方法,提高学习效率,提升学习能力。

1. 学习风格

巴巴拉·所罗门从信息加工、感知、输入、理解四个方面将学习风格分为四组,共八种类型。

第一组是活跃型和沉思型。活跃型学习者倾向于通过积极地做事、商讨、沟通来掌握信息;而沉思型学习者更喜欢安静地思考问题。

第二组是感悟型和直觉型。感悟型学习者喜欢学习事实,而直觉型学习者倾向于发现某种可能性与事物之间的关系。感悟型学习者不喜欢复杂情况和突发情况,而直觉型学习者喜欢革新、不喜欢重复。感悟型学习者比直觉型学习者更实际和仔细,对细节很有耐心,很擅长记忆事实和做一些现成的工作;而直觉型学习者又比感悟型学习者工作得更快、更有创新性。人在学习过程中,有时候倾向于感悟型,有时候又倾向于直觉型。在具体的学习过程中,可以针对实际情况,综合运用不同的方法。

第三组是视觉型和言语型。视觉型学习者很擅长记住他们所看到的东西,如图片、图表、影像等;而言语型学习者更擅长从文字和口头的解释中获取信息。

第四组是序列型和综合型。序列型学习者习惯按线性思维理解问题,每步都合乎逻辑地紧跟前一步。综合型学习者习惯大步学习,吸收没有任何联系的随意的材料,用新奇的方式组合它们,从而解决复杂的问题。

2. 学习方法

了解学习风格后,我们就可以利用自身优势和潜力等条件选择合适的学习方法,提高学习效率。学习的方法有很多,常见的有以下几种。

一是五阶段学习法。《中庸》提出的"博学之,审问之,慎思之,明辨之,笃行之"阐明了学习的几个递进阶段,博学是指要广泛地猎取各种知识;审问是指在学习过程中要敢于质疑;慎思是指要对所学的问题进行思考;明辨是指要学会分辨知识的真伪;笃行是指要学以致用。

【微课】

所罗门的学习风格

二是循环学习法,即学习了新知识后,要及时进行复习和整理,以巩固学习效果。

三是四环递进法。第一环抓住所学内容的重点、要点和难点,进行分析;第二环根据所学内容列出提纲;第三环对提纲和知识进行消化吸收;第四环把所学内容提炼出来,抓住实质和核心,便于记忆。

四是框架式学习法,即通过分析,把相关知识按照自身的理解,归纳为一个个框架,便于理解和记忆。

五是设问推敲法,即在学习一段知识之前,先看后面的思考题,带着问题去学习,在学习过程中思考。

除了以上五种方法,还有理论联系实际的方法、系统思考的方法、摘要的方法、记笔记的方法等。根据学习风格、思维方式等选择适合自己的学习方法,可以有效地提升学习效果。

(五) 培养自学能力

"我们将学过的东西忘得一干二净时,最后剩下的东西就是教育的本质了。"这句话是教育家伯尔赫斯·弗雷德里克·斯金纳的名言。"剩下来的东西"其实就是自学的能力,也就是举一反三或无师自通的能力。大学不是"职业培训班",而是一个让学生适应社会、适应不同工作岗位的平台。在大学期间,学习专业知识固然重要,但更重要的还是要学习思考的方法,培养举一反三的能力,只有这样,大学毕业生才能适应瞬息万变的未来世界。

上中学时,教师会一次又一次地重复每节课的关键内容。但进了大学以后,教师只会充当引路人的角色,学生必须自主地学习、探索和实践。走上工作岗位后,自学能力就显得更为重要了。

自学能力必须在大学期间逐渐培养。许多学生总是抱怨教师教得不好、懂得不多,学校的课程安排也不合理。其实"与其诅咒黑暗,不如点亮蜡烛"。大学生不应该只会跟在教师的身后亦步亦趋,而应当主动走在教师的前面。例如,大学教师在一个课时里通常要讲授课本中几十页的内容,仅仅通过课堂听讲是无法把所有知识学通、学透的。最好的学习方法是在教师讲课之前就把课本中的相关问题琢磨清楚,然后在课堂上对照教师的讲解弥补自己在认识和理解上的不足之处。

中学生在学习知识时更多的是追求"记住"知识,而大学生应当要求自己"理解"知识并善于提出问题。对每个知识点及存疑的地方,大学生都应该多问"为什么"。多问为什么,可以帮助理解;多问为什么,可以实现突破。一旦真正理解了理论或方法的来龙去脉,我们就能举一反三地学习其他知识、解决其他问题,甚至达到无师自通的境界。事实上,很多问题有不同的思路或观察角度。在学习知识或解决问题时,我们不要总是死守一种思维模式,不要让自己成为课本或经验的奴隶。在学习中敢于创新,善于从全新的角度出发思考问题,有助于激发潜在的思考能力、创造能力和学习能力。

我们在自学时,不要因为达到了学校的要求就沾沾自喜,也不要认为自己在大学里功课好就足够了。在 21 世纪的今天,人才已经变成一个国际化的概念。当你对自己的成绩感到满意时,建议你自学一些国际一流大学的课程。例如,大家不妨去看看美国麻省理工学院的网上课程,做做 MIT 的网上试题。当你可以自如地掌握美国麻省理工学院的课程时,你就可以更加自信地面对国际化的挑战了。总之,善于举一反三,学会无师自通,这是在大学时期送给自己的最好的礼物。

(六) 提高资源利用率

《礼记·学记》中指出:"独学而无友,则孤陋而寡闻。"也就是说,大学生应当充分利用各种资源来提高自己的学习效率。

1. 人才资源

利用各种人才资源,从各种渠道吸收知识和方法。大学生可以主动向教师请教,或者请教师推荐一些课外参考读物。除了资深教授,大学中的青年教师、博士生、硕士生乃至自己的同班同学都是很好的知识来源和学习伙伴。每个人对问题的理解和认识都不尽相同,只有互帮互学,才能共同进步。但是,教师只是你的引路人,更多的还是要通过自身的学习积累。"三人必有我师。"大学生的周围到处是良师益友,每个才华横溢的人都可以是你学习和交流的对象。珍惜这些难得的机会,大胆发问,经常切磋,大学生能够学到非常有用的知识和方法。

2. 信息资源

大学生应该充分利用图书馆和互联网,培养独立学习和研究的能力,为适应今后的工作或进一步的深造做准备。首先,除了学习规定的课程,大学生一定要学会查找书籍和文献,以便接触更广泛的知识和最新的研究成果。例如,当大学生在一门课上发现了自己感兴趣的课题,就应当积极去图书馆查阅相关文献,了解这个课题的来龙去脉和研究动态。熟练并充分地利用图书馆资源,这是大学生特别是那些有志于做研究工作的大学生的必备技能之一。读英语文献时,应尽量多读英文原版文章。另外,在书本之外,互联网也是一个巨大的资源库,大学生可以借助搜索引擎在网上查找各类信息。很多大学生都会在互联网上玩游戏、交朋友,却忽略了网络另一个重要的功能,即学习。很多简单的问题,只要在搜索引擎中检索一下,就能轻易找到答案。还有一些大学生容易相信网上的谣言,而不会利用搜索引擎进行查找、求证。除了搜索引擎,网上还有许多网站和社区也是很好的学习园地。

(七) 锻炼观察能力

凡是成功人士都有善于观察、处处留心的好习惯。他们善于发现学习、工作和生活中的细节,注重从这些细节入手去思考、去探究,然后发现一些别人想不到的问题。所以说,处处留心皆学问。只要处处留心,保持对周围事物的高度敏感性,你就会发现机会无时不在、无处不在。

> 【案例分享】
>
> 　　某地毯厂推销员在出差途中乘坐汽车时,突然发现汽车车顶上贴了大量的壁纸,他马上想到需要这么多壁纸的地方,应该会需要大量的地毯。他打听后得知,这些壁纸是山西某地新建的一家宾馆所购买的。于是他改道前往山西,直接找到该宾馆的负责人,签订了一笔价值几十万元的合同。市场是创造出来的,推销高手能识别人之未识、察别人之未察,在他人意想不到的地方创造出经营机会。

学习的最终目的是运用。因此,我们在日常生活中要善于理论联系实际,将所学的知识进行迁移和运用,不断提升自己解决实际问题的能力。

主题二　沟　通　能　力

一、沟通能力的内涵和重要性

沟通是把信息、思想和感情等在个人和群体之间进行传递,并达到相互了解和理解的过程。沟通是一种信息的传递,也是一种思想的传播。交流沟通是人类行为的基础。在现代社会,沟通每天都在进行。在工作中,与上司、下属、同事、客户、媒体等沟通;在学习中,与老师、同学沟通;在生活中,与父母、孩子、亲戚、朋友沟通。在各类招聘会上,很多毕业生排了几个小时的队,却在几分钟之内被淘汰,其中一个重要的原因是沟通能力差。一个人只有具备了良好的沟通能力,才能更好地为他人所理解,才能很好地理解他人,才能获得别人的支持和帮助,从而丰富自我、实现自我和超越自我。

在现代社会,良好的沟通具有以下几个重要作用。

第一,沟通有利于实现资源共享。众所周知,如果你有一个苹果,我有一个苹果,我们彼此交换,我们每个人还是只有一个苹果。如果你有一个想法,我也有一个想法,我们彼此交换,那么我们每个人就有两个想法。因此,人与人之间的知识交流和分享很重要。如果人人都能把自己的知识与他人分享,彼此交流,共同探索,那么资源就可以实现有效共享。

第二,沟通有利于提高工作效率和创造良好的工作氛围。在职场中,由于缺乏有效沟通而导致工作失误的情况比比皆是。因此,如果员工之间能经常交流、相互沟通,就可以避免很多误解和时间的浪费,提高工作效率。如果一个企业的员工之间沟通顺畅、互相关心和帮助,那么这种工作氛围是相当好的。

第三,沟通有利于打造良好的人际关系网络。人际关系的好坏在很大程度上取决于沟通能力,良好的沟通能力有利于打造一个良好的人际关系网络。俗话说,有朋友分享的快乐是加倍的快乐,有朋友分担的痛苦是减半的痛苦。当你把你的快乐与朋友分享时,你会更加喜悦,朋友也会乐于与你在一起。当你痛苦的时候,如果有朋友和家人在身边安慰,你会更快地摆脱痛苦,朋友和家人也会从中体会到他们的价值,使你们在心理上走得更近。

第四,沟通有利于更好地完善和展示自我。在知识密集的时代,每个人的精力和时间都是有限的,一个人的成长仅靠自己的学习和积累是远远不够的。我们身边的每个人都有自己的才能、经验,如果我们能经常与朋友沟通、交流彼此的经验和知识,我们就可以发现别人身上的优点,学习别人的长处,不断地完善自我。同时,在沟通过程中,我们也可以把自己的才能和经验很好地展示出来,获得更多人的认可。

二、沟通的过程、分类与原则

（一）沟通的过程

沟通是一个信息传递的过程，一个完整的沟通应包括七大要素，即信息源、编码、渠道、信息接收者、解码、反馈和噪声（干扰源）。例如，同事说"早上好"，你回答说"早上好"，这就是沟通的过程。

1. 信息源

信息源是信息的发送者经过思考后形成的，是信息传递的主动方，是沟通的起点。

2. 编码

编码是指应用一定的规则把信息以语言、文字、符号、图形等形式表现出来。

3. 渠道

渠道是信息传递的通道。沟通渠道有很多种，如空气、光纤电缆等各种介质。

4. 信息接收者

信息接收者又称为信宿，是信息的接收对象，是信息传递的被动方。常见的信息接收方式有听觉、视觉、触觉等。

5. 解码

解码是信息接收者对所获得的信息进行理解的过程。

6. 反馈

反馈是信息接收者对所获得的信息做出反应，并把这种感受告知信息的发送者的过程。

7. 噪声

噪声是指在沟通过程中的干扰因素，噪声对信息传递的干扰会导致信息失真。在沟通过程中，不论使用哪种信息传递渠道，都会受到一定的干扰。噪声的来源有多个方面：沟通双方的个体差异、编码与解码所采用的信息代码差异、传递媒介的物理性障碍等。

（二）沟通的分类

沟通的方式有很多，按照不同的标准，可以进行如下分类：按照沟通媒介的不同，沟通可分为语言沟通和非语言沟通；按照沟通途径的不同，沟通可分为正式沟通和非正式沟通；按照沟通方向的不同，沟通可分为上行沟通、下行沟通和平行沟通；按照信息发送者与接受者的位置是否变换，沟通可分为单向沟通和双向沟通；按照信息沟通的过程是否需要第三者加入，沟通可分为直接沟通和间接沟通。

【微课】

沟通的分类

（三）沟通的原则

1. 互相尊重

沟通只有在相互尊重的基础上才能进行。你只有尊重对方才会有良好的沟通效果。在对方不尊重你的时候，你也要适当地请求对方尊重，这样沟通才能有效地进行。

2. 彼此坦诚

双方坦诚地讲出自己内心的感受、想法和期望,即使是痛苦和无奈也要讲出来。

3. 切忌说伤害的话

不批评、不抱怨、不责备。批评和抱怨是沟通的"刽子手",不仅于事无补,还会使事情恶化。记住"祸从口出",不恶言伤人,不口无遮拦,以免造成不良影响,甚至造成终身遗憾。

4. 理性沟通

有情绪的时候不要沟通,尤其不要做决定。处于情绪中时,说出的话常常不好听,很多事情说不清也道不明,等冷静下来的时候再把事情讲清楚。一个人在有较大的负面情绪时,很容易因为冲动而失去理性,千万不能在这个时候做决定,否则容易让事情无可挽回。

5. 适时说一声"对不起"

说一声"对不起",并不是你真的犯了错误。这是沟通的软化剂,可以使事情有回旋余地。主动承担责任,化解问题,打开死结,能使双方豁然开朗。

6. 适时突破僵局

当沟通陷入僵局时,可以中场休息。通过聊天、喝茶等轻松的方式缓和僵持的气氛,同时也能侧面打探对方的底线,待事后再调整沟通的方法和内容,为下一次沟通打下基础。另外,还可以回避有分歧的话题,换一个新的话题与对方沟通。

三、大学生提高沟通能力的策略

(一) 了解提高沟通能力的方法

提高个人沟通能力包含两个方面,一是要提高我们理解别人的能力;二是要尽量让别人理解自己。因此,我们要简单了解提高个人沟通能力的一般方法和步骤。

1. 开列沟通清单

抽出时间,闭上眼睛想一想:一是你需要在哪些地方与人沟通,如单位、咖啡厅、学校、聚会点等;二是你需要与哪些人进行沟通,如同事、上司、朋友、客户、同学等。事先想清楚这两个问题,有利于你提高沟通能力。

2. 评价沟通状况

全面分析自己,客观评价自己的沟通状况,自己的沟通能力如何;了解自己在什么情境中与什么人沟通比较理想;在什么情境中,与哪些人沟通比较不理想,今后需要做哪些改善;在日常生活中,是否注重保持和朋友、同事的及时沟通等。

3. 了解沟通方式

沟通方式是否恰当主要通过以下三个方面来衡量:一是在多数情况下,你是与别人主动沟通还是被动沟通?二是在与别人沟通的过程中,你的注意力是否集中?三是在与别人沟通的过程中,你的信息表达是否充分,是否能让对方很好地理解你的意思?

研究表明,主动沟通者与被动沟通者之间存在很大差异。一般来说,善于主动沟通的人更能建立良好的人际关系。在与对方沟通的过程中,保持高度的注意力,既是对对方的尊重,又能及时、准确地了解对方的状况,从而适时调整自己的沟通内容和方式。在与别人沟通时,一定要注意使自己的信息被对方充分理解。如果在沟通过程中,语言等信息表达得不充分,则不能明确表达自己的意图,有时会引起对方的误解;反之,信息量太大也不利于沟通,甚至会让对方觉得不舒服,觉得你太啰唆。

4. 制定和执行沟通计划

通过以上三点,你应该已经发现自己在沟通方面存在的不足,明确了今后需要改进的方面。现在你可以在此基础上制定一个沟通计划,然后付诸行动。例如,若沟通不够积极,那么今后就可以有意识地积极主动与人沟通,多和同学、朋友联系。当然,在制定和执行沟通计划的过程中,要注意可行性原则,不要对自己提出太高的要求,以免挫伤积极性。

5. 监督实施状况

在执行沟通计划的过程中,要对自己的发展状况进行实时监督,利用日记或者图表记录自己的执行情况,并评价与分析感受。这样既给自己压力,又给自己动力。坚信经过努力和实践,你的沟通能力能够得到提高。

【小贴士】

沟通中的 4W1H

4W1H 决定着信息发送的有效性。4W 是指 When、What、Who、Where;1H 是指 How。

When 是指何时发送信息,所定时间是否恰当。

What 是指确定的信息内容要简洁,强调重点,并使用熟悉的语言。

Who 是指确定谁该接收信息,不仅要获得接收者的注意,还要考虑接收者的观念、需要及情绪。

Where 是指在何处发送信息。我们要考虑地点是否合适,是否不被干扰。

How 是指决定信息发送的方法,如电子邮件、电话、面谈、会议等。

(二)掌握沟通的八大技巧

1. 同理心

同理心即学会从对方的角度考虑问题,了解对方的感受。人与人之间的同理心在沟通中占有重要的位置。我们每个人都有自己的立场、观点、想法,也习惯于执着在自身的领域中,因此经常会忘记别人也有自己的立场、观点和处境。其实,我们在做任何事情之前都应试着先站到对方的立场,了解对方的感受。这样做了之后,你会发现许多事情的沟通就变得很容易了。因为沟通是双方的事情,你从对方的立场出发,照顾对方的感受,对方一定会感觉到,并且会很感激,沟通起来自然就容易多了。

2. 善于倾听

英国管理学家 L. 威尔德和英国联合航空公司总裁兼总经理 L. 费斯诺都提出了倾听定律,即人际沟通始于聆听、终于回答,人有两只耳朵却只有一张嘴巴,这意味着人应该多听少讲。这两个倾听定律告诉我们,在人际交往的过程中,倾听是沟通的基础,要多听、多做、少说。善于倾听是一个成熟的人最基本的素质,也是一个非常重要的沟通技巧。

在现实生活中,很多时候都需要认真倾听。了解上级意图需要倾听,了解下属想法需要倾听,了解朋友状况需要倾听,了解客户心理需要倾听,与同事和谐相处需要倾听,与家人融洽相处需要倾听,认识和了解社会需要倾听。通过倾听,我们能发现他人的优点,了解他人的想法,理解他人的心理,才能成为一个成功的沟通者。

倾听要注意以下事项。

(1) 与沟通对象保持眼神接触,但要避免长时间盯着。不要东张西望,不要若有所思,更不能双目仰视天花板,否则会让对方误解。

(2) 坐姿要端正,避免跷二郎腿、双手抱胸;身体稍微前倾,面对沟通对象,适时地点头、微笑,表现出兴趣,必要的时候做一些笔记。

(3) 适时向沟通对象传递信号,以示尊重和鼓励。例如,"你说得挺有意思的""我也是这么想的"。

(4) 在倾听的过程中,要站在对方的角度想问题,并仔细思考,不能凭自己的喜好选择性倾听,也不能听到一半就妄加评论或反驳。要倾听完对方的全部信息,即使自己不同意,也不要立即打断对方,而是鼓励对方把他的观点表达出来。

(5) 考虑对方的背景和经历,适应对方的风格。每个人的背景、语速和音量都是不一样的,要尽量适应对方的风格,尽可能地传递和接收更多、更全面和更准确的信息。

(6) 在倾听的过程中,如果没有听清楚、没有理解,我们就可以要求对方重复。在适当的时候直接告诉对方。

3. 适当地赞美别人

渴望被赞美是每个人内心的愿望,赞美有利于沟通,但赞美不是溜须拍马,赞美需要有技巧,要发自内心,要真诚。

真诚的赞美是建立在观察和欣赏的基础上的,一个人成熟的标志之一是懂得欣赏和鼓励别人,适当的赞美要做到以下几个方面的要求。

(1) 赞美要发自内心,要真诚。不真诚的赞美对人对己都是有害而无利的。不真诚的赞美会给对方一种虚情假意的感觉,对方不仅不会高兴,反而会心生厌恶,同时也损害了自己在对方心中的形象。

(2) 赞美要不失时机。要用心发现同事、同学、朋友身上的优点,发现后要不失时机地赞美。赞美的时机有很多,发现当时、事后、众人面前、私底下都可以,但一般来说以当时、当众赞美为宜。

(3) 赞美内容要有新意。赞美别人时,最好要赞美一些别人都没有发现的优点,甚至是他自己都没有发现的优点。你的赞美会令对方恍然大悟、倍感欣喜,他们对你的好感就油然而生。如果是别人已经赞美过很多遍的内容,他听后就没有感觉了。

(4) 赞美要与对方内心的好恶相符合。如果一个人的长处得到别人的赞美和欣赏,我们会觉得那是很自然的事情,但会特别希望在自己没有信心的方面得到别人的赞美。例如,女孩都希望别人夸自己漂亮,对长相一般的女孩而言,夸她漂亮,她会很高兴。但对很漂亮的女孩而言,你再赞美她漂亮就没有必要了,可以赞美一个看起来不是很突出的优点,如穿衣服有品位,她听了可能就会很高兴。

(5) 恰当地选用赞美的方式。赞美的方式有很多,有直接的赞美,也有间接的赞美;有当面赞美,也有背后赞美;有具体的赞美,也有含蓄性的赞美等。因此,要针对不同情况选用不同的赞美方式。例如,初次相识时,可选用直接赞美,这样能活跃气氛,拉近彼此之间的距离。有时候,过于具体、露骨的赞美会让对方感到肉麻,应选用一些含蓄的赞美。在背后赞美人是一种高超的技巧。如果你的同事或者朋友知道你在背后赞美他,他会非常高兴,也会进一步认可你的为人。

4. 恰当地使用肢体语言

人们在沟通的时候常常会借助一些肢体语言。美国心理学家艾伯特·梅拉比安的研究表明,一个人在进行沟通时,55%的信息量来自他的肢体语言,38%的信息量来自他的声音,只有7%的信息量来自他的语言表达。肢体语言有时候比语言表达的效果更好,典型的事例就是卓别林的喜剧,因为他的肢体语言传递了很多有趣的信息,大家看了总会大笑。我们可以通过一个人的肢体动作来了解和衡量一个人。那些比较著名的政治家、演讲家都善于运用富有个人特色的肢体语言。他们的肢体语言不是与生俱来的,而是后天有意识运用的结果。因此,在人际交往中,我们要注意自己的肢体动作,恰当地使用肢体语言来辅助沟通。

(1) 恰当地运用面部表情。面部是视觉的中心,它在沟通的肢体语言中占据重要的地位,是最容易表达也是最容易引发回应的部分。面部的表情包括眼睛、嘴巴等的动作。嘴角的上下、眼睛的转动、眼神的正邪、正眼或斜眼看人、眉毛的角度等都可以综合反映出一个人的情绪,如悲伤、快乐、愤怒、仇视、怀疑等。

(2) 恰当地使用手势。手势是人类的第二张脸。手势在沟通交流时是很容易被忽视的,有时候我们还会认为手势无关紧要,特别喜欢用手指着别人说话,这其实是很不礼貌的。掌心向上,表示顺从或请求;掌心向下,表示权威或优势;手握紧伸出食指,表示威吓;举手用力向下,表示攻击、恐吓;高举一只手,示意你想说话或在会议中发表见解;用食指按着嘴巴,表示安静;手指指着手表或壁钟,表示停止工作或时间到了;把手做成杯状放在耳后,手掌微向前,表示请大声一点,听不清楚;等等。

(3) 恰当地使用其他的肢体语言。在沟通中每个人都会有一些不自觉的身体语言。例如,感到有兴趣或兴奋时,瞳孔会放大;与某人说话时越来越投入,深度感兴趣时,身体会慢慢往前倾;紧张的时候会耸起肩膀、握紧双手、脸部肌肉收缩;犹豫不决时会摸鼻子;对事情不太肯定时会半遮着嘴巴;不耐烦、没有耐心时会左顾右盼,玩弄手中的笔;没有兴趣时会全身放松靠在椅背上,或交叉双腿和双臂。

(4) 经常自省自己的身体语言。经常自省自己的身体语言是否自然、是否有效、是否让人产生误解,在此基础上,调节肢体语言,为沟通服务。

(5) 注意肢体语言的使用情境。肢体语言的使用一定要注意与情境相适应。例如,勾肩搭背在一些活泼的场合可以做,但在严肃、庄重的场合则不能做,否则会给人一种不协调的感觉;在商务谈判和面试时不能跷二郎腿,但是在自己家里可以随意一些。

(6) 注意改掉不良的肢体语言习惯。改掉不良的肢体语言习惯,是为了更有效地沟通。不良的肢体语言有很多。例如,在与人谈话时,时不时地梳头发、掏耳朵、挖鼻孔等,这些都会给对方留下不好的印象,会让对方觉得你没有礼貌。这些无意义的肢体语言只会影响沟通的效果,要注意改掉。

5. 时常微笑

我们都喜欢时常微笑的人,而不喜欢板着面孔的人。微笑是调节各种矛盾的润滑剂,能使人们放下戒心,产生心理上的亲近感。

6. 记住别人的名字

记住别人的名字是拉近彼此距离的有力方式。在日常生活中,每认识一个人,就要记住他的名字,而且要不断地扩大交际面,花一定的时间去沟通。这些朋友也许是你学习的榜样,也许可以为你提供帮助和机遇。

7. 学会经常使用万能语

万能语多数是礼貌用语,能体现一个人的修养。在日常沟通中,经常使用的礼貌用语有你好、您好、早上好、下午好、晚上好;请多指教、请多关照;很抱歉;谢谢;不好意思;请;哪里哪里、不敢当等。应该说,万能语在大多数场合都适用,它能让对方感到你很有礼貌。

8. 多谈对方感兴趣的事情

很多人和陌生人见面的时候,要么是冷场,不知道谈什么;要么就滔滔不绝地讲自己感兴趣的话题,不考虑对方是否对这个话题也感兴趣、是否愿意听。当然,和陌生人沟通时要注意一个技巧,即找到自己和陌生人的共同点。如何找自己与陌生人的共同点呢?

第一,察言观色,寻找共同点。一个人的性格、爱好、心理等都会通过表情、服饰、言谈举止表现出来,只要你善于观察、仔细观察,你就会发现你们的共同点。

第二,以话题试探,发现共同点。遇到陌生人时,可以通过谈一些一般性的话题,如询问对方的籍贯、听口音等方式打破僵局,发现共同点。

第三,听人介绍,揣摩共同点。

第四,步步深入,挖掘共同点。随着谈话内容的深入,你可以从谈话中进一步挖掘出自己和对方的共同点。

主题三　吃苦耐劳精神

一、吃苦耐劳精神的内涵和重要性

吃苦耐劳是指经受得起困苦和劳累。现在讲吃苦不是让人们再回到过去吃糠咽菜的年代,也不是生活在好的环境中硬要过苦日子,而是在任何时候都不铺张浪费,在物质生活水平提高的同时,也要注意追求精神生活水平的提高,使其健康、文明。

吃苦耐劳精神是一个国家、一个民族、一个集体蓬勃向上的巨大精神动力。从古至今,吃苦耐劳都是中华民族的传统美德,从愚公移山到大禹治水都体现出吃苦耐劳、奋力拼搏的精神。习近平总书记在2021年春节团拜会上强调:前进道路上,我们要大力发扬孺子牛、拓荒牛、老黄牛精神,以不怕苦、能吃苦的牛劲牛力,不用扬鞭自奋蹄,继续为中华民族伟大复兴辛勤耕耘、勇往直前,在新时代创造新的历史辉煌。习近平总书记在河南安阳考察时指出:年轻一代要继承和发扬吃苦耐劳、自力更生、艰苦奋斗的精神,摒弃骄娇二气,像我们的父辈一样把青春热血镌刻在历史的丰碑上。

吃苦耐劳是一个人尤其是青年人所应该具备的优良品质之一。在现实生活中,那些在单位里受到领导重视、得到同事尊重、在事业上有大发展的,大多是在工作中吃苦耐劳、踏踏实实、兢兢业业的实干苦干者。现在很多单位用人越来越趋于理性,那些拥有高学历,而作风浮夸、眼高手低、好高骛远的求职者越来越没有市场。很多用人单位不单以学历选人才,更注重人的内在品质。过去,很多单位在用人时,只要是博士、硕士等高学历的求职者就悉数招来,只要是名校学生就统统"吃进"。结果往往是,许多所谓的"人才"眼高手低、喊苦叫累、工作成绩不怎么样,却提出了不切合实际的待遇要求,让用人单位苦不堪言。

现在,我们可以从许多招聘广告中看出,具备吃苦耐劳精神已成为企业招聘员工的重要条件之一。用人单位注重毕业生是否吃苦耐劳,这看起来是将招聘条件降低了,实则不然,这个要求是对毕业生更为严格的考察。能吃苦,是一种精神状态,也是一个人的基本素质,更是一个人做成一项事业的重要前提。现在,用人单位的务实选择表明他们接纳毕业生时不再偏重外在条件,而更看重精神层面的内涵。对于即将毕业的大学生来说,培养自己不怕吃苦的精神很重要,如果还是躺在温床中,就将品尝到不能就业之"苦",这样的"苦"更为酸涩。

这些年,吃苦耐劳精神对一些大学生来说越来越陌生了,这从他们的择业观上便可见一斑。有的人自视甚高,自我感觉良好,只愿在大城市找工作,找单位讲究舒适度,在单位只愿坐办公室,根本不想进工厂、去一线、到基层,或者去农村创业。即使"委屈"自己先就业,很多时候也难以安下心来踏实工作。结果一段时间过去了,大事干不来,小事做不好;单位换了很多个,水平和能力却没增长多少。凡此种种,基本上是心浮气躁、缺乏吃苦耐劳精神所致。其实,每个岗位都能锻炼人,而且越是基层的地方,接触的事情越多,所获得的经验越丰富,自己的才智和能力也提高得越快。很多成功人士在谈及自己的成长经历时都认为,是基层的艰苦环境磨砺了自己。

21世纪是知识经济的时代,竞争将会更加激烈,大学生没有吃苦耐劳精神将很难在竞争中取胜。大学生是否具备吃苦耐劳、艰苦奋斗精神,不仅关系到个人的切身利益,还关系到企业能否顺利发展,吃苦耐劳精神永远不能丢。大学生不仅要把这一宝贵财富永远记在心上,更要将其落实到自己的工作中,沉下心来,从一个个平凡的岗位上干起;扎扎实实,从一件件琐碎的小事上做起,不畏艰辛,不辞劳苦,坚持下去,将会大有裨益。

二、大学生培养吃苦耐劳精神的策略

(一) 树立意识,强化意志

【案例分享】
童第周的成长故事

当代大学生要具备吃苦耐劳的精神,强化不畏困难、勇于斗争的意志。例如,可以把军训、劳动、体质训练、拓展训练等作为吃苦耐劳的必修内容。要认识到吃苦耐劳是中华民族的传统美德,它不仅关系到个人的成败,还关系到企业的发展,更与民族的振兴、国家的强盛密切相关。在职业发展中具有吃苦耐劳精神的人,更容易获得上司的青睐,也更容易获得职位的提升。

(二) 响应号召,深入基层

【案例分享】
大学生村官用热血青春书写为民篇章

2022年,国务院办公厅印发了《关于进一步做好高校毕业生等青年就业创业工作的通知》,该文件指出要结合实施区域协调发展、乡村振兴等战略,适应基层治理能力现代化建设需要,统筹用好各方资源,挖掘基层就业社保、医疗卫生、养老服务、社会工作、司法辅助等就业机会。社区专职工作岗位出现空缺要优先招用或拿出一定数量专门招用高校毕业生。继续实施"三支一扶"计划、农村特岗教师计划、大学生志愿服务西部计划等基层服务项目,合理确定招募规模。对到中西部地区、艰苦边远地区、老工业基地县以下基层单位就业的高校毕业生,按规定给予学费补偿和国家助学贷款代偿、高定工资等政策,对其中招聘为事业单位正式工作人员的,可按规定提前转正定级。当代大学生要积极响应国家的号召,深入农村、深入社区、深入偏远山区锻炼或者就业,通过这样的方式来培养吃苦耐劳、艰苦奋斗的精神。

(三) 走进企业,感受氛围

企业是一个大熔炉,大学生应走进企业,感受企业的工作氛围,积极主动地适应企业,和企业员工密切交流。通过走进企业,大学生可以提前熟悉企业的要求及如何在企业中做好工作,为将来适应工作做好心理上的准备。因此,到企业体验、感受企业氛围是大学生培养吃苦耐劳精神的一个重要途径。

大学生根据学校的安排,每学期到企业锻炼一至两周,到企业亲身体验、亲自操作,而不是旁观。大学生还要注意选择一些大型企业,体验不同工种的工作环境及强度,感受工人的工作状况,如果条件允许,在大三的时候,集中到大型企业实习3~4个月,按企业的要求开展工作。几个月后,大学生对企业将不仅是认知,而是真正熟悉企业、适应企业。更为关键的是,在劳作过程中,大学生体会到劳动的艰辛,锻炼了自己的吃苦耐劳精神。

(四) 强化训练,锤炼品质

吃苦耐劳的意志品质不仅是未来生存的需要,更是将来个人发展的需要,能吃苦、肯吃苦的人将来才有机会成功。但是,学生的意志品质需要养成,只有通过长时间的训练才能习得。据专家分析,一个习惯的形成至少需要 21 天。因此,养成习惯不是一件容易的事,不仅需要坚强的意志力,更需要强化日常训练。

日常训练的内容包括按时起床、上操、打扫卫生、参加公益劳动、整理个人内务、管理教室共同内务、定期与不定期的体能训练等。大学生要制定统一的训练标准,建立档案。通过大学 3 年或者 4 年的日常训练,养成每天按时起床的习惯,并积极完成教师交办的各项工作,把自己的各项内务管理得井井有条。每天这样严格要求自己,每天这样训练,大学生的吃苦耐劳精神将会得到锻炼,吃苦耐劳的品质也会在潜移默化中形成。

主题四　社会适应能力

一、社会适应能力的内涵和重要性

适应在心理学和生理学上是指感觉适应,即个体的感受器官在持续刺激的作用下所产生的感受性的提高或降低的变化。适应能力是指个体与环境在适应过程中所表现出来的状态与和谐程度。社会适应能力是个体在社会生活中与环境达到某个层次关系所表现出来的个性特征,它是一种根据社会生活的变化,及时反馈、随机应变地进行调节的能力。

社会适应能力是当今社会发展所需要的人才素质的重要组成部分,一个人的社会适应能力是一个人综合素质的反映,与个人的思想观念、道德品质、知识技能等密切相关。培养和提高大学生的社会适应能力具有重要的意义。

(一) 有利于现代经济和社会发展

当今社会已经进入知识经济时代,知识更新速度快,经济和科技发展迅猛,相应地,对人才素质也提出了更高和更新的要求。当代大学生作为青年中的佼佼者,是未来国家和社会建设及发展的主力军,肩负着振兴中华的历史使命和社会责任,这种使命和责任与当代世界的状况、国家的前途命运紧密相连。社会适应能力的强弱关系到大学生科学文化知识和技能的发挥程度,关系到大学生个人的前途和命运,关系到社会的繁荣和发展。当代大学生应努力顺应时代的发展潮流,充分发挥自己的科学文化知识和技能,从而促进社会的变革和发展。因此,培养大学生的社会适应能力是经济和社会发展的客观要求。

(二) 有利于大学生社会化和自我发展

大学生社会化的内容非常广泛,包括社会生活所必需的知识、技能、行为方式、生活习惯及社会的各种思想、观念等。大学生的社会适应能力包括工作适应能力、生活适应能力和社会交往适应能力等方面,这些是社会化的重要内容。因此,培养当代大学生的社会适应能力是大学生社会化的重要目的。

人的需要是在社会化过程中逐步发展的,社会化程度越高,他的需要层次和水平就越高。当代大学生作为青年中的佼佼者,他们的社会化过程和社会化发展目标也就相对较高。因此,他们的需要结构模式是以自我发展需要为核心的,每个社会角色所担当的工作都是整个社会事业的重要组成部分。我国经济和社会的飞速发展为每个社会角色充分发挥自己的聪明才智提供了无比广阔的舞台。在当前形势下,大学生应把自己的事业目标与社会需要紧密地结合,自觉服务社会,成为社会有用的人才,发挥自我才能。因而,大学生的自我发展需要是以满足和适应社会需要为目标的,也就是要使自己的社会角色所发挥的作用得到社会的承认。大学生要满足和适应社会的需要,当然就必须要对其社会适应能力进行培养。因此,培养当代大学生的社会适应能力也是大学生自我发展的需要。

心理学把每个人一贯表现出来的那些稳定的心理和行为特点称为个性。个性一旦形成,就会对大学生的行动乃至整个一生的活动产生决定性的影响。个性是在大学生的一系列熟悉活动中形成和发展起来的,在这些活动中,他们渐渐熟悉社会、应对社会生活中所碰到的各种压力和障碍,这是大学生个性形成和完善的外部条件,也是个性发展的基本过程。具备完善的个性之后,大学生才能更顺利地适应社会生活,为社会作出贡献。

(三) 有利于大学生培养和发展健康的心理

一个人的心理健康与社会适应有着密切联系,是其社会适应程度和结果的具体体现。假如一个大学生经常与别人特别是与同伴脱离交往,或者被同伴排斥在群体之外,很可能会产生心理障碍和心理疾病。大学生由于自身生理和心理上的急剧变化,形成了独特的心理和行为特点:他们一般求知欲和探索欲强,独立自主的意识与日俱增,遇事喜欢独立思考和判定,不愿盲从别人的意见,情绪反应强烈、易冲动,遇事有持续而深刻的情感体验。正因为大学生具有上述心理和行为特点,所以他们中的很多人很容易出现社会适应不良的状况。在生活、学习顺利时,他们往往眉飞色舞、趾高气扬,而碰到挫折时就容易一蹶不振,陷入长时间的忧郁、苦闷、消极、自卑中。大学生的两极性心理很容易导致其出现心理障碍,影响正常的学习和生活。能够有效适应社会的人才是心理健康的人。

二、大学生社会适应能力差的表现

由于受到社会、学校、家庭和自身因素的影响,许多大学生社会适应能力差,主要表现在以下几个方面。

(一) 角色转化不顺,出现心理问题

从家庭到学校,再从学校到社会,这个变化是大学生逐渐成熟的重要经历,大学期间是否能顺利地完成这种角色转变,是大学生是否能适应生活的关键。上大学前,出于高考压力,家长主动包揽了本应由学生自己管理的事情,甚至还限制了他们的社会交往活动和业余爱好。当这些学生走进大学开始独立生活的时候,由于缺乏一定的自我管理能力和必要的社会适应能力,面对生活琐事、人际关系、学习环境和学习方式的变化,往往会表现出强烈的不适应,出现一系列的心理问题,主要包括以下五类:孤独与抑郁、失落与沮丧、自卑与退缩、紧张与焦虑、空虚与倦怠。

(二) 时代变化加剧,自我矛盾凸显

大学生是社会生活中最活跃、最敏感的群体,时代的急剧变化和冲击在他们的心灵中引起的激荡是最为明显、最为激烈的。大学生的自我意识在大学期间逐渐强烈,具有心理体验深刻、敏感、细腻,自控能力增强的特点。同时,在自我意识分化和统一的过程中,大学生又表现出许多矛盾。

【小贴士】
大学生角色转换相关问题

一是理想与现实的矛盾。每个大学生心中都有一幅美好的未来蓝图,但是由于大学生的实践经验不足等因素,这种理想往往难以实现,理想与现实的冲突给他们带来了很大的痛苦与烦恼。

二是独立与依赖的矛盾。大学生的独立意识在进入大学后迅速发展,希望在各方面都像成人一样独立,但是在具体选择的过程中又无法摆脱对父母的依赖。这种独立与依赖的矛盾一直困扰着大学生。

三是交往与封闭的矛盾。大学生渴望被理解,渴望与同龄人交往,但是同时又表现出自我封闭的倾向,这使很多大学生忍受着内心的孤独与煎熬。

(三) 人际关系冲突,情感出现困惑

大学生不仅要适应新的学习和生活环境,还要面临传统的人际交往模式被打破、需建立新的人际关系模式的问题,因此大学生在人际关系中经常产生强烈的心理冲突。从高中到大学,人际交往的范围不断扩大,生理和社会方面的急剧变化,使大学生的心理发展具有迅速、不稳定、不平衡的特点,容易从一个极端走向另一个极端,遇到诱发因素容易出现困惑、矛盾、冲突而引发情绪和行为障碍。另外,大学班级和宿舍的同学来自不同的地方,每个人的文化背景、生活习惯、个性都不同,这给大学生的人际关系也造成很大影响。另外,大学生已是成年人,在和异性交往时,由于心理还不够成熟,经济还不能独立,因而交往中的困扰也在所难免。

(四) 学业、就业压力增大,思想负担加重

大学生的主要任务是学习,出现学习上的困难与挫折在所难免。虽然许多大学生在学业方面曾经是同龄人中的佼佼者,但由于大学学习与中学学习存在很大不同,再加上部分大学生放松学习,因此,往往出现一些学习上的不适应,如学习方法不恰当、考试焦虑等。在大学里,经常有一些新生因对专业不满意而提不起学习兴趣,因准备转专业或贪玩导致期末出现挂科现象,思想压力也因此加重。

高校毕业生就业难的问题,也让在校大学生有很大的压力。一方面,因高校扩招和经济、社会环境的变化,大学生的就业压力越来越大,即便是重点大学、紧缺专业的大学生在求职时挑选的余地也往往比较窄,而对于普通学校的大学生来说,就业难度会更大。另一方面,大学生的自身素质与企业需求不匹配,这也增加了大学生的求职难度。

三、大学生提高社会适应能力的策略

(一) 正确认识和评价自我

古人云:"人贵有自知之明。"正确认识和评价自己是大学生适应社会的一个重要环节。一个人最难认识的往往就是自我,大学生处于易冲动的年龄段,容易感情用事,甚至走极端,经常会因为个人的经验、知识、情绪、态度、个性等因素而在自我认知方面出现问题,对自己、对别人提出绝对化要求,对自己、对别人以偏概全或过分概括化,要么过高评价自己而目中无人,要么过低评价自己而妄自菲薄。

对于大学生来说,如果想要适应社会,想要在当今竞争激烈的社会中取得一席之地,那么了解自我是学会适应、做出改变的先决条件。因此,大学生要全面、正确地认识

自我,不仅要认识到自己的优点和潜能,使自己充满自信,经常保持积极的心态;还要充分了解自己的缺点和不足,使自己远离骄傲,不忘追求和进取。同时还要认识"理想的我",希望自己成为什么样的人,要做成什么样的事。对自己有了清楚的认识之后,大学生才能充分发挥自己的潜能实现理想。

(二) 积极参加社会实践

社会实践是增强大学生社会适应性的重要环节,它能验证、巩固、深化大学生在课堂上学到的理论知识,促使大学生运用所学知识和已具备的能力去分析问题、解决问题,加速知识向能力的转化。社会实践还能培养大学生行动的自觉性、果断性、自制力,从而增强大学生的社会适应能力。社会实践能力包括两个方面,即实际操作能力和实际办事能力。当代大学生多数是从学校到学校,缺乏社会实践的锻炼。这就要求大学生自觉参加各种社会实践,以丰富感性认识,磨炼意志,在实践中提高社会适应能力。一方面,高度重视实验课,提高理论联系实际的能力和动手操作的能力;另一方面,积极参加各种丰富多彩的课余实践活动,如艺术活动、社团活动和实习活动,并选择适合自己的社会实践方式提高实际办事的能力。这样既能拓展自己的生活经验,又能让自己在团体活动中获得学习与表现的机会。

(三) 制订合理的规划目标

合理的规划目标对提高大学生的适应能力具有重要作用。人们没有目标时,会感到迷茫和空虚;目标过低时,会缺乏动力;目标过高时,又会因为达不到理想而失望。大学生遇到的很多适应困难的问题与目标确定不当或没有目标有关。因此,大学生要有意识地制订合理的规划目标,根据社会发展的需要和自身的实际情况制订远期目标、中期目标和近期目标,同时根据已经变化的情况及时调整目标,保证每段时期都有正确的行动方向和动力。

(四) 提高抗挫折能力

对于大学生来说,无论是在学校还是步入社会,遭遇挫折都在所难免。因此要辩证地认识挫折,提高自己的抗挫折能力,具体来说主要包括以下几个方面。

一是正确评估自己的能力,建立合适的期望值。对自己的能力评估过高、期望值过高,容易加重挫折感;反之,对自己的能力评估过低、期望值过低,会使人看不到希望和光明,丧失信心和斗志。

二是正确认识挫折。要认识到任何事物都有两面性,挫折具有两重性,它既可培养人的坚强意志,引导人总结经验、吸取教训,完善和提升自己;同时,它又可使人消沉、情绪低落,甚至诱发心理疾病。

三是要树立正确的挫折观,辩证地看待挫折和失败。遇到挫折的时候,大学生应保持冷静,以开朗、乐观的态度去面对,不能把错误当成包袱,应认真分析原因,从中吸取教训,发现挫折和失败中孕育的成功因素,为下一步的工作做准备。不以成败论英雄,而是着眼于发挥潜能,注重过程中的自我实现,着眼于未来。

四是积极转移。遇到挫折而心情烦躁时,做一些别的事情来分散注意力,缓解情绪。

五是寻求支持。当挫折产生的不良情绪难以克服、无法消除、转移时,大学生要积极寻求社会支持,在他人的引导下改善心态、调整行为,缓解挫折带来的挫败感,摆脱由挫折引发的烦恼,必要时寻求心理咨询,借助专家的指导使自己的情绪趋于平静。

(五) 培养独立自主能力

从依赖他人到独立生活,这是人生发展的必然趋势,也是一个人变得更加健康、成熟的体现。独立生活能力关系到一个人一生的发展和成功。因此,大学生应该逐渐学会照顾自己,养成良好的生活习惯,同时要积极参加集体活动和社会活动,有意识地锻炼自己,使自己独立工作的能力在社会实践生活的磨炼中不断得到提高,以便更好地适应社会需要。

在平时的学习和生活中,大学生有时会遇到一些突如其来的变故,而应对这些变故的能力就是应变能力。应变分为积极应变和消极应变。积极应变着眼于解决问题,在面对各种变故时善于从失败和挫折中吸取教训、总结经验;消极应变着眼于情绪,在面对变故时采取不满、逃避、发泄的方式,这是一种不健康的应变。大学生要适应社会,必须以积极的态度对待意想不到的事件,善于总结教训、改进方法、调整心态,培养自己良好的应变能力。

反思能力是成长过程中少走弯路、少误入歧途的重要保证。因此,大学生在日常的工作和学习中,要不断地反思自己的行为和思维,正视自己的缺点和不足,扬长避短,使自己始终保持积极向上的精神状态。

实践与体验

主题一 学习能力

活 动 概 览

活动目标	理解学习能力的内涵和重要性,了解个人学习风格,掌握有效的学习方法,提高学习能力
课堂活动	活动一:李志的成功 活动二:神奇的算术 活动三:资华筠的家庭教育
课堂自测	自测:学习习惯
课外拓展	拓展一:学习计划表 拓展二:郭沫若的学习态度

课 堂 活 动

活动一:李志的成功

活动目的:

思考学习能力的内涵,理解学习能力对工作的重要意义,培养热爱学习的态度。

活动流程:

流程1 阅读案例。

李志是一家软件公司的销售代表,他所服务的客户分布在不同的行业,所以这些客户经常会有各种问题等待李志解决。李志凭着自己的快速学习能力,总能在最短的时间内了解客户的企业背景和相关知识,提供有针对性的专业化服务,从而赢得客户的赞誉。

有一次,李志代表公司参加一家大型房地产企业的软件系统招标工作。除了李志所在的公司,其他几家参与投标的IT企业都有着丰富的房地产软件系统开发经验。李志所在的公司虽然没有这方面的经验,但在业界有良好的声誉,所以招标方也邀请了他们参加。

因为竞争对手强劲,并且自身经验不够充足,所以李志的领导对中标几乎不抱希望,但李志没有放弃。从拿到招标书到向客户领导介绍项目设计构想,李志有一周的时间,能否在客户面前阐述清楚自己公司的优势和对项目运营的构想是中标的关键。抱着尽力拼搏的信念,对房地产行业了解较少的李志研读了大量的行业资料,连续三天三夜恶补房地产方面的知识。他还根据招标方的企业发展情况，与公司技术开发员仔细探讨一些创新性构想和细节性问题。

一周下来，李志整整瘦了一圈，但他对房地产行业有了较为充分的了解。在项目说明会上，李志深入浅出地阐述了自己对系统运营的整体想法，他对项目把握所表现出来的熟悉程度深深打动了客户，最后力克群雄，一举中标。

在入行一年后，由于业绩骄人，李志晋升为大客户销售经理。

流程2　快速思考。

(1) 李志的成功给了你什么样的启发？
(2) 你认为学习能力对工作有什么重要意义？
(3) 你是否热爱学习？请举例说明。

活动二：神奇的算术

活动目的：

理解端正学习态度对提高学习能力的意义，了解端正学习态度的方法。

活动流程：

流程1　学生完成以下"神奇的算术题"。

假设把英文中的 A~Z 编码为 1~26，那么计算以下算术题，看看是什么样的结果。

hardwork（勤奋）= 8+1+18+4+23+15+18+11 = ?
knowledge（知识）= 11+14+15+23+12+5+4+7+5 = ?
Luck（运气）= 12+21+3+11 = ?

流程2　再计算以下算术题。

attitude = 1+20+20+9+20+21+4+5 = ?

流程3　快速思考。

(1) 上述算术题给了你什么启发？
(2) 学习态度对提高个人学习能力有什么重要作用？
(3) 大学生该如何端正学习态度？

活动三：资华筠的家庭教育

活动目的：

了解良好学习习惯的表现及其对提升个人学习能力的意义，主动培养良好的学习习惯。

活动流程：

流程1　阅读案例。

资华筠读小学时并不用功，很多东西都可以分散她的注意力，如每次放学回家后，只要看见窗外有小伙伴的影子在晃动，她就想出去和小朋友们一起玩个痛快。这时，妈妈就会阻止她这种想法，并提出种种要求，表示她只有完成任务才能出去玩。妈妈对华筠的要求一向严格，自觉性差的孩子，只有在严厉的督促之下才能乖乖地学习。

资华筠在妈妈的督促下做作业的效率很高，并且正确率也很高。渐渐地，她也养成了按时完成作业的好习惯，如果她没做完作业，朋友就叫她去玩，她心里还有些别扭。

寒暑假时,妈妈丝毫没有放松对她的要求。面对如此严厉的妈妈,资华筠心里也有些害怕。一次,资华筠做错了数学题,老师用红笔打了个叉。其实这并不是什么大事,但是一想到对自己如此严格的母亲,她就有些犹豫,因为她怕妈妈的批评。想来想去,还是自己偷偷把那个叉改掉了。但是事后她心里很不安,觉得这样做有悖于妈妈平日的教诲。经过一番思想斗争,她还是把这件事告诉了妈妈。可是出乎资华筠的意料,妈妈听了她的话之后并没有发火,而首先微笑着表扬她能主动承认错误,接着又指出:"撒谎最可耻,很多问题都是因为不诚实引起的。"之后,妈妈才带着她分析错题的原因。妈妈这样做既能很好地教育她,又顾全了她的自尊心。

流程2　学生分组快速讨论。

(1) 资华筠的家庭教育有哪些好的学习习惯?
(2) 良好的学习习惯对提升学习能力有什么作用?
(3) 你的学习习惯如何?
(4) 我们该如何培养良好的学习习惯?

课 堂 自 测

自测:学习习惯

课 外 拓 展

拓展一:学习计划表

拓展目的:
明确学习计划对提升学习能力的意义,掌握制订学习计划的方法。

拓展流程:

流程1　将学生分组,快速讨论。

(1) 你是否制订过学习计划?
(2) 你认为学习计划对提升学习能力有什么作用?
(3) 你认为应该如何制订学习计划?

流程2　根据讨论结果,制订个人一周的学习计划。

【自测】

学习习惯

时间	任务	实施计划	执行情况
星期一			
星期二			
星期三			
星期四			
星期五			
星期六			
星期日			

拓展二：郭沫若的学习态度

拓展目的：

了解端正学习态度的重要性，检查个人学习态度，自觉培养良好的学习态度。

拓展流程：

流程1　阅读案例。

郭沫若是我国现代文化史上一位才学卓著的文豪，曾任中国科学院院长，他在文学艺术、历史考古、古文字学及其他很多方面都有重要建树。与此同时，他勤奋刻苦的学习态度也十分感人。

在小学一年级时，老师讲历史课——《十六国春秋》，其中有许多名字非常难记，因而记人名便成为当时历史课的一只"拦路虎"。为了克服这个困难，一天，郭沫若约了一位要好的同学躲进一间阴暗的自习室里，两人进行比赛，直到把整本历史课本一字一句背得滚瓜烂熟才走出屋子。

郭沫若手不释卷，天天苦读。有一年年假期间，他把司马迁写的《史记》从头到尾通读了一遍，并一篇一篇地进行分析、校订和评价，在旁边写下批注。《伯夷列传》里有一句被历代注家解释错了的话，他在阅读过程中发现并加以校正。对其中一些精辟言论和难得的资料，郭沫若视若珍宝，不惜花费时间和精力整篇整段地用毛笔把它抄录下来，放在案头，随时翻阅学习。

郭沫若从事著述有一个习惯，即从来不让旁人代为抄写，一律都是自己动手。即使到了晚年，在年近80岁高龄撰写《李白与杜甫》这部研究性著作时，因视力减退，有人提议让别人代抄，他仍然不同意。他的不少书几易其稿，全都是他本人逐字逐句地进行斟酌、锤炼、修改和抄写而成的。

流程2　快速思考。

(1) 良好的学习态度让郭沫若收获了什么？

(2) 你有哪些良好的学习态度，哪些不良的学习态度？它们分别对你的学习有什么影响？

(3) 你如何制定个人端正学习态度的计划？

学习态度	表现	影响	你的计划
良好的			
不良的			

主题二　沟通能力

活 动 概 览

活动目标	理解沟通能力的内涵和重要性,了解个人沟通方式,掌握有效的沟通方法,提高沟通能力
课堂活动	活动一:多疑的曹操 活动二:丰富的社团活动 活动三:A 和 B 对话 活动四:两个猎人
课堂自测	自测一:大学生沟通现状 自测二:沟通风格测试
课外拓展	拓展一:沟通警句荟萃 拓展二:小王的进步

课 堂 活 动

活动一:多疑的曹操

活动目的:

了解不及时沟通可能造成的后果,理解沟通的意义,树立积极沟通的意识。

活动流程:

流程 1　阅读故事。

曹操因刺杀董卓不成而逃离洛阳,途中被陈宫所救,两人共同来到老友吕伯奢家。吕伯奢很热情,私下吩咐家人杀猪款待二人,自己前往西村买酒。于是吕家人开始磨刀,发出"霍霍"的声响。曹操听见了磨刀声,误以为他们是要杀自己,于是先下手为强,将吕家人杀掉。

曹操离开吕家逃跑,路上正好遇见买酒归来的吕伯奢。曹操担心吕伯奢告发自己,于是挥剑砍死吕伯奢。陈宫因此责备曹操不义,曹操却回答:"宁教我负天下人,休教天下人负我!"

曹操落难途中因误会杀害吕伯奢全家,反映了他多疑、好杀戮的性格。而对于吕伯奢来说,最大的问题就是沟通不畅。他要杀猪款待,可以提前告知,却因沟通不到位,导致全家被曹操杀害。可见,充分沟通是多么重要。

流程 2　快速思考。

(1) 这个故事告诉我们什么道理?

(2) 沟通有什么意义?

(3) 你在生活中是否也出现过因沟通不畅导致误会的尴尬场面?请举例。

活动二:丰富的社团活动

活动目的:

了解非正式沟通的作用,并将其与正式沟通进行对比,了解不同类型的沟通方式的特点,学会在沟通时选择合适的方式。

活动流程：

流程1　阅读案例。

某公司经理十分注重鼓励员工参加各种类型的社团活动、运动会和文化教育会，公司设立了围棋、象棋、纸牌、吹奏乐队、吟诗等社团，还经常举办综合运动会、游泳大会、夏令营、成人仪式等活动。公司认为，这些社团活动不仅可以使职工身心愉快，还可以通过各种形式的非正式沟通，加深员工之间的情谊。

流程2　学生分组快速讨论。

(1) 该公司的做法给你什么启发？

(2) 你认为非正式沟通与正式沟通有什么不同的作用？

(3) 根据不同的划分标准，沟通有哪些种类？

活动三：A 和 B 对话

活动目的：

了解恰当的肢体语言在沟通中的作用，学会用同理心理解对方，善于倾听。

活动流程：

流程1　将学生分组，2 个学生为一组，分为角色 A 和角色 B。

流程2　根据以下规则进行对话。

第一次对话：

(1) 由 B 向 A 说一件很自豪的事情，如获得奖学金、竞聘成功等。A 在听的时候不能做任何语言上的回应，但可以使用表情和动作，注意要表现出很不屑的样子。

(2) 由 A 向 B 说一件很委屈的事情，如被人冤枉、财物丢失等。B 可以给予语言上的回应，但是要告诉 A，自己有更委屈的经历。总之，B 要说得比 A 更委屈。

第二次对话：

(1) 由 B 向 A 说刚才那件很自豪的事情，A 要在言语和动作上表示愿意和 B 分享这种喜悦。

(2) 由 A 向 B 说刚才那件很委屈的事情，B 给予语言上的回应，而且表情动作上都要表现出理解和支持，帮助 A 把委屈的情绪发泄出来。例如，B 可以说："碰见这样的事情，确实很委屈，我能理解。后来怎么样了？"

流程3　快速思考。

(1) 在两次对话中，你有什么不一样的感受？

(2) 产生不一样的感受的原因是什么？

(3) 你在沟通中能运用好肢体语言吗？

(4) 你认为应该如何当好一名倾听者？

活动四：两个猎人

活动目的：

了解真诚的赞美在沟通中的重要性，掌握赞美的方法，了解沟通的技巧，提高沟通效果。

活动流程：

流程1　阅读故事。

从前，有甲、乙两个猎人，一天他们都打了两只野兔回家。甲的妻子见后冷冷地说："就打到两只吗？"甲猎人听了，心中不悦，说："你以为很容易打到吗？"第二天，甲照常去打猎，但他故意空手而回，只是为了让妻子知道打猎是一件不容易的事。乙猎人遇到的情形恰好相反，他的妻子看见他带回两只野兔，就欢天喜地地说："哇，你竟然打到了两只兔子！"乙猎人心中大喜，洋洋自得地说："两只算什么？"第二天，乙照常去打猎，这次带回来四只野兔。

流程2　快速思考。

(1) 甲、乙两个猎人的妻子在沟通中有什么区别？
(2) 你认为真诚的赞美会给生活带来什么变化？
(3) 如何赞美他人才能恰到好处？
(4) 你认为还有哪些比较重要的沟通技巧？

课 堂 自 测

自测一：大学生沟通现状

自测二：沟通风格测试

【自测】

大学生沟通现状

【自测】

沟通风格测试

课 外 拓 展

拓展一：沟通警句荟萃

拓展目的：

进一步了解沟通的重要性和原则，学会积极沟通。

拓展流程：

流程1　阅读材料。

资料1：沟通的四个70%

第一个70%：据一项权威的统计表明，除去睡眠时间，我们70%以上的时间都用在传递或接收信息上。第二个70%：企业70%的问题是由沟通障碍引起的。第三个70%：在企业里，管理人员每天将70%~80%的时间花费在听、说、读、写等沟通上。第四个70%：美国哈佛大学研究发现，我们工作中70%的错误是由不善于沟通引起的。

资料2：雷鲍夫沟通法则——认识自己和尊重他人[1]

在你着手建立合作和信任时要牢记我们的语言。

最重要的八个字：我承认我犯过错误。

最重要的七个字：你干了一件好事。

最重要的六个字：你的看法如何？

最重要的五个字：咱们一起干。

最重要的四个字：不妨试试。

---

[1] 肖薇. 职业素养与礼仪[M]. 北京：北京理工大学出版社，2011：133.

最重要的三个字:谢谢您!

最重要的两个字:咱们。

最重要的一个字:您。

资料3:人际交往"3A"法则[1]

人际交往"3A"法则是由美国学者布吉林等人提出来的,其含义是在人际交往中要成为受欢迎的人,就必须注意善于向交往对象表达我们的尊重、友善,即指接受(accept)对方、重视(appreciate)对方和赞美(admire)对方。因为三个英文单词的首字母都是A,所以简称为"3A"法则。

(1) 接受对方。接受交往对象;接受交往对象的风俗习惯;接受交往对象的交往礼仪,不要拿自己的经验来勉强别人。

(2) 重视对方。接受对方的同时一定要重视别人,表现在以下几个方面:第一次交往,接过对方的名片时,一定要仔细查看,以示尊重;一定要记住对方的名字、头衔、职位、单位,以便了解对方;看完对方的名片之后,一定要慎重地将其放在上衣口袋中;交往时要避免使对方陷入尴尬。

(3) 赞美对方。在与对方交往时,你赞美对方,给对方带来快乐,对方也会回馈你。

流程2　快速思考。

(1) 这三则资料对你有什么启发?

(2) 你在生活中如何运用这些沟通的原则和技巧?

拓展二:小王的进步

拓展目的:

了解沟通对工作效率和工作氛围的重要性,树立积极沟通的意识。

拓展流程:

流程1　阅读故事。

小王是公司新来的工程部职员。在新的项目实施方案里,她被分配了一定的任务。项目经理在会议上安排好各自的任务后,就让大家分头去做。一个星期之后,在项目经理汇总大家各自完成的工作时,却发现小王的那一部分工作与整个工作目标存在偏差。原来,由于没有及时沟通,小王只是按照自己的理解和想法去做,而经理则忽略了这一点,他以为小王明白了自己的要求。这个时候,离项目提交的时间已经很近了,项目经理决定改变工作方式,从原来的一周一次大型沟通调整为每天一次灵活的小型沟通,以加强彼此之间的交流。这样一来,小王的偏差很快得以纠正,并且很快地适应和融入这个团体中。通过这种方式,小王的各项能力得到了很大的提高。

流程2　快速思考。

(1) 小王的工作偏差是由什么造成的?

(2) 你怎么看待项目经理在沟通方式上所做的调整?

(3) 你认为良好的沟通有哪些重要作用?

---

[1] 肖薇.职业素养与礼仪[M].北京:北京理工大学出版社,2011:134.

主题三 吃苦耐劳精神

活 动 概 览

活动目标	理解吃苦耐劳的内涵和重要性,了解培养吃苦耐劳精神的途径,自觉培养吃苦耐劳的精神
课堂活动	活动一:招聘信息浏览 活动二:湖北省第一测绘院科长孙昌国 活动三:学会吃苦耐劳
课堂自测	自测:大学生吃苦耐劳精神
课外拓展	拓展一:企业看重什么 拓展二:回望过去,展望未来

课 堂 活 动

活动一:招聘信息浏览

活动目的:

了解吃苦耐劳精神的重要性,主动培养吃苦耐劳精神。

活动流程:

流程1　阅读招聘信息。

招聘1:某公司招聘网站设计师。

发布日期	20××-××-××	工作地点	福州	招聘人数	5
工作年限	一年以上	学历	大专及以上		
职位标签:网站设计师					
职位职能:网页设计/制作/美工　UI设计师/顾问					
职位描述: ★一周工作五天,提供有竞争力的薪酬水平和激励机制; ★完善的培训体系,包括产品知识和销售技巧培训; ★良好的工作氛围,年轻且富有激情的业务伙伴,丰富多彩的团队活动; ★广阔的职业发展平台,多级的晋升阶梯; ★享受法定节假日。 在这里,你将抓住时代的脉搏,获得完善的培训并有良好的职业发展前景。 所属部门:技术部 工作概述: ★需要有1年以上设计相关工作经验,对平面类设计如Logo、VI、海报、画册等,有较全面的认识和实践经验,能独立完成设计工作; ★必须熟练使用Photoshop、CorelDRAW、Illustrator等计算机软件,具有网页美工常识; ★熟悉设计、印刷作业流程,画面表现能力强; ★有房地产VI设计和品牌设计经验者优先考虑; ★ 吃苦耐劳 ,有强烈的责任心、良好的沟通能力和团队合作精神。 (面试时须携带2部代表作)					

招聘 2：某公司招聘分子生物技术员。

发布日期	20××-××-××	工作地点	上海	招聘人数	3
工作年限	一年以上	语言要求	英语良好	学历	本科及以上

职位职能：生物工程/生物制药　医药技术研发人员

职位描述：
毕业于生物微生物或分子生物学相关专业，要求有责任心、吃苦耐劳、诚实稳重、敬业、有较高的忠诚度、能够保守公司机密，有经验或研究生以上学历者优先考虑。

招聘 3：某公司招聘推广主管。

发布日期	20××-××-××	工作地点	福州	招聘人数	若干
学历	大专及以上				

职位标签：促销督导

职位职能：促销主管/督导　销售主管

职位描述：
1. 完美执行
对所负责 UP 团队进行有效管理，确保所有的终端执行能够达到设定目标，并能以优良的客情关系来处理各种店内执行特案。
2. 人员管理
通过店内管理、现场辅导培训和鼓励，提高所负责团队的整体技能；协助招募主管确保人员的招募质量和招募数量，并降低员工的流失率（升职/调派不算在内）。
3. 咨询管理
保证自己和所属团队能按时、保质、保量完成所有相关报表的提交；定期对所负责的区域进行业绩评估和回顾，以提高团队产能。
4. 业务协作
配合当地 UL 的销售代表，完成店内业务的执行和监控，如库存监控、货价/排面/物料投放的执行等。
5. 任职资格
★ 年龄为 25~35 岁，大专及以上学历；
★ 熟练使用办公软件，具备一定的销售数据分析能力；
★ 沟通能力强，具有出色的交际协调能力和应变能力；
★ 思维敏捷、严谨、吃苦耐劳，有团队合作精神，能承受工作压力；
★ 熟悉卖场管理，有超过 20 名促销员资源者优先。

流程 2　学生分组讨论。

(1) 你怎么看待将吃苦耐劳精神作为企业的招聘条件之一？

(2) 你认为在当前形势下提倡吃苦耐劳精神是否有必要？为什么？

活动二：湖北省第一测绘院科长孙昌国

活动目的：

了解深入农村、社区、偏远地区进行锻炼的意义，树立深入基层培养吃苦耐劳精神的意识。

活动流程：

流程1　阅读案例。

吃苦耐劳勇当先

孙昌国是湖北省第一测绘院的科长，他曾被评为先进生产工作者17次、先进工作者14次、湖北省测绘局优秀党员7次、湖北省测绘局质量标兵2次、湖北省直机关优秀党员2次、湖北省测绘局模范团干2次，曾荣获湖北省测绘行业模范工作者、全国测绘行业劳动模范称号。孙昌国自从事野外测绘工作以来，不怕苦、不怕累，勤勤恳恳、任劳任怨，常年超额完成各项生产任务。

在31年艰苦的外业测绘工作中，孙昌国始终迎难而上，勇挑重担，从不计较个人得失，为圆满完成各项工作不惜流血流汗。"七五"期间的前4年，他一直战斗在鄂西海拔2 000米左右的崇山峻岭。那里谷深坡陡、人迹罕至，经常有野兽出没。面对艰苦恶劣的作业条件，他坚持忘我工作，始终高质量地完成任务。1986年，在宜昌测区开展的1∶1万比例尺地形图航外控制任务中，他和组员每天早上背着仪器和脚架走近4个小时的山路才能到达点位，晚上10点多才能返回驻地。

作为一名老同志，他依然像年轻职工那样精神饱满、干劲十足，对待每项工作都积极主动、兢兢业业、精益求精。为使测绘院经济效益再上新台阶，他主动放弃节假日，积极深入市场，了解市场变化，为单位联系市场生产项目。在搞好本职工作的同时，他还积极参与项目评审、检查验收、新职工业务技能培训等工作。

流程2　快速思考。

(1) 孙昌国的事迹给你什么启发？

(2) 你是否愿意响应国家号召，深入基层锻炼？为什么？

活动三：学会吃苦耐劳

活动目的：

了解大学生吃苦耐劳的表现，探索培养吃苦耐劳精神的途径，自觉培养吃苦耐劳精神。

活动流程：

流程1　观看教学图片。

(1) 军训生活。

(2) 支教生活。

(3) 实习生活。

(4) 校园生活。

流程2　学生分组快速讨论。

(1) 看完这些图片，你有什么感想？

(2) 你认为大学生的哪些表现是吃苦耐劳的体现？

(3) 当代大学生可以通过哪些途径培养吃苦耐劳精神？

课 堂 自 测

大学生吃苦耐劳精神

自测：大学生吃苦耐劳精神

课 外 拓 展

拓展一：企业看重什么

拓展目的：

了解企业对吃苦耐劳精神的重视程度，并要求自己注重培养吃苦耐劳精神。

拓展流程：

流程1　阅读材料。

吃苦耐劳是一个人，尤其是青年人所应该具备的优良品质之一。在平时的工作和生活中，我们不难发现，凡是在单位里受到领导器重，得到同事认可，在工作上大有作为的人，都是吃苦耐劳、兢兢业业干出来的。习近平总书记到国家博物馆参观《复兴之路》时曾提到"空谈误国，实干兴邦"，可见，吃苦耐劳、实干务实的工作精神不仅是石油工人王进喜、淘粪工人时传祥那个年代的精神财富，在科技高速发展的今天同样值得称赞和发扬。很多的企事业单位招聘时，除了明确规定要有一定的学历和技能，还特别标注要有吃苦耐劳精神等要求。可见，那些能沉得下心、吃得了苦、工作脚踏实地的人一直是用人单位青睐的员工人选。

流程2　快速思考。

(1) 为什么吃苦耐劳精神是企业看重的素质之一？

(2) 你准备如何培养吃苦耐劳精神？

拓展二：回望过去，展望未来

拓展目的：

整理自己过去吃苦耐劳的表现，为培养和保持吃苦耐劳精神制订计划，锻炼个人毅力。

拓展流程：

流程1　学生分组讨论大学生吃苦耐劳的表现。

流程2　结合讨论的结果，对照自己的表现，为培养和保持吃苦耐劳精神制订计划。

序号	大家认为的吃苦耐劳表现	个人表现对照	个人计划
1			
2			
3			
4			
……	……	……	……

主题四　社会适应能力

活 动 概 览

活动目标	理解社会适应能力的内涵和重要性,明确大学生社会适应能力差的表现,掌握提高社会适应能力的方法
课堂活动	活动一:攀登着的植物 活动二:畅谈社会适应能力
课堂自测	自测一:社会适应能力认知 自测二:社会适应能力诊断量表
课外拓展	拓展一:孟某的困惑 拓展二:企业和大学生眼中的社会适应能力

课 堂 活 动

活动一:攀登着的植物

活动目的:

了解适应对植物生长的意义,思考社会适应能力对成长成才的重要性,树立提高社会适应能力的意识。

活动流程:

流程1　阅读资料。

植物学家对阿尔卑斯山脉的植被进行考察之后,发现了一个奇怪的现象:最近100年来,许多高山上的植物品种正在增加,许多山底牧场上开放的花已经开到了海拔2 000米的高山雪带上,而原先雪带上的植物则越过雪带向更高处"攀登"。植物学家研究有关科学文献发现,造成这种情况的主要原因是阿尔卑斯山地区的气温逐渐升高,这些适宜在低气温环境里生长的植物为了寻找适宜的温度,不得不向更高处"攀登"。植物学家还发现,它们的生命力要比以前强盛得多。

这是一个十分有趣的现象。许多植物对自然界有灵敏的反应,并且不断调整自身的生存状态。例如,干旱让植物的根深扎于土壤之中,风力大的地区的植物长势更牢固。生长快的植物材质松软,生长慢的植物材质坚硬。植物的生命如此,人也一样。一个有成就的人往往要比一个普通人经受更多痛苦,几乎没有人能花很少的代价取得成功。

流程2　快速思考。

(1) 自然界中适应环境对植物成长有什么意义?

(2) 自然界的这种适应现象给你什么启发?

(3) 你是否也有这种适应能力?它对你的个人成长有什么帮助?请举例说明。

241

活动二：畅谈社会适应能力

活动目的：

明确大学生社会适应能力差的表现，探索提高社会适应能力的途径，为成长不懈奋斗。

活动流程：

流程1 阅读资料。

名师潘家宁认为学校和社会是有差距的，学校的运行规则和社会的运行规则有很大的不同，这种环境的隔离往往使"象牙塔"里的大学生对社会的看法趋于简单化、片面化和理想化。一些企业对应届毕业生的态度冷淡，其中一个重要原因就是刚毕业的大学生缺乏工作经历与生活经验，角色转换慢，适应过程长。他们在挑选和录用员工时，同等条件下，往往优先考虑那些曾经参加过社会实践、具有一定组织管理能力的毕业生，这就要求大学生在就业前注重培养自身适应社会、融入社会的能力。

流程2 快速思考。

（1）上述资料说明企业怎么看待当前大学生的社会适应能力？

（2）上述资料中提到企业优先考虑有社会实践经历的毕业生，你如何看待这种现象？

（3）你认为提高大学生的社会适应能力的途径有哪些？

课 堂 自 测

自测一：社会适应能力认知

自测二：社会适应能力诊断量表

社会适应能力认知

社会适应能力诊断量表

课 外 拓 展

拓展一：孟某的困惑

拓展目的：

了解社会适应能力差对大学生的不良影响，了解提高社会适应能力的途径，重视培养个人社会适应能力。

拓展流程：

流程1 阅读案例。

某大二学生孟某出生在一个普通家庭，家中有一个哥哥。她从小身体健康，性格比较内向，父母和哥哥对她很溺爱，也比较严格。她的学习成绩很好，平时很少主动和人交谈，自尊心很强，对自己要求比较高，做事情一丝不苟，在受到批评后会感觉很委屈，但都是在心里憋着，不轻易对别人说。

孟某深受老师、亲人和同学的喜爱，是大家眼中的乖孩子、好学生。她在高考后顺利考上了某高校，刚进入大学，就很快适应了新的环境和新的生活，和宿舍同学相处和谐，大一的两个学期成绩都很优秀，分别拿到三等奖学金和二等奖学金。但大二开学重新调整宿舍后，新的宿舍环境让孟某一时无法适应，她感觉自己无法融入这个新环境中,有种被大家排斥的感觉,内心非常郁闷,一直紧张不安,而且影响了学习和睡眠质量。

流程2　快速思考。

(1) 你认为孟某出现了什么问题?为什么会出现这个问题?

(2) 你认为当前大学生的适应社会能力差的表现有哪些?

拓展二:企业和大学生眼中的社会适应能力

拓展目的:

了解企业对大学生的社会适应能力的评价,分析大学生对自身社会适应能力的认识,探索提高社会适应能力的有效途径。

拓展流程:

流程1　查找四个与社会适应能力相关的视频或报道等材料。

(1) 企业类:查找企业对大学生社会适应能力的评价、要求、建议等相关的视频、文字材料。

(2) 大学生类:查找大学生反思自身社会适应能力现状的采访、新闻、调查报告等相关的视频、文字材料。

组别	名称和内容	推荐理由
企业类		
大学生类		

流程2　请写出你的感想。

梦想越是美丽
就越显得遥不可及
可你一旦下定了决心
那些梦想很快就会实现
花样年华的我们
是未来的开拓者
在意志上要经得起考验
在学识上要经得起磨炼
在实践上要经得起考核
年轻的我们要靠勇气增添力量
靠朝气迎接希望
靠志气实现心中的梦想

模块七

开发你的精英层职业素养

思想领航

创新是一个民族进步的灵魂,是一个国家兴旺发达的不竭动力,也是中华民族最深沉的民族禀赋。

——习近平

一个永远也不欣赏别人的人,也就是一个永远也不被别人欣赏的人。

——汪国真

学习目标

1. 了解精英层职业素养所包含的内容。
2. 认识精英层职业素养在职业发展中的重要性。
3. 开发自身精英层职业素养,从而实现自己的职业目标,攀登人生高峰。

学习内容

主题一　创新能力
主题二　团队协作精神
主题三　人际交往能力
主题四　组织管理能力

学习指南

1. 通过访谈和问卷调查法,了解周围同学对精英层职业素养的认知情况和重视程度。
2. 通过学习、讨论、探索,制订自我精英层职业素养修炼计划,并跟踪自我精英层职业素养的发展情况,适时进行调整和完善。
3. 积极参加各种类型的社会实践活动,修炼自己的精英层职业素养。

主题一 创 新 能 力

一、创新能力的内涵和重要性

创新能力是运用知识和理论,在科学、艺术、技术等各种实践活动领域中不断创造出具有经济价值、社会价值、生态价值的新思想、新理论、新方法和新发明的能力。

创新的内核是创新思维。创新能力一般被视为智慧的最高形式。它是一种复杂的能力结构。在这个结构中,创新思维处于最高层次,它是创新能力的重要特性。创新的思维也是综合素质的核心。大量的事实表明,古往今来许多成功者既不是那些最勤奋的人,也不是那些知识最渊博的人,而是一些思维敏捷、最具有创新意识的人,他们懂得如何正确思考,善于利用头脑的力量。

【案例分享】

一家大型图书馆要搬迁,因为该图书馆的藏书量巨大,所以搬运成本算下来非常惊人。

就在这时,有一个图书管理员想出了办法,那就是对读者开放借书,并延长还书日期,只是要求读者增加相应押金,并把书还入新的地址。

这一措施被管理者采纳,结果不但大大降低了图书馆的搬迁成本,而且受到了读者的欢迎。

当今社会的竞争,与其说是人才的竞争,不如说是人的创造力的竞争。所以培养和提高创新能力有着重要的意义。

1. 创新能力是民族进步的灵魂、经济竞争的核心

在科学技术飞速发展的今天,创新意识和创新能力越来越成为一个国家国际竞争力和国际地位的最重要的决定因素。改革开放以来,我国的创新能力有了很大提高,部分科学研究和技术创新在世界上已占有一席之地。但不可否认的是,我国的创新能力和国际先进水平之间还存在一定的差距。作为社会主义建设者和接班人的青少年,特别是大学生更需要具有创新精神。富有创造性的人才能在科学技术迅猛发展的未来有自己的立足之地,为把我国建设成为高度文明的社会主义现代化强国作出更大贡献。

2. 创新能力是衡量人才的重要指标

创新能力是检验青年是否成才的关键指标,也是知名企业选人用人关注的核心素质。创新能力的实质就是创造性解决问题的能力,它意味着不因循守旧,不循规蹈矩,

不故步自封。

人的身体之所以能保持健康活泼,是因为人体的血液时刻在更新。作为一名大学生,只有不断地学习、吸收新思想,不断地提升自己的思考能力,才能在生活和学习中获得不断改进的方法。不断改进如果成为一种习惯,将会使自己受益无穷。同样,一名不断改进的员工,他的魄力、能力、工作态度、负责精神都将会为他及其所在公司带来巨大的收益。一桶新鲜的水,如果放着不用,不久就会变臭;一个经营良好的公司,如果不能持续改进,就会逐渐地衰退。每个人在每天的工作和学习之中都要有所改变。这种自我超越式的创新精神是每个人成功之路上的必要修炼。善于自我改变、自我超越的人,才会警觉到自己的无知和能力的不足,才能不断地发展和完善自我,向成功迈进。

3. 创新与变革是企业永葆生命力的最可靠的保证

"要么变革,要么死亡。"吉列公司就是一个靠不断变革、不断推出新产品而立于不败之地的典型。IBM(International Business Machines Corporation,国际商用机器公司)也正是依靠不断变革才度过一次又一次的危机。忘记变革就意味着危机。管理学之父彼得·德鲁克曾经说过:"企业里真正有创造价值的只有两种活动,一是创新,二是营销。"

4. 创新能力是职业晋升的保障

只有保持对创新的热衷,才有可能成为最受领导青睐的人,好的机会也才会随之而来。值得注意的是,创新应该随时随地进行。很多人认为创新是一种"极端"的手段,只有"极端"的情况出现时才有必要使用。事实上,正是这种对创新的误解使他们被贴上了因循守旧的标签。创新不是"极端"的手段,也不用非要等到情况不可收拾时再使用。创新就是不断地寻找新的方法,改进现有工作方式的不足和缺陷,因此应该是随时随地进行的。

二、大学生创新能力现状

由于客观因素和主观因素的综合影响,当前大学生的创新能力现状不尽如人意。目前,我国大学生的动手能力特别是创新能力相对较弱,特别体现在创新意识不足、创新能力不强等方面,这与以下几个方面的因素关系密切。

(一) 客观因素

1. 高校创新创业教育的影响

高校创新创业教育的薄弱是影响大学生创新能力的主要原因之一。具体表现为:创新创业教育没有得到广泛的普及,师资力量还比较薄弱,学生缺乏创新创业的实践锻炼,产教融合、校企合作的创新创业教育生态体系还不够完善。

2. 家庭环境的影响

家庭成员的职业价值观在很大程度上影响着大学生的创新能力。不同的家庭有不同的职业价值观,很多家庭成员往往根据自己的立场来分析孩子的发展方向,在平时的生活、教育中缺乏对孩子创新能力的培养和锻炼。

(二) 主观因素

1. 大学生缺乏创新意识和创新欲望

许多学生进入大学后对自己将来的奋斗目标定位不够准确,往往满足于毕业后就业或者升学,这在一定程度上影响了大学生创新意识和创新欲望的激发。

2. 大学生缺乏创新兴趣

当代大学生的兴趣往往随着时间、环境、心情而变化,对创新感兴趣的大学生不多。而且大学生更缺乏创新所需要的深度和广度,这些对大学生创新能力的培养是很不利的。

3. 大学生已经形成了一定的思维定式

在长期的思维实践中,每个人都会形成自己惯用的、程式化的思维模式,当面临外界事物或现实问题的时候,往往会不假思索地把它们纳入特定的思维框架,并沿着特定的思维路径对它们进行思考和处理,这就是思维定式。随着知识的不断增加和阅历的日益丰富,大学生头脑中的认知框架逐步模式化、固定化,这进一步弱化了大学生的创新意识,影响了大学生创新能力的发展。法国生物学家贝尔纳曾经指出:"妨碍人们学习的最大障碍,并不是未知的东西,而是已知的东西。"

4. 大学生对科学的崇尚意识与参与行为之间存在较大差距

部分大学生是具有创新动机的,他们对创新有一定认识,也希望在学习和实践过程中产生新思想与新理论,但他们对科学的崇尚意识与其实际的参与行为之间存在着较大差距。一方面,他们在认识上追求创新,体现出比较积极主动的精神状态;另一方面,他们在行动上又顾虑重重,迟迟不能落实,主动作用发挥不够,欠缺投身实践的勇气和能力。

三、大学生培养创新能力的策略

(一) 善于创新学习

1. 探索的精神

如何进行创新学习

探索的精神包含着强烈的求知欲和追根究底的好奇心,想在茫茫学海获取成功,就必须有强烈的好奇心。牛顿少年时期就有很强的好奇心,他常常在夜晚仰望天上的星星和月亮。星星和月亮为什么挂在天上?星星和月亮都在天空运转着,它们为什么不相撞呢?这些疑问激发着他的探索欲望。后来,经过专心研究,他终于发现了万有引力定律。能提出问题,说明自己在思考。在学习过程中,提不出问题才是最大的问题。正像爱因斯坦说的那样:"我没有特别的天赋,只有强烈的好奇心。"

2. 怀疑的态度

不要认为被人验证过或人们都这样做、这样说的就是真理。许多科学家对旧知识的扬弃、对谬误的否定,无不从自怀疑开始。伽利略怀疑亚里士多德的"物体依本身的轻重而下落有快有慢"的结论,后来发现了自由落体规律。怀疑是发自内在的创造潜能,它激发人们去钻研、去探索。我们不要总认为课本是专家教授写的,不可能有误。专家教授的专业知识渊博精深,我们应该认真学习。但是,事物在不断地变化,有些知识现在适用,将来不一定适用。而且,现在的知识不一定没有缺陷和疏漏。教师不是万能的,任何教师所传授的专业知识都不能说是绝对准确的。对待所学习的专业内容,我们应做到不迷信任何权威、大胆地怀疑。怀疑是创新的出发点之一。

3. 创新的欲望

如果一个人没有强烈的追求创新的欲望,那么无论怎样谦虚和好学,都很难产生新设想。要创新,我们就要坚持不懈地努力,勇敢面对困难,要有克服困难的决心,不要怕失败,要相信"失败乃成功之母"。爱迪生说过:"世上一切都是谜,一个谜的答案即为另一个谜。"他不断探索、不断创新,最终成为发明大王。

4. 求异的思维

创新不是简单的模仿。要有创新精神和创新成果,就必须有求异的观念,不能"人云亦云"。求异实质上就是换一个角度思考,从多个角度思考,并将结果进行比较。求异者往往要比常人看问题更深刻、更全面。

5. 冒险的精神

创新实质上是一种冒险,因为否定人们习以为常的旧思想可能会招致公众的反对。这种冒险不是那些危及生命和身体安全的冒险,而是一种合理性冒险。

6. 永不自满

一个有很多创新性思想的人如果就此停止思考,害怕去想另一种可能比现有的思想更好的思想,或者已习惯了一种成功的思想而不能产生新思想,这个人就会变得自满,甚至停止创新。

(二) 培育创新特质

大学生正处于人生最富创新意识的黄金时期,这是由于创新的要求与青年思想情感的特点高度契合。青年是社会发展最积极、最有生气的力量,他们具有活跃的思维能力,思想活跃、感觉敏锐、充满理想和幻想,表现出强烈的求新意识和创造精神,具备创新的必要条件。因此,大学生要在平时学习和生活过程中注意锻炼自己的创新思维和创新能力,努力培养自己的创新意识,塑造自己的创新人格。

1. 树立创新意识

创新意识是人的一种抽象的意识形态或观念。这种观念形态是一种求变、求精的精神;是一种勇敢探索和尝试的激情;是一种思考并发现问题,提出问题,力求解决问题的欲望。创新意识是创新思维与创新能力的前提,只有具备强烈的创新意识,才有可能产生创新动机,人的创造潜能才有可能得到施展。因此,大学生要解放自己,树立创新意识。

2. 培养创新思维

创新思维是一种思考方法,是一套创新办法。创新思维要求有积极的求异性、敏锐的观察力、创造性的想象、独特的知识结构及活跃的灵感。创新思维能够解决不断出现的新问题,能够掌握新知识和运用知识,能够保障创新活动最终取得成功。创新思维要求具有丰富的想象力,这对创新的实现非常重要。爱因斯坦说过:"想象力比知识更重要,因为知识是有限的,而想象力概括着世界上的一切,推动着进步,并且是知识进化的源泉。"因此,通过训练创新思维,大学生可以有意识地使用创新思维来提出新观点,相较于那些无意识地使用它的人来说,有意识地使用会更占优势。

3. 积累创新知识

【案例分享】

苔花如米小
也学牡丹开

创新需要在某一领域具有独到的见解或较深的造诣,具有扎实的基础和深厚的底蕴,而不是纯粹的异想天开。创新知识是创新活动的坚实基石,是有源之水、有本之木。因此,大学生在平时的学习过程中,应该注重知识的积累,创新思维和创新能力是基于扎实、广阔的知识积累和丰富的生活经验而形成的。

创新能力只有在一定的知识积累的基础上,才能被启发出来、训练出来。毕竟大多数人不是天才,我们仍然要强调高等教育和专业训练的重要性,没有受过高等教育和专业训练的创新可能只是偶然式的创新,不太可能找到科学意义上的空白点,也不太可能占领制高点。因此,"教"的能力会影响大学生的创新能力,换言之,"学"的能力也直接影响大学生的创新能力。创新能力是对创新意识、创新思维、创新知识的驾驭和运用能力。大学生在平时的学习和生活过程中应该多想问题,多利用自己已有的知识寻求观念和方法上的突破,在解决问题的时候应当尽量多想想是不是只有按照老办法才能解决问题,是否有更便捷、更省力、更经济的新办法。

4. 塑造创新人格

创新人格主要是指形成创新意识、创新能力的有关人的心理、精神和意志等心理人格,或者一个人在情商方面的素质。具体来说,创新人格是指具有敢于怀疑、批判、冒险的科学精神,在挫折面前不气馁、不动摇,不因困难和挫折放弃自己的想法和计划,勇于突破思维定式的束缚,有较强的独立性品格。

创新不仅需要智力因素,还需要非智力因素。非智力因素可以激发创新意识,更好地发挥和运用创新思维。特别是在心理素质和个人意志力的培养方面,当代大学生正处于急剧变迁的社会环境之中,社会环境的挤压日益凸显,如因生活节奏快、竞争加强、贫富差距加大等造成的人际关系障碍,以及情感调适不良、就业压力大等。诸如此类的问题导致许多大学生心理失调,影响自身潜力的发挥甚至正常的生活。因此,把系统的心理教育贯穿于人才培养的各环节,加强良好的心理素质培养,维护心理健康,是一项刻不容缓的任务。要着力培养大学生的创新人格,就必须使他们具有远大的理想、坚定的信念、务实的作风、无畏的胆识、坚强的意志和浓厚的兴趣。

(三)创新服务实践

现代社会离不开创新,因为无论是对一个企业还是对一个社会而言,创新都是能够长期持续竞争优势的方式之一。正因如此,几乎所有现代企业都把创新摆在企业发展的核心位置,包括中国在内的绝大多数发展中国家也都把自主创新视为可持续发展的根本动力。但是,科研领域和产业界往往会有一种"为了创新而创新"的倾向。许多研发成果只是片面地追求"科技领先"或"概念独特",而不能解决实际问题。大学生在创新过程中要特别注意这一点。

创新为实践服务,创新引导实践,实践支持创新。实践和创新缺一不可,这就好比只懂得力学原理的人和只知道铺砖叠瓦的人都无法独立建起一栋大厦。同样地,在21

世纪里,也只有那些善于将创新和实践结合起来的人才有可能获得最大的成功。

【故事分享】

某保险公司在推销保险的时候采取了较为特别的推销方式,即在寄给客户的资料中,不仅包括各种保险说明书、一张简单的调查表,还有一张优待券。优待券上写着:"请将调查表的空白处填好,同时撕下优待券寄给我们,我们随后会奉上包括罗马、希腊、中国等国家的仿制古硬币2枚,随机赠送。这仅为答谢您的协助,并非请您加入我们的保险。"

不到几天的时间,发出去的2万封信中就收到了1.9万封回信。接着,公司销售员根据这1.9万封回信中所填写的资料信息,拿着古硬币一家一家回访。一进门的时候,销售员就说:"这是我特意为您带来的古硬币,感谢您对我们公司的支持与协助。"大多数顾客听到销售员这样说,心中顿生好感,之前的防备心理也随之消失。

顾客将古硬币拿到手中仔细把玩,销售员也趁机开始和顾客进行交谈,慢慢将话题引向保险业务。由于顾客已经消除了戒备心,并与销售员建立了一定的感情,此时的推销工作往往比直接上门推销要顺利许多。保险公司通过这一创新的推销服务,一下子招揽了超过6 000笔保险生意。

(四) 开发创新潜能

大自然赋予我们每个人巨大的潜能,等待我们去发现、去开发。科学家发现,每个人的大脑皮质舒展开来,都在2 500平方厘米左右,每个人都有140亿个左右的脑细胞。如果我们尽可能发挥我们的大脑潜能,那么每个人都具备创造巨大成就的可能。有一位叫米兰·米凯什的语言天才,他精通40国语言,懂116种语言;还有一位叫拉比·伊来贾的人,只读一遍就能记住的书竟达上千册之多。

人的潜能如地下蕴藏的丰富宝藏,价值连城,只有人们不断地去开发,才能实现它的价值。大学生培养自己的创新能力,应该相信自己有巨大的潜能,并且信心百倍地进行开发,让自己的潜能得到充分的发挥。一个人的潜能是无法估量的,尤其是在特殊情况下爆发出的潜能可能会超出人们的想象。任何成功者都不是天生的,而他们成功的原因之一就是他们最大限度地开发了自己的潜能。当你抱着积极的心态去开发自己的潜能时,你就会有用不完的能量,你的创新能力就会越来越强。

(五) 勇于挑战自我

当今世界是一个飞速发展的世界,每个人都面临着这样一个现实:如果止步不前、满足于现状,你就丧失了创新能力、失去了自己的立足之地,最终被社会淘汰。创新是人类发展的源泉。要做到创新,就要不断地挑战自我、超越自我。在日常生活中,很多人总是不断地重复着单调的步伐,始终在一个地方徘徊,没有进步的迹象。这是为什么呢?一个人缺少了挑战意识,他的生活永远得不到改善;一个社会缺少了挑战意识,这个社会永远不会前进。人的一生是一次无法回头的旅行,不敢冒险就是最大的风险。

在工作中也是如此,如果你总是安于现状,那么你将永远无法摆脱平庸,甚至有被淘汰的危险。在现代社会中,我们每天都要面对无数的可能,面对无数没有先例的情况。因此,当代大学生要勇于创新,挑战自我,超越自我,这样才可能成就卓越人生。

主题二　团队协作精神

一、团队协作的内涵和重要性

团队是能够互助互利、团结一致地为统一目标而共同奋斗的一群人。为了实现共同目标,团队成员就要有协作精神。团队协作精神是指一个人与别人合作的精神和能力。一个人具有团队协作精神意味着他在进入一个新的组织机构之后,能迅速认清组织结构和自己的身份定位,迅速学习并适应组织规范和文化传统,认同组织目标,将自己的个人目标与组织目标有效地结合起来,迅速契合团队伙伴的行动进度,能够通过自己的行动配合别人共同解决问题,对组织的发展作出贡献。

协作是团队精神的核心,它的最高境界是全体成员的向心力、凝聚力,反映的是个体利益和整体利益的统一,并进而保证组织的高效率运转。团队协作精神的形成并不要求团队成员牺牲自我,相反,团队成员可以挥洒个性、展现特长,保证团队完成任务目标,而明确的协作意愿和协作方式则产生了真正的内在动力。

团队协作精神能推动团队运作和发展。在团队协作精神的作用下,团队成员产生了互相关心、互相帮助的交互行为,显示出关心团队的主人翁和责任感,并努力地维护团队的集体荣誉,自觉地以团队的整体声誉为重来约束自己的行为,从而使协作精神成为自由而全面发展的动力。

【故事分享】

飞行的大雁

团队协作精神能培养团队成员之间的亲和力。一个具有团队协作精神的团队,能使每个团队成员展示高涨的士气,能激发团队成员工作的主动性。由此形成了集体意识和共同的价值观之后,团队成员才会自愿地将自己的聪明才智贡献给团队,同时也使成员自身得到更全面的发展。

团队协作精神有利于提高组织整体效能。通过发扬团队协作精神、加强团队建设,能进一步节省内耗。如果总是把时间花在怎样界定责任以及应该找谁处理问题,进而让客户、员工忙得团团转,就会损伤团队的凝聚力。

员工是否具有协作精神在一定程度上决定着企业的生存和发展。职业生涯中的各种活动都需要在组织中与人合作完成,独来独往的人在现代社会中并不受欢迎。名列财富500强的企业大多把团队合作作为自己的核心价值观。如果一个企业的员工都以团队精神为中心,以协作意识为导向,那么这个企业就会焕发出青春的活力。有人曾把团队和个人的关系比作水和鱼的关系,员工是鱼,团队就是水,鱼是离不开水的。因此,我们无论从事什么样的工作、在什么样的团队中,都要把团队的利益放在首位,否则个人的利益也无从谈起。没有水,鱼怎么生存呢？作为团队中的一员,既要具备独立操作的能力,又要服从团队的安排。就如同下棋一样,团队的成员就是棋子,各棋子既要相互合作,又要互相依赖、互相支持,这样才能把棋下好。走错一步,满盘皆输。如果一个员工不懂得合作,整个团队都会受到牵连。因此,要想获得成功,仅有工作技能是不够的,还要有团队精神。共同承担责任是团队精神的核心。做不到这一点,团队就如同一盘散沙;做到这一点,团队就会齐心协力,成为一个强有力的集体。一位人事经理说:"我从不录用不积极参加集体活动的毕业生。"在一个大集体中,要完成一项工作,占主导地位的往往不是一个人,而是各成员之间的协作。团队协作在很大程度上关系着企业的生存和发展。

有学者做了这样一个实验:把6只猴子分别关在3间空房子里,每间关2只,房子里分别放着一定数量的食物,但放的位置高度不一样。第一间房子的食物就放在地上,第二间房子的食物分别从易到难悬挂在不同高度的适当位置上,第三间房子的食物悬挂在房顶。数日后,他们发现第一间房子的猴子一死一伤,伤的缺了耳朵断了腿,奄奄一息;第三间房子的猴子也死了;只有第二间房子的猴子活得好好的。

究其原因,第一间房子的猴子一进房间就看到了地上的食物,于是,为了争夺食物而大动干戈,结果伤的伤、死的死。第三间房子的猴子虽然做了努力,但因食物太高,难度过大,够不着,被活活饿死了。只有第二间房子的两只猴子先是凭着自己的本能蹦跳取食。最后,随着悬挂食物的高度增加,难度增大,两只猴子只有协作才能取到食物。于是,一只猴子托起另一只猴子跳起取食。这样,两只猴子每天都能取得够吃的食物,就很好地活了下来。

二、大学生培养团结协作精神的策略

团队协作精神是一种文化和感情,能使成员产生信任感和凝聚力。既然每个团队都希望找到具有合作精神的成员,每个成员也都希望在和睦融洽的团队中生存,那么就从现在开始培养和提高团队协作能力吧,保持积极的工作态度,让自己在团队中发光发热。

(一) 与他人和谐相处

美好的愿景是团队合作的基石,明确的目标是团队成功的基础,团队情谊则是团队合作的关键。一个成功又优秀的团队,它的凝聚力和竞争力是不容忽视的。没有一个企业希望自己的员工是一盘散沙,否则企业所取得的成就将会很低。团队强调的是协同工作,所以工作气氛很重要,它直接影响团队的工作效率。团队的工作效率在于配合默契,如果达不到这种默契,团队合作就不可能成功。团队工作需要成员在一起讨论,如果某个人固执己见,无法听取他人的意见,或者很难与他人达成一致的意见,团队的工作就很难进行下去。

因此,在工作中,与他人和谐相处、密切合作是必不可少的。团队协作不是一句口号,需要的是行动。一个懂得协作、善于合作的员工是推动企业进步的润滑剂,也是公司高薪聘请的对象。反之,一个不懂得团队协作的员工是不会受到欢迎的,而且有被淘汰出局的风险;一个不肯与人合作的员工,也没有公司愿意留下他。一个业务精良的员工一定要懂得合作,这样才能不断地提升自我。如果自以为了不起,不积极合作,"孤军奋战"将失去发展自我、完善自我的机会。

(二) 保持有效的沟通

沟通是合作的开始,优秀的团队一定是一个沟通良好、协调一致的团队。没有沟通就没有效率。沟通带来理解,理解带来合作。同时,沟通也是明确目标、相互激励、协调一致、增强团队吸引力的过程。有些时候事情并不像表面表现出来的那样。有效的沟通可以弄清楚事情的真相,不至于引起误解。因此,我们要校正自己在某些方面存在的认识偏差,学会沟通;主动友善地接近身边的同事,在该发言的时候发言,在该表示关心的时候真诚地关心他人。对于态度积极的新人,周围其他同事也会很乐意接受这种善意的亲近,并做出相应的反馈。这样双方都能更快地彼此熟悉和了解,这不仅有利于新人成长,还有利于工作的开展。

人是社会性的动物,人与人之间需要沟通和交流。特别是对于刚进入一个团队中的个人而言,更要适当地展现自我,学会与人沟通,分享资源,融入团队之中。

(三) 保持宽容的态度

团队是由素质不同、个性各异的员工组成的。在一个团队中,每个成员的优点和缺点都不尽相同。处于团队中的个体应该主动地寻找并学习团队成员中优秀的品质,进而提高自己、完善自己。如果团队的每位成员都积极主动地去学习其他成员的优点,那么团队的协作就会变得很顺畅,工作效率就会提高,团队凝聚力就会增强。任何人都不喜欢骄傲自大的人,这种人在团队合作中也不会被大家认可,所以保持谦虚的心态是很有必要的。有些时候你会觉得自己在某些方面比其他人强,这也许是事实。但你更应该将自己的注意力放在他人的优点上,只有这样,你才能看到自己的不足,才能在学习他人优点的过程中逐渐弥补自身的不足。因此,你一定要学会谦虚,谦虚会让你看到自己的短处,这种压力会促使你向他人学习。

在保持谦虚态度的同时,我们还需要不断地自我反省。例如,多想想自己在平时是不是有些冷漠,言辞是否有些犀利,会不会在无形中伤害其他人。在个人单独工作时,这些缺点可能不易察觉,但在团队合作中,它会成为合作的绊脚石,成为团队和个人发展的障碍。

主题三　人际交往能力

一、人际交往能力的内涵和重要性

(一) 人际交往能力的内涵

当今的社会是一个价值多元化的民主社会,每个人的个性、习惯、价值观、行为方式都不同,这在一定程度上增加了人际相处的复杂性和难度。我们每个人都不能离开社会和他人而存在,我们在人际关系中体验到爱和尊重,但也会常常因为人际关系而烦恼。人际交往能力的内涵主要包括以下两个方面。

1. 察觉他人情绪的能力

我们要进行良好的人际交往,就不能只表达自己的情绪,还要能够察觉他人的情绪,这是人际交往的基础。察觉他人情绪依靠的是同理心,即推己及人,站在别人的立场上体会别人的情绪状态,为他人着想。察觉他人的情绪并不一定要认可他人的情绪,而是要尊重并理解他人的情绪状态。我们在日常人际交往中要学会观察,从一些细微的信号中发现他人的情绪状态,同时在脑海中构建他人的情绪发生过程,根据事态的发展对他人的情绪变化做出推断。

2. 人际沟通能力

人际沟通能力是指能够把自己的想法、意见传达给别人,让别人充分理解自己的想法和意见,同时也能够接受并充分理解别人的想法和意见的能力。一般来说,人际沟通有四大要素,即目的、时机、对象、方法。

首先,明确沟通目的。知道自己要沟通的内容。如果沟通目的不明确,自然也谈不上沟通的效果,甚至有时候还会招致误解。

其次,选择合适的沟通时机。如果对方正在忙碌之中,或者为别的事情而烦躁,你的沟通很可能是不合时宜的,很难达到沟通效果。

再次,选择好沟通对象。如果选错了沟通对象,所有的努力都是徒劳的。

最后,采取合适的沟通方法。如果没有掌握合适的沟通方法,也无法达到沟通效果。因此,只有考虑对方的背景、文化、年龄、喜好、情绪状态等,采取他人比较容易接受的方式,才能使沟通的效果最大化。

(二) 人际交往能力的重要性

人是社会性的动物,人们生活在一个社会里,人与人之间的交往是不可避免的,单独的个体无法生存。这些人与人、人与社会的联系交织起来的网络构成了我们生活的环境。如果处理得当,这个环境会给我们的人生发展增添助力;如果处理不当,这个环境会给我们带来很多麻烦和阻力。

许多成功人士意识到了人脉对自己事业成功的重要性。卡耐基经过长期研究得出结论：专业知识在一个人的成功中的作用只占15%，而其余的85%则取决于人际关系。不管你在哪里、做什么工作、从事何种职业，如果你能妥善地处理好自己的人际关系，那么你在追求成功的路上可能就有85%的胜算。石油大王洛克菲勒说："我愿意付出比天底下得到其他本领更大的代价来获取与人相处的本领。"

人际交往是人类社会活动的基本表现形式之一，在人们增长知识、促进发展、丰富生活、提高认识等方面都起着重要的作用。无论是否愿意，我们都不可避免地要与人交往。而且，交往的成败在很大程度上决定着人生的成败。对于大学生来说，人际交往显得更加重要。因为人际交往是大学生增长才智、适应社会、认识自我、协调关系和战胜困难的有效途径，是成功不可或缺的重要因素。

二、大学生人际交往存在的问题

（一）大学生人际关系困惑

调查显示，与20世纪90年代相比，当代大学生呈现出的心理问题增加，而且在重要性次序上发生了变化。在老一代的大学生中，情感、社会交往和学习的重要程度在其心理上分列前三位，现在排在前三位的分别是就业压力、人际危机和经济困难。特别是在刚进入大学的阶段，人际关系危机更是居于首位。大学生在面对同学之间、室友之间、师生之间、个人与班级和学校之间等错综复杂的社会关系时，经常会感到困惑。这种困惑不仅会影响当事人的学习和生活，严重时还会影响身心健康，甚至会引发惨剧。

一位在校大学生在谈到班级的人际关系时说："大部分同学相处得很好，但是同学间因为关系不好搬出宿舍的也不在少数。"有的同学性格内向，无法融入集体，越来越自闭；很多同学在学校集体生活时，不能容忍其他同学的一些小毛病，也不能忍受别人损害他的一点点利益。因为很多同学无法理解、宽容和原谅别人，所以紧张的人际关系导致一部分大学生的心理问题越来越严重。

【案例分享】

如何快速适应大学生活

大学生群体中还有分阶层现象，阶层之间很难深入交往。一个贫困生因为自卑，或者自尊，或者其他原因，很难与一个家境比较富裕的同学成为知心朋友。一位来自山村的大学生说："我有的时候为了省钱，连菜都不吃，一顿饭只吃两个馒头；但有的同学天天吃小炒，还说很难吃。我们之间的差距太大，不仅是经济上的，在人生经历、思想情趣、兴趣爱好上都有一定的差距，这种差距就像一道鸿沟，把我们隔在了两边。"

有关调查表明，在大学生心理问题中，关于人际交往的问题已占50%以上，绝大多数大学生的心理危机与缺乏正常的人际交往和良好的人际关系相关。人的心态与性格状况直接受到与别人交往及其关系状况的影响。在宿舍里，同伴之间的交往状况往往决定了一个大学生对大学生活是否感到满意。那些生活在没有形成友好、融洽的人际关系的宿舍中的大学生，常常表现出压抑、敏感、自我防卫、难以合作等特点，情绪的满意程度较低。

（二）大学生人际交往中的人格缺陷

人际交往心态呈现出多样化的特征，只要你细心体察，就会发现其中有困惑也有理解,有冷漠也有热情。从一些校园人际关系危机的个案来看,大多数的当事人不具备良好的沟通交流能力,表现出偏执、拒绝交流的自闭倾向。心理学研究表明,如果一个人长期不与别人积极交往,缺乏稳定良好的人际关系,那么这个人往往有着明显的性格缺陷。下面就是几种大学生在人际交往方面易出现的人格缺陷。

1. 自负与自卑

自负的人只注重自己的感受,关心自己的需要,在人际交往中表现得肆无忌惮、目空一切。无论是说话还是做事,全然不考虑别人的感受和体验,这样很容易让人反感,因而被人疏远。

自卑的人浅层的感受是觉得别人看不起自己,而深层的体验是自己看不起自己。自卑的人大多性格内向、感情脆弱、多愁善感,觉得自己处处不如人。这种人在交际场合不是积极参与、主动交流,而是过于警觉、被动防守,消极等待别人亲近自己,压抑自身能量的释放,过度守护了个人的自尊心,很难改善人际关系。自卑常见的表现是忧郁、悲观、孤僻、自我封闭。在社交场合,自卑的人表现为言行被动,事事避让,不敢也不愿意抛头露面。大学生产生自卑感的原因很多,主要有自我评价过低、缺乏人际交往的经验、没有特长、耐挫折性差、生理条件相对不足等。

2. 高傲与懦弱

高傲的人孤芳自赏,以为别人世俗浅薄,难以接受,喜欢在自己的小圈子里活动,乐于独来独往。他们不能正确地认识自己和客观地评价他人,人为地给自己设置心理障碍,无法敞开心扉,更难以用坦荡、真挚的感情赢得别人的理解和支持。

懦弱的人总是害怕得罪人,或者担心别人报复自己,所以在生活中,常以"老好人"的面目出现。他们不愿意面对冲突,能忍则忍,害怕别人不高兴、害怕自己丢面子。由于"怕",他们总是倾向于委曲求全,希望通过忍气吞声求得相安无事。但是实际上这种个性往往给交往带来诸多不利。在人际交往中,过多的退让强化了对方不恰当的行为和态度,相当于给对方暗示"你不介意他的所作所为",所以对方往往不会把你放在眼里。此外,当事人在做出过多的退让后,往往会产生一种自我挫败感,导致自我评价和自信心下降,还会对交往对象产生一定的怨恨情绪。

3. 鲁莽与偏执

鲁莽的人在人际交往时言行举止具有冲动性,不喜欢深思熟虑,做事情很少考虑后果。因此,他们很容易伤害他人,有时还可能造成严重的后果。

人的一生要扮演多种角色,在不同的时间场合要扮演不同的角色。有的大学生不懂适时地变通自己,就会形成固执的性格。有偏执倾向的人往往热衷于争论,好像是为争论而活着。这类人很固执,爱钻牛角尖,看法偏执,并且不容易改变。当别人的言语或行为与自己发生冲突的时候,他们不会站在他人的角度理解他人,不会主动与他人交流看法,而是常常从他人的言行中捕捉到一些"不正确"的东西加以反驳。他们缺乏幽默感,也难以接受别人的笑话。偏执的人很难让人接受,他们多疑、固执、易怒的性格特征是人际交往中的拦路虎,因此这类人的人际关系很差,易动怒,其行为对自己的身心也会产生极大的伤害。

4. 多疑和腼腆

多疑和腼腆也是一些大学生较易出现的性格缺陷。多疑的人对任何事情都持有一种怀疑的态度,容易把别人的好意当成恶意、敌意,无法敞开心胸与朋友开诚布公地交流感情,无法客观地看待周围的人和事。腼腆的人有两种情况:一种是生性内向、沉静;另一种是过于自爱,过于重视自己的言行。因此,他们在人际交往中畏首畏尾,不敢大胆地表达自己的看法和观点。

三、大学生提高人际交往能力的策略

大学生提高人际交往能力,不仅能保证学业的顺利完成,还可以收获美好的友谊和其他意想不到的益处。而且更为重要的是,这种人际交往能力还可以迁移到以后的工作中。许多成功的职业人士在谈到成功的原因时往往会从如何做人谈起,这是因为学会做事,首先要学会做人。

(一) 增强自身的人际吸引力

1. 人际吸引力的要素

人际吸引力包括十大要素:距离要素、相识要素、互补要素、异性要素、才能要素、仪表要素、赞美要素、第一印象、诱发要素、个性要素。

2. 大学生增进自身的人际吸引力的方法

第一,要与同一个寝室的同学、班里的同学和睦相处,形成较为密切的关系。

第二,不仅要在宿舍和班级中,还要突破宿舍和班级的限制,结识有共同兴趣爱好、志同道合的同学。

【阅读拓展】

影响人际吸引力的要素

第三,利用互补原理,结识在需要、性格或期望上相异甚至相反的同学。

第四,在生活和学习中,多和异性交往,在交往中平衡性别特征,从而达到完善自我的需要。

第五,在学习期间,全面提升自身素质,使自己成为一个有才华、有品行、有能力的学生,从而让同学产生羡慕甚至敬重之情。

第六,在日常生活中,注意自己的仪表,如服饰、语言动作等,给人留下良好的印象。

第七,在日常生活中,多看别人的优点,并适时地进行赞美,从而赢得更多的朋友。

第八,在人际交往中,有意识地设置某些因素来吸引对方的注意,使对方对自己产生兴趣。

第九,保持自己独特的个性,形成自己独特的魅力。

(二) 扩充自己的人际网络

交际网对人际交往来说非常重要。交际网是潜在的,需要你去发展;交际网是庞大的,应该被充分利用。建立起自己的人际网络,也就是建立起自己的人脉支持系统,有了这个网,你会获得更多自己想要的东西,更进一步地接近自己的目标。

1. 掌握人际交往的技能

首先,主动、热情、真心地待人。在人际交往中,要学会主动、热情地待人,一个充满

热情的人很容易把自己的情绪传染给他人,使他人同样感到心情舒畅。要想对他人热情,就要发自内心地对他人感兴趣。如果你对他人并不感兴趣,那么就不会有真正的热情。故意装出的热情反而会让他人感到不自在,会适得其反。只有真心地对待他人,主动、热情地对待他人,才会拥有更多的朋友。

其次,进行积极的心理暗示。我们经常会发现有些人的身边总是围绕着一些朋友,很多人愿意与他交往。心理学研究表明,这些人大多有良好的自我表现和自我认识,他们的心态很好,始终觉得自己是一个受欢迎的人。因此,我们要经常进行积极的心理暗示,这种心态会使我们在与他人交往时心胸坦荡,言谈举止轻松自如,会使他人感到很轻松。

最后,尊重、赞美他人。每个人都希望得到他人的尊重,自己的尊严得到维护。因此,我们在人际交往中要注意这一点,一定要给他人面子,不要过度挑剔他人,或者让他人当众出丑,来显示自己的小聪明,这是最愚蠢的做法。让他人没有面子,他人会感觉很不舒服,个别心胸狭窄的人很可能会怀恨在心、伺机报复。同学之间经常会一起讨论问题,有时候会产生意见不合的情况,讨论本来是有益的,可以相互交流,但不要强行把自己的观点加在他人身上,试图改变他人的看法,否则只会让人反感,对自己也不会有好处。我们要善于发现他人身上的优点,并在适当的时候对其进行赞扬,这样没有"恭维"之嫌,还会让他人感到很舒服。最好是赞赏他人身上那些并不是显而易见的长处和优点,这样会给他人意想不到的惊喜。

2. 讲究交谈技巧

首先,认真倾听。认真倾听他人的讲话,不要随便打断对方,这是对对方的尊重。注意倾听不是被动地接受,而是要通过言语和表情来表示你理解并赞成对方的态度。必要的时候可以重复对方的话语,这是有效的认可方式之一。在适当的时候鼓励他人讨论他们的经历,特别是所取得的成绩,这是赢得好朋友的有效手段。

其次,适当介入。真正成功的交谈应该是相互的,在适当的时候,应该对对方的话语做出回应。介入需要掌握好时机,不能随意打断,或者只顾自己滔滔不绝,毫不在意对方的感受。当对方谈到的情况和感受与自己一样时,可以用"我也一样""我也喜欢这个"来承接;当对方要求你谈谈自己的时候,可以适当地谈论自己的一些情况以引起对方的兴趣或好感。这样谈话的氛围就会很轻松,双方都不会感到压抑。

3. 积极参加社会实践

学校和社会是两个不同的世界,两者的运行规则有很大的不同。这种环境的差异往往使生活在"象牙塔"里的大学生对社会缺乏客观的认识,他们容易把社会理想化,把校园的环境投射到社会中。社会实践是大学生了解社会、接触社会的重要途径,除了可以增强其专业性和职业针对性,还可以通过社会实践与职场人士交流和学习,这有助于建立自己的人脉关系,为将来的就业打下坚实的基础。

4. 正确保护自己

有的大学生为了减轻经济压力,在上学期间做家教、到公司打工,也有的大学生出于锻炼自己能力的目的利用业余时间打工。但有些中介和雇主利用大学生心思单纯、求职心切、没有经验等特点,为其设下陷阱,使其校外打工遭遇"埋伏"。面对这种情况,大学生一定要多加小心,以免上当受骗。我们要了解相关法律,如《中华人民共和国劳动法》《中华人民共和国劳动合同法》《中华人民共和国就业促进法》等,同时知道怎样通过法律途径保护自己的合法利益。最后,还应在挫折中汲取经验教训,擦亮眼睛,保持清醒,不要迷失自我,这样才能更好地保障自己的合法权益。

主题四　组织管理能力

一、组织管理能力的内涵和重要性

组织管理能力是指为了有效地实现目标,灵活地运用各种方法,把各种力量合理组织并有效协调的能力,包括协调关系的能力和善于用人的能力等。

组织管理能力是一个人知识、素质等基础条件的外在综合表现。现代社会是一个庞大的、错综复杂的系统,绝大多数工作往往需要多个人协作完成,大学生毕业后不可能都走上领导岗位从事管理工作,但每个人在将来的工作中都会不同程度地运用组织管理才能,这是现代社会对人才提出的新要求。因此,从某种角度来讲,每个人都是组织管理者,承担着一定的组织管理任务。就职业而言,很少人一辈子只做技术和研究,大多数人希望在组织中得到提升并走上管理岗位,实现自己更大的价值。尤其是现在很多年轻人选择自主创业的道路,这需要具有很好的组织管理能力,否则人心涣散,事业还未发展起来就功亏一篑了。实践证明,没有组织管理经验而单纯谈创业,无疑是海市蜃楼。在毕业招聘会上,我们会发现大学毕业生中的学生党员和学生干部总是用人单位的首选对象,其重要原因就是他们看重毕业生的组织管理能力。具有一定组织管理能力的大学生毕业后容易受到企业的重视和提拔。因此,在大学期间积累初步的组织管理经验、提高自己的组织管理能力会使大学生受益匪浅,对其职业生涯具有重要的推动作用。

二、大学生培养组织管理能力的策略

(一) 抓住机遇

大学里有各种各样的学生干部,大到学生会主席,小到宿舍舍长、众多的学生社团干部等,有些大学生可能对社团中的职位或宿舍长之类的职位不屑一顾,这是不对的,应该看到任何一个职位都可能会使你的组织管理能力得到一定程度的锻炼。如果有些职位无人担任,那么自己应该主动跨出众人的行列要求担任,这份经历将对你十分重要。

(二) 学习别人

学生干部并不是人人都有机会担任的,在这种情况下,就要注意向别人学习。如果没有机会组织别人,那么肯定会有机会接受别人的组织,在这种情况下千万不要漠然处之、被动应付,更不能故意刁难,而是要以积极的态度配合别人,并注意学习别人的长处。在有机会的时候,积极主动地倡议组织一些活动,如组织一场足球赛、举办一次舞

【阅读拓展】

北斗卫星导航系统的启示

会、组织一次周末的郊游或组织寝室之间友谊竞赛活动等。通过这些活动,你的组织管理能力同样能得到相应的提高。另外,理工科的大学生要走出一个认识的误区,即认为培养组织管理能力是文科大学生的事,与自己无关,自己又不想当干部。这种认识也是不对的,理工科的大学生也需要培养和提高自己的组织管理能力。

(三) 做好准备

组织者最重要的素质是具备强烈的责任感及自觉性。若你已成为组织者,无论能力如何,只要你有竭尽所能完成任务的干劲及责任感,就很可能会做出成绩。若你还没有成为组织者,以这种标准和心态严格要求自己,以这种心理准备去完成任务,即可产生自觉与自信,在不知不觉之中获得进步。

看起来并不适合担任组织者的人,在特殊情况下不得不担负起领导组织的职责时,他们心中油然而生的自觉性和责任感将促使其主动学习,迅速地进入角色,从而使他人有"士别三日,刮目相看"的感觉。

总之,组织领导能力的产生应视情况而定,一开始便担忧适不适合做组织者是不正确的观念。其实,每个人都有成为组织者的潜能,正如任何人天生都具有创造性一样,差别在于我们是否能将这种与生俱来的天赋充分发挥出来。

(四) 完成任务

一些大学生担任管理组织的职务后,为了获得利益或荣誉,一开始不愿意从基层做起,这样对自己的组织能力没有任何提高。我们只有在完成不同的任务后,从中总结经验,不断积累,组织管理能力才能慢慢地提高。

(五) 培养"三意"

"三意"是指热意(热心)、诚意和创意,这是组织领导之道。热意就是抱着极大热情去做事的态度。它是振奋之心,是斗志,可以说是干劲。组织领导者本人必须比团体成员多几倍的热意。诚意就是真诚的意愿,也就是要遵守诺言、言出必行。组织领导者允诺过的事,即使十分细小,也应竭力完成,这样才能获得团体成员的高度信赖。创意就是在创造新事物的念头驱使下,不满足于现状,不断在改善、革新、创造上下功夫,从而产生新颖、奇特的想法,进而实现愿望。富有创意的组织者往往备受大家的推崇。

仔细分析起来,无论是诚意还是创意,都必须依赖热意。热意表现在人际关系上,成为诚意;表现在工作方面,则会产生创意。"三意"是通行无阻的领导三要素。换言之,将"三意"内化于心、外化于行,便是组织领导之道。

(六) 采纳意见

在团体组织者的必备条件中,最迫切需要的是具有良好的倾听能力及善于整合所有成员的意见的能力。即使工作能力不是很出色,或拙于言辞,但也能当一个好听众,综合众人的意见并制定目标,也算是一个优秀的组织领导者。

作为组织者,你不能自己闭门造车,而是要不厌其烦地倾听别人的意见。善于倾听的组织者容易使人产生亲切感。因此,只有为人谦虚,并且有学习的态度,才能成为一位好领导。相反,自我表现欲过强者常令人敬而远之。一个人有说话的权利,也应有听别人说话的风度。如果组织者在与人谈论时,能设身处地地耐心听人倾诉,并不忌谈话时间的长短,这个组织者必能得到众人的信服。因此,做一个好听众是成为组织管理者相当重要的条件之一。能设身处地为人着想的人,便能站在对方的立场来思考,也能让人有体贴温馨的感受。如今一些客观的与主观的原因使人与人之间的距离越来越远,组织者具备此条件便更显得重要。

善于整合大家的意见,就是尽量综合所有成员的意向及想法,再经过分析整理,得出最具有代表性的结论。对于看似互相对立或矛盾的意见,组织者必须有能力找出两者的共同之处,以掌握其中心思想,再创造第三个想法。

能辩证地整合、倾听成员意见者,必是一位优秀的组织管理者。即使他开始不能做得很好,但只要以此为努力的方向,最终必定能成为出色的组织管理者。

(七) 赢得支持

有一种说法,成为一个成功的组织管理者,30% 来自天赋、地位与权限,70% 则来自该组织成员的支持程度。可见,在成功的组织管理者的要素中,群体成员的支持及信赖显然比天赋、地位、权限更重要。不管获得多大的权限和地位,无论上级如何重视、支持,若无法获得团体成员的支持,则只拥有三分之一的领导力,将来很可能会丧失权威。因此,获得组织内成员的支持是组织管理者顺利进行组织和管理的保障。

(八) 做好计划

任何事情只有提前计划好,才能有效实施。计划在组织管理活动中非常重要,直接影响活动的成败。一些大学生做事仅凭热情,缺乏计划,一旦出现紧急情况往往难以妥善处理。

(九) 学会放权

组织管理者担任一定职务后要学会放权。放权是管理的艺术,懂得放权才可以使自己从纷繁复杂的事情中解脱出来,思考更长远的发展规划和组织建设问题。不懂得放权的人,虽然自己事必躬亲,但是事情也没有做好,同时会使团队里的其他成员因为没有实际职权、不能发挥作用而失去对工作的热情。学会放权,量人用才,调动团队成员的积极性,发挥团队合力才是领导者的职责。

实践与体验

主题一　创新能力

活 动 概 览

活动目标	理解创新能力的内涵和重要性,了解大学生创新能力现状,掌握培养创新能力的策略
课堂活动	活动一:快刀斩乱麻 活动二:模板 活动三:九点连线 活动四:订书钉的用途
课堂自测	自测一:大学生创新意识 自测二:你是否具有创新思维
课外拓展	拓展:山寨与创新

课 堂 活 动

活动一:快刀斩乱麻

活动目的:
了解创新思维对问题解决的意义,分析培养和提高创新能力的意义,乐于创新。

活动流程:

流程1　阅读故事。

南北朝时,高欢任东魏孝静帝的丞相。有一次,他想试试自己的几个儿子谁更聪明,于是给每人发了一把乱麻,比赛谁整理得最快最好。

几个儿子整理着乱麻,把乱麻一根根抽出来,然后又一根根理齐,想快却快不了,一个个急得手忙脚乱、大汗淋漓。这时,只见儿子高洋找来一把快刀,连砍数刀,将乱麻斩断,根本不理那些纠缠不清的乱疙瘩,然后第一个报告完成。

高欢问他怎么弄得如此整齐,他回答说:"乱者必斩!"高欢闻言大喜,认为此儿日后必将出人头地。果然不出所料,高洋后来成为北齐的最高统治者。

流程2　快速思考。

(1) 这个故事给你什么启发?

(2) 在日常生活中,你是否会使用创新思维解决问题?请举例说明。

(3) 当今社会,你认为培养和提高创新能力有什么重要意义?

活动二：模板

活动目的：

了解缺乏创新思维对解决问题的不良影响,分析大学生创新能力的现状及其产生的原因,树立提升创新能力的意识。

活动流程：

流程 1　阅读案例。

陈某是某研究所的创始人之一,在该院成立之初,他负责招聘工作。此外,每年都有各高校推荐的学生到研究院实习和工作。在谈到对毕业生的看法时,他说,很多学生具备钻研精神,能吃苦耐劳,但思维不够活跃。他说:"有的毕业生做工作时最喜欢说'你有模板吗?可以给我一个参考吗?'做工程可以这样,做研究就不能这样。研究本来就是探索未知的东西,如果什么都按照模板走,就难有创新和进步了。"他的这番话表达了他对部分学生创新能力不足的忧虑。

流程 2　快速思考。

(1) 你认为模板有什么特点?对解决问题有什么影响?

(2) 求助模板的思维方式是否有利于创新能力的培养?请说明原因。

(3) 你认为当前大学生创新能力的现状如何?这些现状是由什么原因造成的?

活动三：九点连线

活动目的：

了解探索对解决问题的重要性,体验探索带来的快乐,勇于探索,乐于创新。

活动流程：

流程 1　用一笔画出 4 根直线,将 9 个黑点连接起来。

```
.   .   .
.   .   .
.   .   .
```

流程 2　向全班同学分享自己的做法。

流程 3　快速思考。

(1) 你认为这个问题是否可以解决?请说明理由。

(2) 在解决的过程中,你是否想过放弃?为什么?

(3) 你遇到困难时是否会积极探索解决问题的办法?请举例说明。

活动四：订书钉的用途

活动目的：

学会使用头脑风暴法培养个人的创新思维,了解提高创新能力的方法。

活动流程：

流程 1　将全班同学分组,了解活动规则。

(1) 在同学发表看法时尽量不发表批评意见；

(2) 鼓励充分调动想象力；

(3) 想法越多越好；

(4) 寻求各种想法的组合和改进。

流程 2　在 60 秒内尽可能多地想出订书钉的用途,共 ____ 种。

流程 3　小组代表汇报想出的用途的数量和最"疯狂"或"激进"的用途。

流程 4　快速讨论。

(1) 你在进行头脑风暴时,存在什么顾虑?

(2) 你认为头脑风暴最适合解决哪些问题?

(3) 你认为还有哪些方法可以培养个体的创新思维?

(4) 提高大学生创新能力的途径有哪些?

课 堂 自 测

自测一:大学生创新意识

自测二:你是否具有创新思维

大学生创新意识

课 外 拓 展

拓展:山寨与创新

拓展目的:

辨别山寨产品与创新的区别,理解创新的真正内涵,勇于创新。

拓展流程:

流程 1　将学生分成正方和反方两组。

流程 2　双方均为各自的观点收集材料,整理成辩论稿后,展开辩论。

正方观点:大力推广山寨产品,有利于创新。

反方观点:消灭山寨产品,有利于创新。

流程 3　你支持哪方的观点?

A. 正方　　　　　　　　B. 反方　　　　　　　　C. 都有道理

你是否具有创新思维

流程 4　快速思考。

(1) 山寨产品算不算创新? 请说明原因。

(2) 推广山寨产品是否有利于创新?

(3) 你认为创新的内涵是什么?

主题二　团队协作精神

活 动 概 览

活动目标	了解团队协作的内涵和重要性,掌握培养团队协作精神的方法
课堂活动	活动一:10 个人如何吃好一顿饭 活动二:同舟共济 活动三:集体按摩

269

续表

课堂自测	自测一：大学生团队意识 自测二：团队精神测试
课外拓展	拓展一：空气一样的员工 拓展二：泰坦尼克号

课 堂 活 动

活动一：10个人如何吃好一顿饭

活动目的：
了解团队协作对职业发展的意义，学会在与人协作中获得认可，更好地发挥个人才能，树立团队协作的意识。

活动流程：

流程1 阅读故事。

一家企业招聘员工，各路精英过五关斩六将，最后只剩10名候选者进行最后一关面试。临近中午，面试官让应聘者交出身上所有的现金，然后宣布："给大家一个任务，每人发10元，你们想办法在1个小时内吃饱吃好。"然后，他就给每个应聘者发了5枚1元的硬币。

10个应聘者一脸疑惑地走出公司，边走边商量，既要吃饱又要吃好，进快餐店当然不行。于是，他们来到了一家中餐厅。可是，每个人就10元现金，在餐馆里能吃什么？结果，商量来商量去，每个人要了一个10元的盒饭。10元自然不能吃很好的盒饭，就几片豆腐、几片青菜，再加一些米饭。

回到公司，面试官一一听取了他们的用餐情况，然后摇头："实在抱歉，你们虽然在其他方面都表现优异，但不适合在本公司工作。"

在应聘者目瞪口呆的时候，面试官解释了缘由："10元就不能吃饱吃好吗？我打听过了，你们就餐的那家餐馆，清炒小白菜每份10元，油煎豆腐每份26元，青椒炒油渣每份18元，米饭免费……你们一共10个人，每个人10元，加在一起总数就是100元，几乎可以要好几种菜肴，为什么你们就没想到呢？这只能说明一个问题，你们都是以自我为中心，缺乏团队合作精神的人。请问缺少团队精神的个人和公司还有发展的前途吗？"

流程2 快速思考。

(1) 这10个人为什么没能吃好一顿饭？

(2) 结合案例，你认为团队协作对个人的职业发展有什么意义？

活动二：同舟共济

活动目的：
理解团队合作是保障每个人生存和发展的必备能力，重视团队合作。

活动流程：

流程1 将学生分组，每7个人为一组，每组选出组长，起一个队名和口号。

流程2　游戏规则。

各队分到一张报纸,要求将报纸铺在地上,报纸好比一条"船",报纸下面的地面好比"海洋",全体队员必须站在"船"上,不能让任何队员掉进"海"里。只要团队在"船"上站够5秒就算成功,而站的"船"最小的那个团队就是冠军。

流程3　快速思考。

(1) 大家感受到了什么?

(2) 你认为要如何提高团队合作意识?

活动三:集体按摩

活动目的:

理解团队合作的重要性,感受同学之间的友爱。

活动流程:

流程1　教师播放轻松的音乐,让学生围成大大小小的圆圈,然后每个学生把双手搭在前面一个学生的肩膀上,随着音乐的节奏互相按摩。

流程2　快速思考。

(1) 当你一个人时怎么为自己按摩?

(2) 集体按摩给你什么启发?

(3) 你是否感受到同学之间的友爱?

课 堂 自 测

自测一:大学生团队意识

自测二:团队精神测试

大学生团队意识

课 外 拓 展

拓展一:空气一样的员工

拓展目的:

了解缺乏沟通带来的不良影响,掌握团队沟通的方法,体验顺畅沟通带来的理解和快乐。

团队精神测试

拓展流程:

流程1　阅读故事。

虽然某公司新进的员工在上班时基本是坐在办公桌前处理单据,并不需要性格过分热情开朗或者为人八面玲珑,但是公司也不希望找一个不爱说话的员工,每天像空气一样地存在。新来的一批员工中有一位女孩特别内向,她刚来上班的时候,没有人知道她是几点来的,往往是其他员工偶尔一抬头,猛地看见刚才还空着的位子上已经有人端坐在那里。下班的时候也是这样,大家开玩笑的时候看见她还在,刚回到座位上就发现她已经走了。久而久之,大家也都习惯了,最后几乎忽略了她的存在。

本来,新人刚入职场,可以利用午休时间可以和同事吃饭、聊天,从而与同事逐渐熟悉起来。有几个新人的确是这么做的,他们也已经融入了团体,但是这位新人每天都躲到会议室的角落里一个人吃饭。周末同事搞过几次小范围的活动,如吃饭、唱歌,她也不参加。刚开始时也有几位同事主动找她说话,可是她最多礼貌地回答一下,然后就又一言不发。

流程2　快速思考。

(1) 作为职场新人,案例中这位女孩的哪些做法不够妥当?

(2) 缺乏沟通对她有什么不良影响?

(3) 如果你是她,你会怎么改变这种现状?

拓展二:泰坦尼克号

拓展目的:

学会在团队协作中及时沟通,善于发现团队成员的优势,勇于承担责任,领导团队成员和谐协作,并坚持完成团队的任务,提高团队合作意识。

拓展流程:

流程1　班长给大家讲下面一个故事:泰坦尼克号即将沉没,船上的乘客(同学)须在音乐结束之前利用仅有的求生工具——七块浮砖,逃离到一个小岛上。

流程2　班长指导同学布置活动场景:将25米的长绳在空地上摆成一个岛屿的形状,在另一边摆四个长凳,用另外的绳子作为起点。

流程3　班长讲解活动规则。

(1) 出发时,每个人必须从长凳的背上跨过(就如同从船舷的栏杆上跨过),踏上浮砖。在逃离过程中,船员身体的任何部分都不能与"海面"(地面)接触。

(2) 自离开"泰坦尼克号"起,在整个逃离过程中,每块浮砖都要被踩住,否则班长会将此浮砖拿走。

(3) 全部人到达小岛之后,并且所有浮砖被拿到小岛上,任务才算完成。

流程4　将学生分组,进行为时5分钟的讨论和试验。

流程5　各小组抽签决定游戏顺序,按照顺序完成任务。

流程6　快速思考。

(1) 这个撤离方案是否是最好的? 有没有更好的? 为什么当时没有想到或没有提出来?

(2) 小组是如何分配组员撤离的先后次序的? 考虑到什么因素?

(3) 小组是否推选了领导者? 是根据什么来推选的?

(4) 你们的方案是否贯彻执行了? 中间发生了什么变化? 为什么?

主题三　人际交往能力

活 动 概 览

活动目标	理解人际交往能力的内涵和重要性,了解大学生在人际交往过程中存在的问题,掌握提高人际交往能力的方法
课堂活动	活动一:走出人际交往困惑 活动二:温暖的距离 活动三:互相赞美
课堂自测	自测一:大学生人际交往状况 自测二:人际交往类型
课外拓展	拓展一:该来还是不该来 拓展二:大学生人际交往的困惑和解决方法

课 堂 活 动

活动一:走出人际交往困惑

活动目的:

认识到在人际交往中不能过分注重自己或委曲求全,了解人际交往问题的类型和解决办法,提高人际交往能力。

活动流程:

流程1　阅读案例。

案例1:大二学生小王在小的时候一直被寄养在某地农村的亲戚家里,因姓氏与其他人不同,他常常受人欺负。长大以后,小王不擅长与人相处,没有交情很深的朋友。小王可以与别人谈自己感兴趣的事情,如果谈的东西自己不太了解就会感到索然无味,离群而去。他很希望改变这种现状,但又不知道问题出在哪里。

案例2:大一学生小张在家时过着养尊处优的生活,家务活全部由父母包办,导致她自理能力较差。进入大学后,紧张的学习生活及与同学之间的关系使她觉得不安。她开始独来独往,渐渐地,她感觉全寝室的同学都远离她,她越发闷闷不乐,上课也毫无兴趣,成绩一落千丈。

案例3:与小张不同的是,大学生小刘为了引起别人的重视,千方百计地要与其他同学一块吃饭、一块行动,即使洗脸也要拉个伴。为了使自己不再孤独,她常花钱请客。假如别人不跟她说话,她便会胡思乱想,整天心绪不宁。

流程2　学生分组快速讨论。

(1)小王、小张和小刘的问题是什么?

(2)你认为小王、小张和小刘产生以上问题的主要原因各是什么?

(3)你有哪些办法可以帮助他们改变目前的状况?

(4)你认为大学生还存在哪些人际交往问题?该怎么解决?

活动二：温暖的距离

活动目的：

了解距离因素对人际吸引的重要意义，思考人际交往的安全距离。

活动流程：

流程1 阅读故事。

一个寒冷的冬天，有十几只刺猬在大森林中被冻得瑟瑟发抖。为了取暖，它们本能地紧紧靠在一起。但是因为无法忍受对方身上的长刺，它们不得不分开。可是天气实在太冷了，它们又想靠在一起取暖，然而靠在一起的刺痛还是让它们不得不分开。就这样反反复复多次，它们不断在受冻与刺痛之间挣扎。终于，有一只聪明的刺猬想出了一个办法，它说："我们大家只要保持一定的相处距离，就可以相互取暖，又不会被对方刺伤。"

流程2 快速思考。

(1) 这则故事告诉了我们什么道理？

(2) 你认为距离因素对人际吸引有什么影响？

(3) 你认为应该如何把握人际交往的安全距离？

活动三：互相赞美

活动目的：

了解赞美的类型，理解赞美带来的好处，学会真诚赞美，增进个人吸引力。

活动流程：

流程1 将学生分组，在纸条上对小组内的其他同学写一句赞美的话(匿名)，完成后上交。

流程2 教师随机抽取几张在课堂上朗读出来。

流程3 邀请被赞美的同学分享感受。

流程4 快速讨论。

(1) 对于上述的赞美的话语，哪些是你喜欢的，哪些是你不喜欢的？请说明理由。

(2) 听到同学对你的真诚赞美，你有什么样的感受？

(3) 你认为赞美会为人际交往带来什么效果？

(4) 赞美他人时要注意哪些问题？

课堂自测

自测一：大学生人际交往状况

自测二：人际交往类型

课外拓展

拓展一：该来还是不该来

拓展目的：

学会使用正确的语言准确地表达个人想法，以免造成不必要的困扰，提高人际交往能力。

人际交往类型

拓展流程：

流程1　阅读笑话。

有一个人请客，但时间过了，还有一大半的客人没来。主人心里很焦急，便说："怎么搞的，该来的客人还不来？"一些敏感的客人听到了，心想："该来的没来，那我们是不该来的了？"于是悄悄地走了。

主人一看又走掉几位客人，越发着急了，便说："怎么这些不该走的客人反倒走了呢？"剩下的客人一听，又想："走了的是不该走的，那我们这些没走的倒是该走的了？"于是又都走了。

最后只剩下一个与主人较亲近的朋友，劝他说："你说话前应该先考虑一下，说错的话没办法收回来。"主人大叫冤枉，急忙解释说："我说的不是他们啊！"这个朋友听了大为恼火，说："不是叫他们走，那就是叫我走了。"说完，他头也不回地离开了。

流程2　快速思考。

(1) 语言表达在人际交往中有什么作用？

(2) 你认为主人的表述错在哪里？他的本意是什么？

(3) 你认为这位主人应该如何准确地表达自己的想法？

(4) 如何提高个人的表达能力？

拓展二：大学生人际交往的困惑和解决方法

拓展目的：

了解大学生人际交往过程中的困惑和解决方法，掌握人际交往艺术。

拓展流程：

流程1　将学生分组，以"大学生人际交往的困惑和解决方法"为主题，选择6个大学生作为采访对象，进行采访。征得采访对象的同意后，将采访的全过程录制下来，在下一节课的课堂上与同学们分享。

流程2　整理采访结果。

序号	采访对象	困惑	解决方法
1			
2			
3			
4			
5			
6			

流程3　写出你个人在人际交往方面的困惑和你认为可行的解决方法。

主题四　组织管理能力

活 动 概 览

活动目标	了解组织管理能力的内涵和重要性,掌握培养组织管理能力的方法
课堂活动	活动一:吉他丢失后 活动二:学会放权 活动三:官僚主义作风盘点
课堂自测	自测一:大学生组织管理能力培养意识 自测二:管理能力测试
课外拓展	拓展一:从面试题看你的管理能力 拓展二:从兴趣测试看你的管理能力

课 堂 活 动

活动一:吉他丢失后

活动目的:

了解计划性在组织管理活动中的意义,学会提前做好计划,改善组织管理效果。

活动流程:

流程1　阅读案例。

某校同学们自发组织了一场文娱活动,并邀请校外同学来演出。由于没有安排相关人员负责后勤财务管理,校外一名同学的吉他丢了(吉他价值2 000多元人民币)。同学们相互推卸责任,学生会主席和文娱部部长都不管这事,导致一场本来欢快的文娱活动草草收场,大家也不欢而散。

流程2　快速思考。

(1) 是什么方面的疏忽导致了吉他丢失,而且事后没有人承担责任?

(2) 你认为计划对组织管理活动有什么作用?

(3) 如果你来组织这场文娱活动,你会怎么做?

活动二:学会放权

活动目的:

了解放权是管理的艺术,放权能更好地调动人们的积极性,发挥团队合力,提高组织管理水平。

活动流程:

流程1　阅读案例。

某校有一名学生从新生报到那天便表现积极,做事踏实认真,给老师和同学都留下了深刻的印象。新生军训结束后,在全班的干部选举会上,他以全票获得了班长的职务。接下来他做事处处带头,每个部门的工作他都主动帮忙,结果学习委员、体育委员、生活委员和宣传委员都对他不满,他每天忙忙碌碌,可是同学们对他的抱怨越来越多,他委屈得哭了。老师与他谈话后,他仍然不放心,经常要"帮助"他人工作,后来其他干部联名上书请求换班长,这时他才意识到自己的错误。

流程2　快速思考。

(1) 你认为这位班长的错在哪里?

(2) 对于班级的管理权责,班长应该如何把握分寸?

(3) 你认为组织管理者放权时要注意哪些问题?

活动三:官僚主义作风盘点

活动目的:

了解官僚主义作风的表现,学生干部要摒弃官僚主义作风,成为学生的榜样。

活动流程:

流程1　将学生分组,快速讨论。

(1) 你认为学生干部的哪些行为是官僚主义作风的表现?

(2) 你认为学生干部身上有哪些"官腔"?

(3) 如何摒弃这些官僚主义作风?

流程2　请将小组内讨论的结果以小品的形式表现出来。

课 堂 自 测

自测一:大学生组织管理能力培养意识

自测二:管理能力测试

【自测】

大学生组织管理能力培养意识

课 外 拓 展

拓展一:从面试题看你的组织管理能力

拓展目的:

学会领导与指挥,提前做好计划,学会理智决策,适时放权,掌握组织管理方法。

拓展流程:

流程1　阅读以下面试题。

(1) 假如你是足球队队长,队中有两名主力队员有些不和,而此时有一场重要比赛,你如何协调和处理?

(2) 假如你今天晚上有一场重要的约会,你打算怎么应对?

(3) 假如你现在的月收入是6 000元人民币,你在商场看上了一件非常符合你审美标准的西装,价格为4 800元人民币,你倾向于怎么做?

(4) 假如你是部门领导,设想一下你在每月一次的会议中如何部署工作?

流程2　快速思考,并写出你的想法。

【自测】

管理能力测试

题号	你的想法
(1)	
(2)	
(3)	
(4)	

拓展二：从兴趣测试看你的管理能力

1. 如果让你选择不同于所学专业的一个职业,你喜欢做哪个?
   A. 医生　　　　　　　　　　　　B. 勘探员
2. 你喜欢读哪方面的书?
   A. 地理学　　　　　　　　　　　B. 心理学
3. 你喜欢怎样度过一个夜晚?
   A. 工作　　　　　　　　　　　　B. 和朋友做游戏
4. 如果某人耽误你的时间,你会怎么办?
   A. 总是很耐心　　　　　　　　　B. 往往会发火
5. 你喜欢做哪件事?
   A. 会见朋友　　　　　　　　　　B. 独自看展览
6. 你喜欢别人称赞你哪个优点?
   A. 善于合作　　　　　　　　　　B. 机智多谋
7. 每样东西都有固定的位置且各就各位,这对你重要吗?
   A. 很重要　　　　　　　　　　　B. 不重要
8. 如果你强烈地反对某个人,你将怎么办?
   A. 力求最大化的统一,使争论变得尽可能地少
   B. 关于价值、原则及政策上的分歧一定要争论个水落石出
9. 你是否能轻易地放下正在阅读的一个很有趣的故事?
   A. 能　　　　　　　　　　　　　B. 不能
10. 在一出戏中,你喜欢演哪个角色?
    A. 富兰克林　　　　　　　　　　B. 查理斯·凯特林(工程师,电机的发明人)

测试说明:适于搞管理工作的人,通常回答如下:

1. A；　2. B；　3. B；　4. A；　5. A；　6. A；　7. A；　8. A；　9. A；　10. A

参考文献

[1] 富欢.大学生职业规划与就业创业指导实用教程[M].2版.哈尔滨:哈尔滨工业大学出版社,2022.
[2] 菲欧娜·默登.心理学家教你职业规划[M].朱蓓静,译.成都:四川文艺出版社,2022.
[3] 李纯青,田敏,刘伟.职业素养开发与训练[M].2版.北京:清华大学出版社,2022.
[4] 洪向阳.职业规划实操手册[M].2版.北京:中国经济出版社,2021.
[5] 许福生.职业素养与就业创业指导[M].上海:上海教育出版社,2021.
[6] 曲振国,等.大学生就业指导与职业生涯规划[M].2版.北京:清华大学出版社,2020.
[7] 胡楠,郭冬娥.大学生职业规划与就业指导教程[M].北京:人民邮电出版社,2017.
[8] 王长青.大学生职业生涯规划与发展[M].南京:南京大学出版社,2017.
[9] 宋爱华.大学生职业生涯规划教程[M].北京:化学工业出版社,2016.
[10] 阚雅玲,等.职业规划与成功素质训练[M].2版.北京:机械工业出版社,2017.
[11] 沈斐敏.大学生职业生涯规划和就业创业指导[M].2版.北京:人民交通出版社,2008.
[12] 王会.大学生T型人才职业素养培育研究[D].扬州:扬州大学,2022.
[13] 刘晓萱.科学培养大学生职业素养的研究[J].黑龙江人力资源和社会保障,2022(07):113-115.
[14] 黄露.高校大学生职业规划融入创新创业教育的分析[J].创新创业理论研究与实践,2022,5(16):101-103.
[15] 刘雨晴.浅议高职学生职业生涯规划与就业问题的对策[J].就业与保障,2022(06):85-87.
[16] 杜建峰.基于新时代背景大学生职业规划指导的研究[J].就业与保障,2022(03):178-180.
[17] 周锐航.新时代视域下大学生职业规划中创新创业能力培养探究[J].产业创新研究,2021(15):115-117.
[18] 景文秀,张雷.论职业生涯规划在大学生就业指导工作中的作用[J].就业与保障,2021(15):66-67.
[19] 杨宇.服务视角下大学生职业生涯规划发展的路径研究[J].产业与科技论坛,2021,20(07):238-239.
[20] 季小燕.大学生职业生涯规划教育发展及挑战分析[J].吉林广播电视大学学报,2021(02):39-41.
[21] 彭婷.大学生职业规划存在的常见问题及其对策[J].文化创新比较研究,2020,4(27):61-63.
[22] 盖金龙,杜翠,姜奉奇.养成教育视阈下学生职业素养的培育[J].就业与保障,2019(24):166-167.

郑重声明

高等教育出版社依法对本书享有专有出版权。任何未经许可的复制、销售行为均违反《中华人民共和国著作权法》，其行为人将承担相应的民事责任和行政责任；构成犯罪的，将被依法追究刑事责任。为了维护市场秩序，保护读者的合法权益，避免读者误用盗版书造成不良后果，我社将配合行政执法部门和司法机关对违法犯罪的单位和个人进行严厉打击。社会各界人士如发现上述侵权行为，希望及时举报，我社将奖励举报有功人员。

反盗版举报电话　（010）58581999　58582371
反盗版举报邮箱　dd@hep.com.cn
通信地址　北京市西城区德外大街4号
　　　　　高等教育出版社知识产权与法律事务部
邮政编码　100120

读者意见反馈

为收集对教材的意见建议，进一步完善教材编写并做好服务工作，读者可将对本教材的意见建议通过如下渠道反馈至我社。

咨询电话　400-810-0598
反馈邮箱　gjdzfwb@pub.hep.cn
通信地址　北京市朝阳区惠新东街4号富盛大厦1座
　　　　　高等教育出版社总编辑办公室
邮政编码　100029

资源服务提示

授课教师如需获得本书配套教学资源，请登录"高等教育出版社产品检索信息系统"（https://xuanshu.hep.com.cn/）搜索本书并下载资源，首次使用本系统的用户，请先注册并进行教师资格认证。

联系我们

高教社高职就业创业教育研讨QQ群：1035265438